Pois é!

Joaquim Peito

Pois é!

Konversationsbuch Portugiesisch

Nach der neuen Rechtschreibung
Acordo Ortográfico

Schmetterling Verlag

Bibliografische Informationen der Deutschen Nationalbibliothek
Die Deutsche Nationalbibliothek verzeichnet diese Publikation in der Deutschen Nationalbibliografie; detaillierte Daten sind im Internet über http://dnb.d-nb.de abrufbar.

Danksagung / Agradecimento
Mein Dank gilt Maria Cristina de Sá Raposo Moura de Oliveira für das kritische Durchlesen des Manuskripts.
Gostaria de expressar os mais sinceros agradecimentos à professora Maria Cristina de Sá Raposo Moura de Oliveira pela leitura, sugestões e críticas prestadas.
Obrigado!

Schmetterling Verlag GmbH
Lindenspürstr. 38 b
70176 Stuttgart
www.schmetterling-verlag.de
Der Schmetterling Verlag ist Mitglied von aLiVe.

ISBN 3-89657-871-5
1. Auflage 2013
Printed in Poland

Satz und Reproduktionen: Schmetterling Verlag
Druck: Sowa, Warsawa, Pl

Inhalt

Vorwort 9

I A Língua Portuguesa 11

1. Uma viagem plural pelo universo lusófono 11
2. Lusofonia 12
3. O passado do português 13
4. Regionalismos 15
5. O «brasilês» 16
6. Luís Vaz de Camões. O Príncipe dos Poetas 19
7. O Instituto Camões 23
8. CPLP (Comunidade dos Países de Língua Portuguesa) 24
9. «Nobel» da Língua Portuguesa para José Saramago 25
10. Pessoas que falam português aumentarão para 335 milhões em 2050 27
11. Embaixadores da língua portuguesa 30
12. Com o Programa Erasmus em Portugal 31
13. Uma espécie de Erasmus para a lusofonia 35
14. Multilingualismo 36
15. Ser em português, trabalhar em inglês 38
16. Novas Palavras 40
17. Linguagem sms. Kem (Quem) escreve assim... 44
18. O acordo ortográfico 46

II A sociedade portuguesa 50

1. Portugal sob o olhar de sete estudantes Erasmus 50
2. Música 54
2.1. Tudo isto é fado 54
2.2. Música Pimba. Génio Lusitano 57
2.3. A História do primeiro festival de verão em Portugal: Vilar de Mouros. 59
2.4. Festivais de música 62
3. Futebol: o desporto rei 64
4. Fátima 66
4.1. A Religião em Portugal – Evolução 66
4.2. Sondagem: católicos a favor do aborto e eutanásia 69
5. Olhar Portugal 70

5.1. «Saudade»: o Bilhete de Identidade do Povo Português? 70
5.2. A lenda de D. Sebastião, o «Desejado» 72
5.3. O galo de Barcelos 73
5.4. Bacalhau 75
5.5. O Azulejo em Portugal 77
5.6. Terramoto de 1755 79
5.7. Junho, mês dos Santos Populares... 81
6. Hábitos 83
6.1 Vai um cafezinho? A importância do café na vida quotidiana 83
6.2. O Martinho da Arcada é um café que tem uma história para contar. O Café do poeta 85
6.3. À descoberta ... da doçaria conventual 87
6.4. Nem felizes, nem deprimidos: os portugueses «vão andando» 89
6.5. Campeões do lazer 92
6.6. Como passamos os nossos tempos livres? 94
6.7. Dormir a Sesta 97
6.8. Os portugueses são pontuais? 99
6.9. A crise obriga a mudar de vida 101
7. Realidades ou Utopias 103
7.1. Velhos são os trapos: Mito ou Realidade? 103
7.2. A evolução da família 104
7.3. Devíamos poder ser o que quiséssemos 106
7.4. Metade dos professores portugueses sofre de stress 108
7.5. A distribuição de homens e mulheres no Ensino Superior em Portugal 110
7.6. Mulher executiva vs. Mãe de sucesso 112
7.7. Um recuo na história do feminismo em Portugal 116

III Ser jovem em Portugal **118**
1. Ser jovem 118
2. Existe uma geração à rasca? 120
3. A geração à rasca está a conseguir desenrascar-se 122
4. Geração parva 127
5. Estudar ainda compensa? 130
6. Vida dupla. Trabalhador – estudante 132
7. Sem pressa de sair de casa 135

8. Consumistas e pouco letrados 137
9. Combater o desemprego 140
10. Começar de novo 143
11. Como encontrar um novo emprego 145
12. Entrar no mercado de trabalho 146
13. As doze (12) perguntas mais frequentes numa entrevista de emprego 153
14. A evolução das profissões. Umas desaparecem, outras nascem 156

IV O Portugal de hoje e as suas raízes 159
1. O fim da Monarquia 159
2. As conquistas republicanas 162
3. Os símbolos da República 164
4. O fim da 1ª República 166
5. O golpe militar do 28 de maio 167
6. Salazar e o Estado Novo 168
7. A política colonial 172
8. E a canção estava na rua... 175
9. Histórias que fazem história 178
10. Antigas colónias 179
11. Os retornados 181
12. Portugal na União Europeia 183
13. A vida deles mudou, mas eles querem mais 185

V Lusofonia 187
Angola 187
Brasil 190
Cabo Verde 204
Guiné-Bissau 206
Moçambique 213
São Tomé e Princípe 216
Timor-Leste 219

VI Emigração e Imigração 222

1. Portugueses são 15 milhões 222
2. Por uma melhor qualidade de vida 224
3. Comunidade chinesa tem mais de 5000 lojas em Portugal 226
4. Racismo 227

VII Os Meios de Comunicação 230

1. Web – Milhares de revoluções 230
2. A Era Digital 234
3. A influência dos meios de comunicação mais usados em Portugal 235
4. A Imprensa em Portugal 237
5. Efeitos culturais da globalização 239
6. Internet 240
7. Geração Y – A Geração das Redes Sociais 242
8. A internet e o amor virtual 244
9. O melhor amigo do homem 246

Abbildungsverzeichnis 248

Vorwort

«Pois é!» ist ein modernes portugiesisches Lese- und Konversationsbuch und richtet sich vorwiegend an Lernende, die die Lehrbuchphase bereits abgeschlossen haben.

Dieses Lehrwerk bietet fast ausschließlich neue, sorgfältig didaktisierte Original-Lesetexte zu einer breiten Palette von Themen der Landeskunde und der Geschichte Portugals sowie anderer portugiesischsprachiger Länder und trägt so zu einem abwechslungsreichen, motivierenden Unterricht bei.

Alle sieben Kapitel setzen sich aus mehreren Themen zusammen und diese wiederum aus einer Reihe von aktuellen, authentischen Texten und Materialien, an die sich kreative Aufgabenstellungen anschließen. Viele Aufgaben sind so angelegt, dass sich Kursteilnehmerinnen und -teilnehmer untereinander austauschen und dabei die Sprache als Mittel der Kommunikation anwenden können. Bei der Textauswahl wurde auf einen unterschiedlichen Schwierigkeitsgrad sowie auf Textsortenvielfalt geachtet.

Da die verschiedenen Bereiche nicht aufeinander aufbauen, können sie in beliebiger Reihenfolge behandelt werden.
Alle Bereiche eignen sich aufgrund ihres übersichtlichen Aufbaus auch zum Selbststudium.

Die ausführlichen Vokabelangaben in der Randspalte der Texte stellen eine Lese- und Verstehenshilfe dar; die Unterscheidung zwischen Lern- und Verstehenswortschatz soll dabei die selbstständige Vokabelarbeit erleichtern. Diese Angaben ersetzen aber nicht das eigenständige Nachschlagen und Arbeiten mit dem zweisprachigen Wörterbuch.

Ich wünsche viel Spaß und erfolgreiches Lernen mit diesem Konversationsbuch!

I A Língua Portuguesa

1. Uma viagem plural pelo universo lusófono

Uma língua está para além[1] da soma do léxico, da gramática e da pronúncia. Uma língua encerra[2] em si mundos. Transporta consigo –como uma impressão digital– a história, os costumes, as tradições, as crenças e valores, de quem a usa, da sua comunidade ou comunidades. A língua portuguesa foi difundida[3] espontaneamente por navegadores, guerreiros, marinheiros, colonizadores e missionários que, a partir do século XV, se espalharam[4] pelos quatro cantos do mundo: do Brasil à Índia, da Oceânia ao Japão, dos Açores ao extremo sul da África.

Neste sentido, e para dar exemplos simples, traduzir frases tão curtas como «dar jagão» (Angola) – *simular*, «estar bem cacimbado (Angola) – *com algum tempo de sobra*, «não dá bola para ele, não» (Brasil) – *não mostrar interesse*, «fazer boca de siri» (Brasil) – *manter segredo sobre um assunto*, «ficou tudo em águas de bacalhau» (Portugal) – *ficou tudo na mesma, não resultou*, «vai chatear[5] o Camões!» (Portugal) – *vai chatear outra pessoa* ou «ele tem lata!» (Portugal) – *ele é muito descarado*, pode ser um dos muitos desafios[6] aliciantes para os milhões de portugueses, brasileiros, africanos e asiáticos que utilizam como meio de comunicação e veículo[7] de criação e intercâmbio cultural a língua portuguesa.

A língua espelha[8] cultura, na verdade culturas e agora vamos fazer uma viagem, uma viagem plural, pelo universo da **Lusofonia**.

1 para além de – abgesehen von
2 encerrar – einschließen
3 difundir – verbreiten
4 espalhar-se – sich ausbreiten
5 chatear – verärgern
6 o desafio – Herausforderung
7 o veículo – hier: Mittel
8 espelhar – widerspiegeln

Questões

1. Descubra quais são os países de língua oficial portuguesa e faça uma lista.
2. Indique o significado das abreviaturas: PALOP e CPLP.

Tema

Comente a seguinte frase do texto «a língua espelha cultura, na verdade culturas».

2. Lusofonia

1 o conjunto – Gesamtheit
2 o estandarte – Fahne
3 partilhar – teilen
4 enriquecer – bereichern
5 suportar – tragen
6 mero – bloß

«As Línguas faladas e escritas, e as sonhadas, e as censuradas, nunca foram pertença de ninguém.» (Ondjaki, Angola)

Entende-se por lusófono o indivíduo, povo ou nação falante de língua portuguesa ou que a tem como idioma oficial. Desta forma, lusofonia é o conjunto[1] de comunidades que têm na língua portuguesa, seja como língua materna seja como língua oficial, ou as duas, um estandarte[2] de inter-relação das culturas específicas.

Um dos maiores desafios lusófonos é partilhar[3], entre as nações falantes, elementos que são comuns (elementos históricos, culturais, artísticos, linguísticos) respeitando, ao mesmo tempo, as caraterísticas que as diferenciam e as tornam únicas, seja do ponto de vista cultural, seja do ponto de vista linguístico. Partilhar uma língua significa multiplicar essa mesma língua, enriquecendo[4]-a.

Tendo então presente o conceito de «lusofonia», naturalmente, o ensino da língua portuguesa como língua estrangeira terá necessariamente que dar conta desta riqueza cultural, riqueza essa que suporta[5], dinamiza e condiciona o próprio uso da língua, a qual, inclusivamente, assume por vezes, citando o escritor angolano Ondjaki, «contornos imprevistos», o que faz dela efetivamente um «ser espiritual vivo».

« (...) é no espaço naturalmente universal de uma língua que cada um tem a sua mais alta e a única maneira aceitável de ter pátria, não como mero[6] instrumento de comunicação entre gente da mesma língua, mas como lugar onde a particularidade de um povo se simboliza e vive espontaneamente no universal.»

«Nesse sentido, não é Portugal ou os países lusófonos que falam português, é a língua portuguesa que fala Portugal e esses países.»

Nau de Ícaro – Imagem e Miragem da Lusofonia de Eduardo Lourenço

Temas

1. Comente a citação inicial do texto do escritor angolano Ondjaki.
2. Explique o que quer dizer Eduardo Lourenço com a seguinte frase «*é a língua portuguesa que fala português e esses países*».

3. O passado do português

Aquando[1] da Romanização da Península, os povos peninsulares foram aceitando progressivamente os costumes[2], a cultura e as instituições dos Romanos. As línguas indígenas[3] foram desaparecendo a pouco e pouco e o Latim tornou-se a língua ibérica, estando na origem da Língua Portuguesa.

Foi essa língua que permaneceu[4], mesmo depois das invasões dos Bárbaros e dos Árabes, embora esses povos introduzissem no vocabulário um grande número de termos[5]. Dos Bárbaros – Suevos e Visigodos – ficaram-nos palavras como *branco*, *fresco*, *guerra*, *guerreiro*, *elmo*, *jardim*, *vassalo*, *rico*, *sala*, *sopa*...E são mais de 700 os vocábulos de origem árabe que permanecem na Língua Portuguesa: uns respeitantes[6] à guerra e marinha, como *alferes*, *alcaide*, *almirante*; outros à administração – *alfândega*, *almoxarife*; outros à agricultura – *açude*, *azenha*, *nora*, *algodão*, *alfazema*, *azeite*, *álcool*; outros ainda a pesos e medidas – *alqueire*, *almude*, *arrátel*, *arroba*; outros, finalmente, à ciência – *algarismo*, *álgebra*, *zénite*, *zero*, *cifra*, etc., etc. Os nomes começam em regra, por *al.* (artigo árabe invariável). Entre os nomes próprios figuram[7]: *Alfama* (fonte termal), *Alcântara* (ponte), *Albufeira* (lagoa), *Algarve* (Ocidente) e outros.

Com estes e outros contributos[8], a Língua Portuguesa vai-se enriquecendo e distinguindo das outras línguas românicas, todas elas derivadas do Latim – o Catalão, o Espanhol, o Francês, o Italiano, o Romeno... – e continua a evoluir[9] ao longo dos tempos num processo que vem até aos nossos dias.

A. Martins Afonso, in Breve História de Portugal

1 *aquando – während*
2 *o costume – Sitte; Brauch*
3 *indígena – Einheimische*
4 *permanecer – bleiben*
5 *o termo – Vokabel*
6 *respeitante – bezüglich*
7 *figurar – vorkommen*
8 *o contributo – Anteil*
9 *evoluir – sich entwickeln*

Questões

1. Resuma o conteúdo do texto.
2. Enumere as línguas que se falavam na península ibérica no século VIII.

➲ Temas

1. Além da língua deixada pelo processo de romanização na península ibérica, que obras os romanos fizeram em Portugal. Pesquise na internet e apresente-as recorrendo a imagens.
2. Procure saber quando é que os árabes estiveram na península ibérica e procure outras palavras de origem árabe que passaram para o português atual.
3. Junto dos seus colegas, tente saber a razão pela qual o latim se desenvolveu de forma diferente nas diferentes regiões do império romano.

4. Regionalismos

Existem alguns traços[1] bem distintos de pronúncia em Portugal Continental.

O primeiro é a ausência de distinção fonológica entre o «v» e o «b», caraterística dos falares do norte do país: a pronúncia de «binho» em vez de[2] «vinho», de «baca» em vez de «vaca», de «bassoura» em vez de «vassoura» de «obo» em vez de «ovo», de «Biana» em vez de «Viana» do Castelo, talvez por influência de restos de uma língua anterior ao galaico-português.

Um segundo traço é o de uma certa palatização do «s» e do «z», sentida como caraterística da pronúncia dos habitantes da região de Viseu (Beira Alta). «Xim» em vez de «sim», «Axim» em vez de «assim».

Um outro traço consiste na realização de «ch» como «tch», ainda muito forte no falar das pessoas idosas[3] das aldeias a norte, junto ao rio Douro e à fronteira com a Galiza, por exemplo nas palavras «chaves» ou «chamar», pronunciadas «tchaves» e «tchamar».

Outro traço típico é o da manutenção do ditongo «oui» a norte de Aveiro, por exemplo, «ouro», «mouro», «touro», em oposição a sul de Portugal («ôro», «môro», «tôro»).

Além dos[4] casos de pronúncia diferente, também existem vocábulos diferentes para uma mesma coisa. Enquanto no norte de Portugal temos malga (Suppentasse), soro (Tropf), espiga (Maiskolben), no sul diz-se tigela, almace, maçaroca. No continente diz-se batata, na ilha da Madeira diz-se semelha...

1 o traço – hier: Merkmal
2 em vez de – statt
3 as pessoas idosas – die alten Leute
4 além de – außer

Tome nota!
À pronúncia de Filipe, ministro, vizinho. Ambas as pronúncias são legítimas.
Norte de portugal: F**i**lipe / m**i**nistro, v**i**zinho
Sul de portugal: F**e**lipe / m**e**nistro / v**e**zinho

➲ Temas

1. Pesquise na internet outros exemplos de pronúncia e vocábulos diferentes entre as várias regiões de Portugal Continental e ilhas adjacentes (Madeira e Açores).
2. Apresente junto dos seus colegas uma lista de dialetos e regionalismos do seu país.

5. O «brasilês»

1 permanecer – bleiben
2 habitar – bewohnen
3 estabelecer – herstellen
4 o nativo – Eingeborene(r)
5 criar – schaffen
6 o escravo – Sklave
7 emprestar – verleihen

Palavras indígenas e africanas no português brasileiro atual

Todos sabem que o português é a língua maioritariamente falada e oficial do Brasil. Mas quando o Brasil foi descoberto pelos portugueses, havia mais de 1.000 línguas no país, faladas por índios de diversas etnias. As numerosas etnias da família Jê tinham imigrado para o interior, e só conheceram o contacto com os colonizadores no final do século XVII. Outras, como a dos Aruak e dos Karib e especialmente as amazónicas, permaneceram[1] isoladas por ainda mais tempo. No entanto, havia entre elas uma grande proximidade cultural e linguística.

A colonização portuguesa começou pelo litoral. Diversas comunidades da família Tupi e Guarani habitavam[2] o litoral brasileiro entre a Bahia e o Rio de Janeiro. Para estabelecerem[3] uma comunicação com os nativos[4], os portugueses aprenderam os dialetos e idiomas indígenas. A partir do tupinambá, falado pelos grupos mais abertos ao contacto com os colonizadores, criou-se[5] uma língua geral comum a índios e não-índios.

Muitos nomes de plantas, frutas e animais brasileiros têm origem no tupinambá. Alguns exemplos são abacaxi, caju, mandioca, maracujá, piranha, sucuri e tatu. A origem dos nomes de lugares, também revela um grande número de palavras indígenas: Aracaju (capital de Sergipe), Curitiba (cidade do Paraná), Jacarepaguá (Zona da cidade do Rio de Janeiro), Tijuca (bairro e rio do estado do Rio de Janeiro), etc.

A influência indígena também criou expressões idiomáticas, como «*andar na pindaíba*» (não ter dinheiro).

Outro contacto que influenciou a língua portuguesa na América foi o contacto com as línguas dos negros africanos trazidos como escravos[6] para o Brasil. A culinária e a religião afro-brasileira tem o acarajé (Bohnenbällchen) e o vatapá (scharfes Püree); o candomblé tem orixá, exú, oxossi, iansã. O quimbundo, língua falada em Angola, emprestou[7] ao português do Brasil palavras do vocabulário familiar, como caçula (Nesthäkchen), cafuné (Kopfkraulen) e moleque (Straßenkind).

Termos que expressavam o modo de vida e as danças dos escravos, como senzala (Sklavenhütte) e samba.

A 17 de agosto de 1758, a língua portuguesa tornou-se o idioma oficial do Brasil, através de um decreto do Marquês de Pombal. Quando Pombal decretou a obrigatoriedade do uso do português no Brasil, os falantes já tinham incorporado[8] diversas palavras de origem indígena e africana no seu vocabulário.

Após a independência em 1822, o português falado no Brasil sofreu[9] influências de imigrantes europeus que se instalaram[10] no centro e sul do país. Isso explica certas modalidades de pronúncia e algumas mudanças superficiais de léxico que existem entre as regiões do Brasil, que variam de acordo com[11] o fluxo migratório que cada uma recebeu.

8 *incorporar – eingliedern; einbinden*

9 *sofrer – hier: bekommen*

10 *instalar-se – sich niederlassen in*

11 *de acordo com – gemäß*

Temas

1. Procure na internet outras palavras de origem indígena, africana e o seu significado no português brasileiro atual.
2. Procure o significado desta expressão idiomática de influência indígena «*estar de tocaia*».
3. Indique as diferenças que há entre o português falado em Portugal e o português falado no Brasil.
4. Pesquise alguns modismos brasileiros que entraram na linguagem ativa dos portugueses.

Chope ou imperial?!?

Se no Brasil nos convidarem para ir a um barzinho para beber um «chope», tal significa que nos estão a oferecer uma cerveja de pressão[12], como se diz em Portugal, uma imperial / Lisboa e sul ou um fino / Porto e norte.

Sabemos que é ao nível do ritmo, entoação e pronúncia, ou seja, das diferenças de natureza fonética, que distinguimos[13] de imediato o português falado em Portugal do falado no Brasil. E algumas distinções semânticas também se verificam em palavras como:

12 a cerveja de pressão – Glas Bier

13 distinguir – unterscheiden

Brasil	Portugal
geladeira – favela – sorvete – planejar aeromoça – aparcar – banheiro – bonde lanchonete – trem – parada – gramado camisinha – aposentadoria – chute bater-papo – breque	pontapé – bairro de lata – comboio – gelado frigorífico – preservativo – paragem – relva pensão da reforma – hospedeira – pastelaria – casa de banho – planear – estacionar – elétrico – conversar – travão

➲ Questões

1. Relacione as palavras da primeira coluna com os sinónimos da segunda.
2. Procura mais exemplos como estes:
   «Vi a ***gaja*** com um ***puto*** na ***bicha*** do ***elétrico***» (Portugal)
   «Vi a ***sujeita*** com um ***guri*** na ***fila*** do ***bonde***» (Brasil)

Tome nota!
No Brasil «rapariga» é outra palavra para «prostituta».

6. Luís Vaz de Camões. O Príncipe dos Poetas

Gosto de sentir minha língua roçar
A língua de Luís de Camões
Gosto de ser e estar
E quero me dedicar
A criar confusões de prosódia
E uma profusão de paródias
Que encurtem dores
E furtem cores como camaleões
Gosto do Pessoa na pessoa
Da rosa no Rosa
E sei que a poesia esta para a prosa
Assim como o amor esta para a amizade
E quem há de negar que esta lhe é superior
E deixa os portugais morrerem a mingua
»Minha pátria é minha língua»
Fala mangueira!
Fala!
Vamos atentar para a sintaxe dos paulistas
E o falso inglês relax dos sufistas
Sejamos imperialistas
Vamos na velô de dicção chão chão de Carmem Miranda
E que Chico Buarque de Holanda nos resgate
E -xeque-mate- explique-nos Luanda
Ouçamos com atenção os deles e os delas da teve globo
Sejamos o lobo do lobo do homem
(...)
Flor de Lácio Sambódromo
Lusamérica Latim em pó
O que quer
O que pode
Esta língua?

«Gosto de sentir a minha língua roçar a língua de Luís de Camões»
(Caetano Veloso)

1 bastar – genügen

2 estalar – ausbrechen (Krieg)

3 a obra – Werk

4 a pensão régia – Königliche Rente

5 o mérito – Verdienst

6 cultivar – hier: pflegen

«Era uma vez um português de Portugal. O nome Luís há-de bastar[1] toda a nação ouviu falar. Estala[2] a Guerra e Portugal chama Luís para embarcar. Na Guerra andou a guerrear e perde um olho por Portugal. (…) Ficou um livro ao terminar» (Almada Negreiros, *«Luís, o poeta salva a nado o poema»*)

«Os Lusíadas» é uma obra[3] poética do escritor Luís de Camões, considerada a epopeia portuguesa por excelência. Foi publicada pela primeira vez em 1572 no período literário do classicismo, três anos após o regresso do autor do Oriente. Conta-nos a descoberta do caminho marítimo para a Índia por Vasco da Gama e glorifica o povo português. Luís Vaz de Camões teve uma existência atribulada, atendendo ao pouco que dela se conhece. Nasceu em 1525, estudou em Coimbra, esteve em Ceuta e lutou na Índia, onde perdeu um olho e, após o seu regresso a Lisboa, frequentou o palácio real, mas viveu com grandes dificuldades económicas, de uma pensão régia[4] pequena e o seu mérito[5] não foi reconhecido.

Cultivou[6] também o teatro, mas afirmou-se sobretudo na poesia lírica (*Rimas*), com grande variedade de géneros: sonetos, canções, éclogas, redondilhas, etc.

Morreu no dia 10 de junho de 1580, após o que a sua reputação como grande poeta não cessou de aumentar, sobretudo depois da perda da independência (1580–1640).

«As armas e os barões assinalados
que da ocidental praia lusitana
por mares nunca de antes navegados
passaram ainda além da Taprobana
e em perigos e guerras esforçados
mais do que ermitia força humana
entre gente remota edificaram novo reino
que tanto sublimaram.»

Questões

1. O que sabe sobre o Luís de Camões? Já leu a sua obra ou já viu algum filme sobre ele?
2. Explique porque a sua obra é tão importante para a história da literatura portuguesa?
3. Redija um texto sobre o período histórico (1580–1640) referido no texto.
4. Diz-se que a língua portuguesa é a língua de Camões. E a sua língua? De quem é?

Temas

1. *«Os Lusíadas»*, o cântico da epopeia portuguesa. Apresente em grupo um cântico.
2. Pesquise informações sobre o Sebastianismo.

Sabia que!

O dia 10 de junho foi escolhido* para representar a data de comemoração do Dia de Portugal, de Camões e das Comunidades Portuguesas.

As origens do Dia de Portugal, de Camões e das Comunidades remotam** ao ínicio do século XX (1924). O Dia de Camões começou a ser festejado a nível nacional com o Estado Novo (um regime instituído em Portugal por António de Oliveira Salazar, em 1933).

**escolher – auswählen; aussuchen / **remontar a – zurückgehen auf*

7 *esplendor – Pracht; Glanz*
8 *em honra – zu Ehren*
9 *a inauguração – Eröffnung*
10 *assumir – übernehmen*
11 *a exaltação – Verherrlichung*

Porquê o Dia de Portugal e de Camões?

Camões representava o génio da pátria, representava Portugal na sua dimensão mais esplendorosa[7] e mais genial. O feriado em honra[8] de Camões (um dos símbolos da Nação) passou a ser a 10 de junho uma vez que esta data foi apontada como sendo a da morte do poeta.

Porquê o Dia das Comunidades?

Até ao 25 de abril de 1974, o 10 de junho era conhecido como o Dia de Camões, de Portugal e da Raça. Oliveira Salazar, na inauguração[9] do Estádio Nacional em 1944, tinha denominado também o dia 10 de junho como o Dia da Raça. A partir de 1963, o feriado do 10 de junho assumiu-se[10] como uma homenagem às Forças Armadas e numa exaltação[11] da guerra e do poder colonial. A segunda república não se revê em alguns dos significados deste feriado, pelo que, em 1978, o converte em Dia de Portugal, de Camões e das Comunidades Portuguesas.

➲ Tema

Indique a data do feriado nacional do seu país e qual é seu significado.

7. O Instituto Camões

O Instituto Camões (IC) foi criado em 1992, sucedendo ao Instituto de Cultura e Língua Portuguesa (ICALP) que foi extinto[1] na mesma data.

Criado para a promoção[2] da língua e cultura portuguesas no exterior, o Instituto Camões é, uma Instituição sob a supervisão do Ministro dos Negócios Estrangeiros. Assegura[3] a orientação, coordenação e execução da política cultural externa de Portugal, nomeadamente do ensino da língua e cultura portuguesas em **72 países**, em coordenação com os Ministérios da Educação e da Cultura.

O programa de divulgação[4] da cultura portuguesa, através das suas múltiplas expressões artísticas, é promovido[5] pelas Embaixadas e Consulados portugueses, Centros de Língua e Centros Culturais do IC. Envia para o estrangeiro professores, leitores e cria Cátedras em Universidades. Tem recorrido à utilização das novas tecnologias para o ensino à distância, pela disponibilização de uma biblioteca digital e concede bolsas[6] a estudantes estrangeiros.

Em regime de parcerias[7], é apoiada a participação de projetos e de criadores nacionais através dos seus projetos em bienais, festivais e outros certames[8], destacando-se eventos nas áreas da dança, artes visuais, cinema, teatro e música. Para além disso, atribui[9] também o prémio luso-brasileiro «Camões» instituído em 1989.

Este Instituto dispõe um portal na Internet, o Centro Virtual: www.instituto-camoes.pt. Desde junho de 2012 o Instituto passou a chamar-se: Camões. Instituto da Cooperação e de Língua Portuguesa.

1 *extinguir – abschaffen*
2 *a promoção – Beförderung; Förderung*
3 *assegurar – sichern*
4 *a divulgação – Verbreitung*
5 *promovido – befördert*
6 *a bolsa – Stipendium*
7 *a parceria – Partnerschaft*
8 *o certame – Wettbewerb*
9 *atribuir – verleihen*

Temas

1. Identifique as cidades alemãs onde existe um Instituto Camões ou centros culturais.
2. Investigue quais são os serviços que oferece a página Web do Instituto Camões e apresente-os aos seus colegas.
3. Pesquise e comente sobre personalidades que já receberam o Prémio Camões. Também há no seu país um Prémio idêntico que premeia personalidades na área das Letras, Ciência e Arte. Qual?

8. **CPLP** (Comunidade dos Países de Língua Portuguesa)

1 *preservar – erhalten*
2 *promover – fördern*
3 *acolher – aufnehmen*
4 *a sede – Sitz*
5 *reforma ortográfica – Rechtschreibreform*
6 *assumir – übernehmen*
7 *até – hier: sogar*
8 *convém – es empfiehlt sich*
9 *abranger – umfassen*

A 17 de julho de 1996, foi criada no «espaço lusofônico» a Comunidade dos Países de Língua Portuguesa (CPLP), constituida por Angola, Brasil, Cabo Verde, Guiné-Bissau, Moçambique, Portugal e São Tomé e Princípe com o objetivo de preservar[1] e expandir o português pelo mundo e promover[2] a cooperação política, social, económica e cultural entre os países-membros. No ano de 2002, após conquistar independência, Timor-Leste foi acolhido[3] como país integrante. Na atualidade, são oito os países integrantes da CPLP.

A sua sede[4] fica em Lisboa. A partir daí, foi ratificada finalmente a reforma ortográfica[5] que une as formas gramaticais entre os diferentes países localizados em diferentes continentes.

O Instituto Camões assumiu[6] um papel ativo no desenvolvimento de projetos e na promoção de intercâmbios culturais. No Brasil, foi até[7] mesmo determinado o dia 5 de novembro como o Dia Nacional da Língua Portuguesa.

Convém[8] lembrar, que o bloco de países que compõem a CPLP abrange[9] os cinco continentes e ocupa uma área imensamente rica em território, populações, recursos naturais e energéticos e ainda em biodiversidade.

➲ Temas

1. Pesquise a página da CPLP – Comunidade dos Países de Língua Portuguesa – http://www.cplp.org/ para receber mais informações sobre estes países.
2. Indique um dos principais objetivos da C.P.L.P.
3. Debata com os seus colegas o tema «O papel de Portugal na C.P.L.P.».

9. «Nobel» da Língua Portuguesa para José Saramago

É indiscutível que a atribuição[1], em 1998, do prémio «Nobel» da Literatura ao escritor José Saramago (1922–2010) constituiu um reconhecimento mundial à língua de Camões e ao prestigiado romancista. Aliás, quase todos os comentadores puseram em evidência[2] esta dupla faceta do prémio. Assim, por exemplo, Manuel V. Montalbán, no *El País* (9 de outubro de 1998) afirmou que « a notícia não é só o prémio dado a Saramago, mas a um escritor da língua portuguesa, apesar de Eça de Queiroz, de Torga, ou de Jorge Amado.»

E Lucianna Stegagnio Picchio, em *La República* (9 de outubro de 1998): «o português José Saramago venceu pessoalmente, e de pleno direito, o «Nobel». Mas sarou[3] também uma ferida[4] que existia há quase um século: de facto, o prémio nunca tinha sido conferido[5] a um autor deste bloco linguístico de mais de duzentos milhões de falantes, fosse ele português, brasileiro ou africano. E, no entanto, o universo lusófono orgulha-se[6] de grandes tradições literárias, tanto em Portugal como no Brasil, e conta com uma nova e impetuosa[7] tradição de escritores africanos de expressão portuguesa.

1 *a atribuição – Verleihung*
2 *a evidência – Hervorhebung*
3 *sarar – heilen*
4 *a ferida – Wunde*
5 *conferir – vergeben (Auszeichnung)*
6 *orgulhar – stolz sein*
7 *impetuosa – stürmisch*

➲ Questões

1. Identifique as obras de José Saramago, que já leu.
2. Identifique os autores portugueses, brasileiros ou africanos que conhece. Quais? Apresente-os.
3. Identifique o género de leitura que prefere. Quantos livros lê por mês? Costuma ler nos transportes públicos?

➲ Atividade escrita

Pesquise e elabore uma lista de autores portugueses traduzidos para alemão.

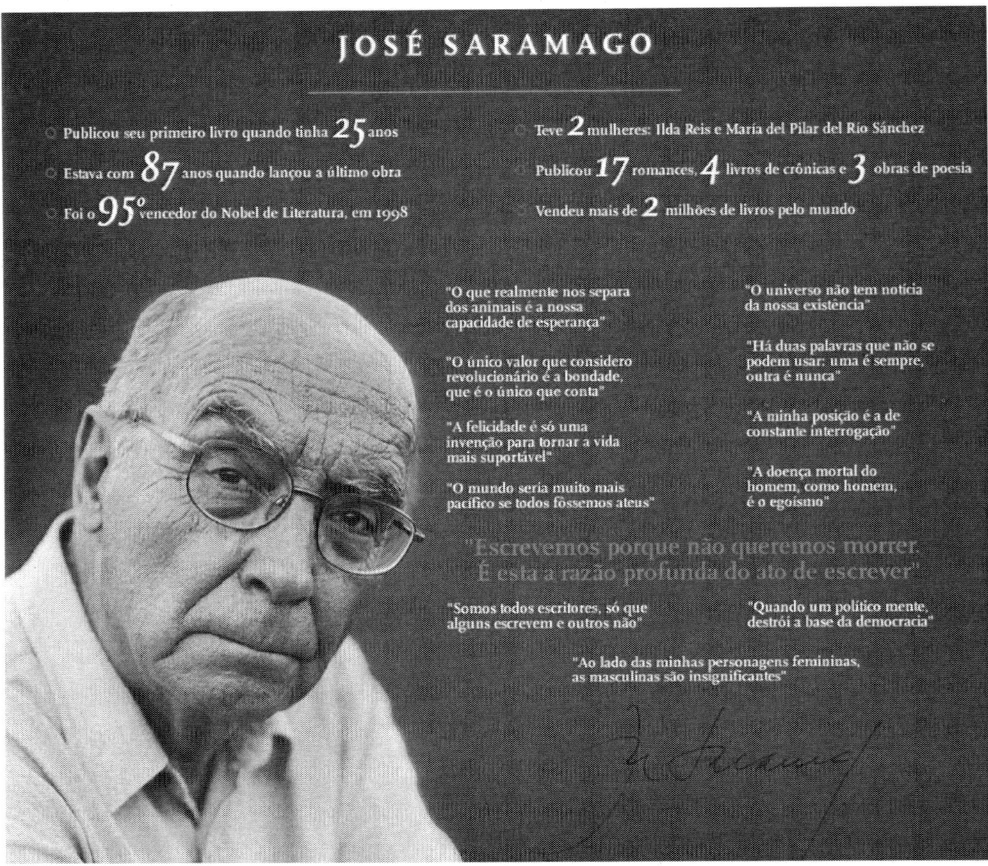

➲ Tema

Acredita que o e-book venha algum dia a fazer desaparecer o livo impresso? Já leu algum e-book? Porquê? Por que não?

Sabia que!

O Prémio Literário José Saramago é atribuído desde 1999 a uma obra literária, escrita em língua portuguesa por jovens autores. Tem uma periodicidade bianual e o valor do prémio é de 25 mil euros. «O Prémio distingue uma obra literária no domínio da ficção, romance ou novela, escrita em língua portuguesa, por um escritor com idade não superior a 35 anos, cuja primeira edição tenha sido publicada em qualquer país da lusofonia, excluindo obras póstumas.»

Consulte o site: http://www.josesaramago.org/

Sugestão

Vê o filme documentário «José e Pilar» do realizador Miguel Gonçalves Mendes.

10. Pessoas que falam português aumentarão para 335 milhões em 2050

A língua portuguesa é falada por mais de 250 milhões de pessoas em todo o mundo, a grande maioria – quase 200 milhões – no Brasil, prevendo-se[1] que esse número suba para os 335 milhões em 2050.

Na lista das línguas com maior número de falantes, o português surge entre o quinto e o sétimo lugar, conforme[2] os critérios das organizações que as elaboram.

Se o critério for apenas o da língua materna, o português surge em sétimo lugar, mas se for analisado também como segunda língua, então sobe para o quinto lugar das tabelas. Falado nos cinco continentes, o português é língua oficial de oito países: Angola (12,7 milhões de habitantes), Brasil (198,7 milhões), Cabo Verde (429 mil), Guiné-Bissau (1,5 milhões), Moçambique (21,2 milhões), Portugal Continental e regiões autónomas da ilha da Madeira e Açores (10,7 milhões), São Tomé e Príncipe (212 mil) e Timor-Leste (1,1 milhões).

Contudo[3], em Timor Leste são uma minoria as pessoas que falam português e em países como a Angola, Guiné-Bissau e Moçambique predominam outras línguas, com destaque para o crioulo, e em Angola o português convive[4] com outras línguas nacionais.

Além da população residente, a maioria desses países tem uma vasta população emigrante que promove o português no mundo.

Dados oficiais indicam que existem mais de cinco milhões de emigrantes, espalhados sobretudo por França, Luxemburgo, Suíça, Alemanha, Inglaterra, Estados Unidos, Canadá e Venezuela, e uma diáspora brasileira de três milhões.

A língua portuguesa é ainda falada em locais por onde os portugueses passaram ao longo da História como Macau, Goa (Índia) e Malaca (Malásia).

Uma das virtudes[5] da internet para a língua portuguesa foi o feito de unir, pela rede, os milhões de falantes dos países lusófonos espalhados pelo globo. Com essa união, o idioma ganhou força – e valor no mundo virtual. De 7a língua mais falada

1 *prever-se – voraussehen*
2 *conforme – entsprechend*
3 *contudo – jedoch*
4 *conviver – zusammenleben*
5 *a virtude – Tugend*

6 *a fatia – hier: Teil*

7 *revelar – zeigen*

8 *sedutora – verführerisch*

9 *radioso – strahlend*

na web em 2007, o português é hoje a 5a, ficando atrás apenas do inglês, chinês, espanhol e japonês, que, com exceção do Japão, possuem muito mais falantes do que os países da CPLP. O dado é da pesquisa Internet *World Users by Language*, de 2011. Ela aponta que, apesar de o português possuir a fatia[6] de apenas 3,9% dos falantes na internet, esse número aumentou 90% desde 2000 e, hoje, cerca de 82,6 milhões de pessoas usam a língua portuguesa na rede, o que equivale a um terço dos falantes do idioma no mundo.

Um estudo recente revela[7] também que o português é a terceira língua mais utilizada na rede social Twitter, a seguir ao inglês e ao japonês.

A língua portuguesa está já presente nos sítios da Internet de alguns blocos político-económicos como a União Europeia, o Mercosul e a Comunidade de Desenvolvimento Africana, NATO, Programa da ONU para o Desenvolvimento (PNUD) e a União dos Estados Ibero-Americanos (UEI).

Segundo projeções divulgadas pelo estado português, baseadas na evolução demográfica, os oito estados que têm o idioma português como língua oficial deverão totalizar 335 milhões em 2050, prevendo-se neste sentido, a consolidação da importância da língua portuguesa.

A língua portuguesa é suave ao ouvido e sedutora[8] nas suas entoações, sendo por isso bem-amada na música, no teatro e nas novelas. É uma língua com plena capacidade para se tornar cada vez mais uma das grandes línguas do mundo. O futuro do português parece radioso[9].

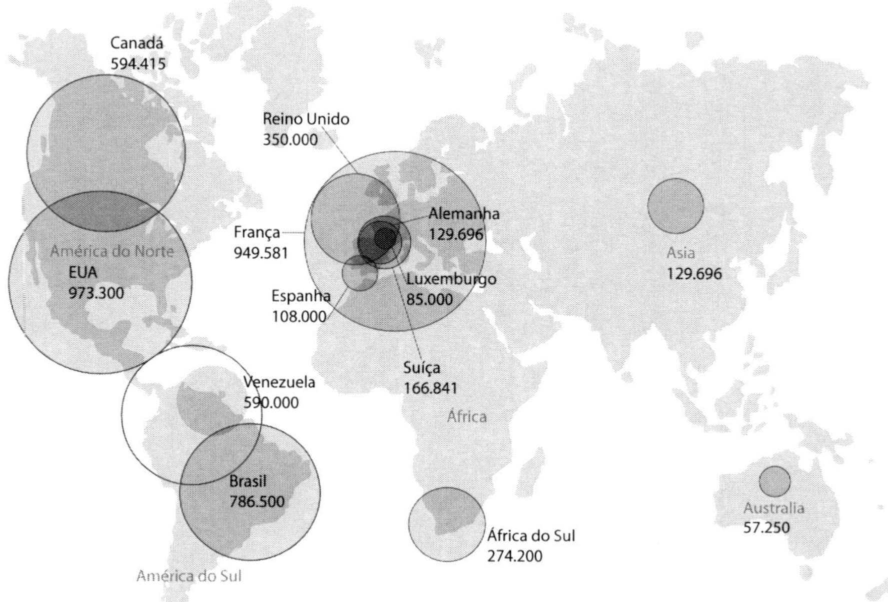

Questões

1. Identifique os países cuja língua oficial é o português.
2. Localize esses países.
3. Identifique a razão pela qual esses países falam a língua portuguesa.
4. Indique o número de indivíduos, no mundo, a falar português.
5. Explique por palavras próprias «a importância do português» na internet.
6. Indique as razões que o levaram a aprender português.

Temas

1. É o português «uma língua de influência económica»? Qual é a sua opinião?
2. Na sua opinião, porque motivo certas línguas são preferidas em relação a outras? Pensa que existem línguas mais importantes do que outras? Justifique a sua opinião.
3. Um amigo seu quer aprender uma nova língua e não se decide. Escreve-lhe uma carta (em alemão) a convencê-lo a aprender português. Baseia-se nas informações do texto.

11. Embaixadores da língua portuguesa

Uma pesquisa[1] feita pelo Instituto Superior de Ciências do Trabalho e da Empresa (ISCTE), em Portugal, a pedido[2] do Instituto Camões, perguntou a 2.500 estrangeiros estudantes de português espalhados pelo mundo quais eram as personalidades de fala portuguesa mais conhecidas internacionalmente.

Lula da Silva	19,9%
Ronaldinho Gaúcho	19,4%
Figo	19,2%
Ronaldo	18,3%
Cristiano Ronaldo	18%
José Saramago	17,1%
Fernando Pessoa	16%
Camões	14,9%
Cesária Évora	13%
Mia Couto	13%

1 *a pesquisa – Untersuchung*
2 *a pedido – auf Anfrage*

➲ Questões

1. Redija um texto sobre estas personalidades. Relacione os nomes com os respetivos países e com a área em que se celebrizaram. Pode pesquisar na internet. Apresente os textos em grupo.
2. Na sua opinião, quais são as personalidades do mundo lusófono que mais admira. Apresente-as aos seus colegas. Será que eles sabem de quem está a falar?
3. Quem são os «embaixadores» do seu país? Faça uma biografia de uma pessoa célebre no seu país.

12. Com o Programa Erasmus em Portugal

A mobilidade Erasmus proporciona[1] um conhecimento e uma vivência que não se consegue obter «entre portas» e é para muitos a primeira grande viagem das suas vidas – o início da independência. A aquisição[2] de novos conhecimentos e competências numa atmosfera multicultural; a possibilidade de fazer novas e diferentes amizades, entre indivíduos de várias nacionalidades; enfim[3], a possibilidade de beneficiarem, no plano educacional, linguístico e cultural, de uma experiência de aprendizagem noutro país europeu é algo de gratificante[4] para os estudantes e uma mais-valia[5] para o seu futuro profissional.

Os meses passados fora (entre 3 e 12) fazem os estudantes crescer interiormente e transforma-os para a vida. A possibilidade de viver num país que não seja o seu, partilhar[6] as tradições locais e de se integrarem numa outra cultura torna-os cidadãos mais abertos, cidadãos do mundo e para o mundo.

Promover a cooperação entre instituições de ensino superior europeias, enriquecer a educação e formação dos europeus e o ambiente educacional das instituições, e contribuir[7] para o desenvolvimento de um conjunto de jovens cidadãos qualificados, de espírito aberto e internacionalmente experientes como futuros profissionais... isto (e muito mais) é o Erasmus.

«A felicidade é alcançada quando a pessoa está pronta para ser o que ela é»

1 *proporcionar – verschaffen; ermöglichen*
2 *a aquisição – Erwerb*
3 *enfim – schließlich*
4 *gratificante – lohnenswert*
5 *a mais-valia – Mehrwert*
6 *partilhar – teilen*
7 *contribuir – beitragen*

Sabia que!
O programa Erasmus deve o seu nome ao filósofo, humanista e teólogo holandês Erasmo de Roterdão (1466–1536). Erasmo de Roterdão percorreu a Europa no século XV.

Quem é que me vai ajudar na procura de alojamento?
A responsabilidade por resolver questões relacionadas com alojamento e questões práticas de mobilidade, é de cada estudante selecionado.

8 *o destino – hier: Ziel*
9 *o alojamento – Unterbringung*
10 *atentamente – aufmerksam*
11 *a associação – Verband*
12 *solicitar – hier: bitten*
13 *parceira – Partner*

Se a sua universidade de destino[8] estiver organizada de forma a apoiar os estudantes de intercâmbio na procura de alojamento[9], isso significa que existe um formulário próprio e específico para se candidatar. Deve consultar atentamente[10] o site das Relações Internacionais da universidade de destino.

No formulário de candidatura on-line da U.Porto (disponível apenas para os estudantes selecionados na pré-candidatura) vai também poder indicar se pretende ajuda na procura de alojamento, mas normalmente essa informação não é suficiente, pois irá precisar de preencher o formulário de alojamento da própria universidade de destino.

Muitas vezes o apoio na procura de alojamento é também dado por associações[11] estudantis da universidade de destino.

Pode ainda solicitar[12] os contactos de estudantes que nos anos académicos anteriores realizaram intercâmbio no país e na sua universidade de destino, para saber, entre outras coisas, em que tipo de alojamento eles ficaram e qual a experiência que aconselham.

Tipos de alojamento

Residências Universitárias: algumas universidades parceiras[13] disponibilizam-se a reservar alojamento para estudantes de mobilidade em residências universitárias. Normalmente essa possibilidade está anunciada no próprio site dessa universidade e para se candidatar a esse alojamento terá de preencher um formulário próprio.

Alojamento Privado: em qualquer cidade existem imensas ofertas de alojamento em quartos ou apartamentos privados. Uma vez que essa reserva de alojamento privado à distância pode ser arriscada (por não corresponder às expetativas, por não poder verificar se tem as condições adequadas, etc.), aconselhamos a que para a primeira semana de estadia faças uma reserva de alojamento temporário, muitas vezes recomendado pela própria universidade de destino (exemplos: Pousadas de Juventude, Pensões, etc.), e que procure o alojamento permanente apenas quando já se encontrar no país de destino, falando diretamente com proprietários[14], outros estudantes, Associação de Estudantes, etc.

Pode, também, fazer a pesquisa de alojamento da cidade para onde vai realizar intercâmbio através de alguns motores de pesquisa[15]: www.AcademicHomes.com

14 o proprietário – Eigentümer

15 o motor de pesquisa – Suchmaschine

Questões

1. Conhece o programa Erasmus? Em que consiste? Qual é a sua opinião sobre este programa?
2. Vantagens e inconvenientes de uma estadia num país estrangeiro. Dê a sua opinião sobre as.
3. Está à procura de apartamento/quarto. Identifique as três coisas de que não pode prescindir?

Temas

1. Escreva um anúncio, de procura de apartamento/quarto, para um jornal.
2. Alguém respondeu ao seu anúncio. Você vai ver o apartamento/quarto. Simule um diálogo.

Philipp Clason, um estudante alemão na Universidade de Göttingen, na Alemanha, escreve: *«Nem sei o que dizer, o Erasmus foi um dos melhores anos da minha vida! Tudo lá era perfeito! A recepção de boas-vindas, os cursos, as atividades – tudo estava bem preparado e era mesmo muito agradável. A cidade é uma das cidades universitárias mais antigas de Portugal, que é um país muito agradável, calmo e relaxante para viver. Os portugueses são simpáticos, cordiais e recebem bem toda a gente. Com o programa Erasmus, tive a oportunidade não apenas de estudar no estrangeiro, mas também de encontrar outras pessoas, conhecer novos estilos de vida, novas culturas, novos lugares e países, etc. Penso nesse período com uma mistura de sentimentos. Por um lado, estou muito feliz por ter passado uns momentos tão inesquecíveis. Por outro lado, estou um pouco triste porque sinto muitas saudades. Quando terminei o meu ano de Erasmus, senti-me não apenas alemão, mas também um pouco português – e também um pouco italiano, espanhol, sueco, francês e assim por diante! Esta experiência fez-me querer trabalhar no estrangeiro, que é o que estou a fazer agora. De facto, o Erasmus muda mesmo a nossa vida!»*

Questões

1. O que quererão transmitir os estudantes quando dizem que estão «em Erasmus»?
2. Comente «de facto, o Erasmus muda mesmo a nossa vida!»
3. Junto dos seus colegas procure saber quem já estudou no estrangeiro. Como foi a experiência?
4. Gostaria de vir estudar para Portugal? Porquê?

Temas

1. Apresente as suas intenções em participar no programa Erasmus. Exprime as suas dúvidas e receios.
2. Apresente os aspetos gerais da vida da país para onde vai estudar (hábitos e costumes).

ERASMUS MUNDUS

13. Uma espécie de Erasmus para a lusofonia

Os estudantes das universidades de Portugal, Brasil, países africanos de expressão portuguesa, Timor-Leste e Macau poderão em breve ter a oportunidade de fazer uma parte dos seus cursos numa outra academia lusófona – tal como hoje acontece no espaço europeu através do popular programa Erasmus. O objetivo é o fortalecimento[1] dos laços[2] entre instituições de ensino superior, com prioridade para cursos e trabalhos de pós-graduação, bem como intercâmbio de professores e estudantes universitários.

O programa lusófono de intercâmbio também envolverá[3] docentes e outros funcionários das universidades e será adaptado à realidade económica dos países de língua portuguesa. O alojamento em casas de família e a partilha dos encargos[4] entre as universidades de origem e as instituições de acolhimento são algumas das soluções apontadas para contornar[5] a indisponibilidade financeira de alguns países.

Este novo projecto «não será uma mera cópia» do Erasmus europeu. O programa poderá vir a ser «tão ou mais atraente» que o sistema de intercâmbios do Velho Continente – tomando como referência experiências em marcha entre universidades brasileiras e moçambicanas.

Atrair professores

O Erasmus lusófono é ainda apontado como uma ferramenta[6] para multiplicar bolsas de mobilidade académica em países com parcos[7] recursos, como São Tomé e Príncipe, que enviou apenas dois estudantes para o estrangeiro em 2010. No arquipélago de São Tomé e Príncipe, há também a expetativa de que o programa de intercâmbio atraia docentes altamente qualificados de outros países lusófonos.

1 o fortalecimento – Stärkung
2 o laço – hier: Freundschaft
3 envolver – hier: beteiligen
4 os encargos – Belastung
5 contornar – umgehen
6 a ferramenta – Werkzeug
7 parco – spärlich

➲ Questões

1. Indique para que servirá a ideia de um intercâmbio lusófono.
2. Teria interesse em fazer um «Erasmus» num país lusófono?
3. Conhece algum país de língua oficial portuguesa?

14. Multilingualismo

1 *a aquisição – Erwerb*
2 *inato – angeboren*
3 *atestar – beweisen*
4 *baralhado – durcheinander*
5 *lidar com – umgehen mit*
6 *assaltar – anfallen*
7 *inequívoco – eindeutig*
8 *o desenvolvimento – Entwicklung*
9 *com consciência – gewissenhaft*

Doutor João Costa, linguista da Faculdade de Ciências Sociais Humanas (FCSH) da Universidade Nova de Lisboa (UNL)

O estudo da aquisição[1] da língua materna desenvolvido nas últimas décadas tem mostrado, de forma bastante clara, que há muito conhecimento linguístico que não precisa de ser aprendido, porque é inato[2]. Uma das evidências para se considerar que há propriedades da gramática que não são aprendidas explicitamente reside no facto de a aquisição da língua materna ser muito rápida. Esta rapidez atesta-se[3] pela facilidade com que as crianças dominam propriedades complexas da língua desde cedo. Por exemplo, durante o primeiro ano de idade, as crianças descobrem se a sua língua admite sujeitos nulos ou não, ou se na sua língua o verbo deve ocorrer em segunda posição (como em alemão ou holandês) ou se pode ocorrer noutras posições. Ainda durante o primeiro ano de vida, as crianças dão mostras de dominar corretamente algumas relações que existem entre a morfologia verbal e a posição do verbo na frase. Questiona-se, por vezes, se a criança bilingue, ou que vive num contexto multilingue, não ficará «baralhada[4]» com o facto de ter de lidar[5] com mais do que uma língua. Esta dúvida assalta[6] os pais, que, por vezes, colocam a hipótese de não expor a criança à língua dos pais. Os resultados da investigação sobre bilinguismo são inequívocos[7]: a criança que cresce com várias línguas é eficiente, adquirindo, de forma espontânea, as principais propriedades das duas (ou mais línguas) que se falam à sua volta. Por exemplo, a criança bilingue português-alemão fará ordens OV quando fala alemão, mas fará sempre ordens VO quando fala português. Esta separação de propriedades das diferentes línguas em aquisição, feita de forma inconsciente, é um argumento adicional a favor do inatismo de várias propriedades das línguas, mas sobretudo uma evidência forte para se considerar que o desenvolvimento[8] de mais do que uma língua não oferece qualquer problema a quem aprende.

Uma das poucas áreas em que se encontra alguma interferência é no léxico. A tomada de consciência[9] das áreas em que há erosão linguística ou efeitos de uma língua na outra é fundamental para que pais e docentes possam gerir o acompanhamento que fazem da criança que aprende mais do que uma língua.

News Letter, «Aprender, Falar e Ser em Português no Reino Unido», Número 2, fevereiro de 2012 (adaptado)

➲ Temas

1. Elabore um texto onde exponha a sua opinião (vantagens/desvantagens) do bilinguismo.
2. Enumere algumas das vantagens pessoais e profissionais de se dominar uma ou várias línguas estrangeiras.

15. Ser em português, trabalhar em inglês

1 o depoimento – Aussage
2 vimaranense – geboren in Guimarães
3 sobrar – übrig bleiben
4 sem dúvida – zweifellos
5 o sotaque – Akzent

Depoimento[1] de João de Oliveira

Quem é?
Sou um «vimaranense[2]» de 25 anos.

O que faz?
Fiz engenharia mecânica no Porto, tive uma experiência de voluntariado em Moçambique e vim para a Alemanha em 2010. Vim fazer uma pós graduação, na Universidade de Hanôver. Depois, em setembro de 2010, mudei-me para Berlim, para fazer o doutoramento. Estou a 3-5 meses de acabar. Já lá vão 4 anos e 3 meses desde que vim para cá (como o tempo passa).

Fala português no seu trabalho?
No meu instituto já houve mais portugueses do que há agora. Hoje em dia só sobra[3] uma. Isto não significa que trabalho em português, significa sim que de vez em quando falo português no instituto. Acho que hoje em dia falo mais inglês que português no dia a dia. Para trabalhar uso sempre inglês ou anglicismos, mesmo quando estou a falar com portugueses (ou outra língua que fale). O inglês é, sem dúvida[4], a língua da ciência.

Em que circunstâncias usa o português?
O português é mais a minha pátria que uma língua que uso. Gosto muito dessa frase do Pessoa. Para mim o português é uma identidade, uma cultura muitas vezes intangível aos outros. Para além disso sinto-me mais ligado a uma língua falada que escrita. A escrita nem sempre é fonética e eu gosto de manter o meu português «errado».

Como nortenho, habituei-me a ser notado pelo meu sotaque[5]. Se a minha língua é a minha pátria, o meu sotaque é a minha casa.

Com quem fala português?

Falo português com os meus pais e com os meus amigos no *Skype*. No dia a dia não o uso.

No entanto preservo-o[6]. Leio religiosamente[7] o «Público[8]» todos os dias, mas é o único em português. Leio também a *National Geographic* e o *The Economist*, mas em inglês. Os livros que leio estão em português, alemão e inglês, tenho poucos em espanhol e francês e tenho um em árabe (eu gosto de línguas e esta é a nova língua que ando a aprender).

Qual é a sua língua das emoções?

Eu tenho uma inteligência emocional muito grande por isso tanto reajo em português como em inglês ou alemão, dependendo do ouvinte[9]. Caso esteja só[10], faço-o quase exclusivamente em português. O português é e sempre será a minha língua emocional. Mesmo para as palavras menos bonitas.

News Letter, «Aprender, Falar e Ser em Português no Reino Unido», Número 1, janeiro de 2012 (adaptado)

6 *preservar – beibehalten*
7 *religiosamente – hier: andächtig*
8 *Público – Tageszeitung*
9 *o ouvinte – Zuhörer*
10 *só – hier: allein*

Questões

1. Explique o que o João quer dizer com «eu gosto de manter o meu português errado».
2. Identifique a personalidade da vida literária portuguesa que disse: «a minha língua é a minha pátria»
3. Comente a última frase do texto.

16. Novas Palavras

1 *designar – bezeichnen*
2 *enriquecer – bereichern*
3 *riscar – zerkratzen*
4 *gozar – sich amüsieren*
5 *dispensar – verzichten auf*
6 *insistir em – beharren auf*
7 *afastar – wegschieben*

Há termos e palavras que todos os dias entram no nosso vocabulário para designar[1] os novos conceitos que os tempos nos trazem. Nas últimas quatro décadas, em que se assistiu ao processo acelerado de globalização e a alterações de natureza política, cultural e social em Portugal, a língua portuguesa enriqueceu-se[2] com uma grande quantidade de palavras.

Por exemplo:

Airbag – uma da inúmeras medidas de segurança na condução, que tem feito baixar o número de mortos nas estradas de todo o mundo.

Arrumadores – «especialistas» que nos indicam um lugar para estacionar que nós já tínhamos visto, em troca de não nos riscarem[3] o carro se lhes dermos uma moeda de 1 €.

Cavaquismo – período da nossa história correspondente aos 10 anos de governo de Cavaco Silva (1985–1995).

Computador pessoal – o mesmo que PC, só que dito em português, ficaria com as iniciais CP, e, portanto, demasiado semelhante aos caminhos-de-ferro portugueses (CP).

Curtir – gozar[4]. Palavra que veio juntamente com a primeira telenovela e que ficou.

Dealer – na origem, um comerciante inglês ou americano. Em português, fornecedor de droga.

E-mail – correio eletrónico. Algo que dispensa[5] o carteiro.

Euro – uma moeda única em crise. O símbolo do euro (€) corresponde à primeira letra da palavra Europa.

Globalização – passe de mágica através do qual uma camisa feita por uma criança do Bangladesh passa a ser um objeto de moda e de culto na civilização ocidental.

Hipermercado – local onde o povo vai às compras até ao domingo.

Hooliganismo – bando de fanáticos de bebidas alcoólicas, que insiste[6] em ir ao futebol.

Internet – uma forma de navegar ou surfar por todos os cantos do mundo.

Karaoke – «instrumento de tortura» utilizado em bares para chamar clientes ou em casas para afastar[7] amigos.

Link – uma ligação real entre dois locais que só virtualmente existem.
Mercado Único – processo através do qual comemos fruta espanhola e deitamos fora[8] a nossa.
Ozono – a camada mais célebre da Atmosfera, que contém o buraco[9] mais ameaçador do mundo.
Perestroika – em russo significa reestruturação. Nas outras línguas quer dizer o fim do regime comunista.
Pimba – um tipo de música de mau gosto.
Retornado – cidadão que esteve alguns anos em África e alguns meses no Rossio a lamentar o facto de ter sido obrigado a vir para o continente.
Talk-show – um programa de televisão no qual o apresentador fala, o público em estúdio bate palmas[10] frenéticas e a família em casa comenta o vestido ou o penteado da assistente.
Telemóvel – pequeno aparelho que substitui o telefone e que tem a ousadia[11] de tocar sempre que não deve.
Telenovela – um drama normalmente com muitos capítulos, quase sempre com alguma intriga e geralmente com pouca inteligência.
Troika – Com a entrada da ajuda externa em Portugal (FMI, Banco Central Europeu e Comissão Europeia), existe uma nova expressão que entrou no nosso vocabulário e no nosso quotidiano. Palavra que de repente se lê ou que se ouve pronunciar a toda a hora, seja nos jornais, na net, na rádio, na televisão, bem como nas nossas conversas entre amigos.
Tudo bem? – forma de começar uma conversa para quem não tem nada a dizer. Substituiu com vantagem e economia de palavras a expressão «Ora então muito bons dias»
Zapping – ato pelo qual ficamos a saber que é melhor desligar[12] a TV.

8 *deitar fora – wegwerfen*
9 *o buraco – Loch*
10 *bater palmas – Beifall klatschen*
11 *a ousadia – Dreistigkeit*
12 *desligar – ausschalten*

Temas

1. Comente que novas palavras apareceram na língua alemã nos últimos tempos.
2. Explique, por palavras suas, o significado de «troika».

Outros empréstimos

What língua is esta?

Sou **designer free-lancer** de uma empresa de **marketing**, mas já trabalhei como **office-boy** e com **silk-screen**, e hoje moro num **flat** com a minha esposa, o meu **baby**, uma **baby-sitter** e crio um **pit-bull**, longe do **playground** e da pista de **skate**. Mantenho a forma pois contratei um **personal-trainer**. Ele recomendou-me praticar **mountain-bike** e **wind-surf**. Também contratei uma **personal-diet** que me recomendou um **coffee-break** com biscoitos **diets** ou **low-carb**, e nada de **milk-shakes, nuggets, waffers, hot-dogs** ou **long-necks**, pois quero ser um **ultra-men** forte como o **superman**. Mas nunca dispenso um **fast-food** num **self-service** ao lado do Otelo**'s** bar, onde sou um cliente **vip**.

Depois da **happy-hour**, vou ao meu **PC**, ponho um **CD** no **drive**; mas um vírus infetou os seus **softwares** e o **hardware**; por isso contratei um **expert** com **know-how** em aparelhos **high-tech**. Quando ficar pronto, vou ficar **on-line** na **internet** e aceder aos **chats** com o **nick** de «**blood**» para pensarem que sou um **bad-boy**. Acedo ao **orkut** e vejo se tem **scraps** no meu **profile** ou nos **fakes** que uso para criar **posts**.

Após a hora de **rush**, pego no meu carro que tem um **air-bag**, que aluguei a uma **rent-a-car** após um **test-drive**, e vou ao **shopping-center** comprar um telemóvel com **vibracall** e ver o preço de um **home-teather** que está com 50% **off**. À noite, assisto à SIC **News** e de dia à Band **News**, mas também assisto aos **reality-shows**, aos **talk-shows** e nunca perco um **round** de **boxe**. Também viajo e quando faço um **tour** em Lisboa, visito a Lisboa **Fashion Week** para ver as **top-models** ou curtir um **show** de **rock**. Também em Lisboa vou aos **night-clubs** para curtir um **rap**, um axé-**music** ou um programa mais **light** nos melhores **points**.

➲ Temas

1. Depois de ter lido este texto, tente encontrar uma palavra portuguesa para estes empréstimos de língua inglesa.
2. Procure outros empréstimos léxicais de outras línguas (francês, italiano, alemão).
3. Também há empréstimos na língua alemã. Quais? Apresente uma lista.

➲ Exercício

Relacione os seguintes estrangeirismos:

1	revanche	a)	encanto
2	menu	b)	cartaz para anunciar
3	handicap	c)	conspiração
4	tournée	d)	desforra
5	atelier	e)	desafio
6	snob	f)	ementa
7	match	g)	digressão
8	placard	h)	desvantagem
9	charme	i)	oficina de trabalho, galeria para artistas
10	complot	j)	pretensioso

backstage ankle boot all black
look fashion week STYLIST
beauty lifestyle spikes stret style sale
vintage inspired red carpet calça boyfriend

17. Linguagem sms. Kem (Quem) escreve assim...

1 *o adolescente – Jugendliche*
2 *mesmo – sogar*
3 *transportar – hier: übertragen*
4 *indiscriminadamente – in gleicher Weise*
5 *abandonar – hier: weglassen*
6 *deixar de saber – hier: vergessen*
7 *abreviada – abgekürzt*
8 *ao passo que – während*

A linguagem *sms* nasceu da necessidade de escrever mensagens curtas e rápidas. É uma linguagem onde não existem regras. Cada pessoa é livre de escrever como quiser... desde que as outras a compreendam. Os adolescentes[1], a chamada geração Y são os que a usam mais, mesmo[2] nos testes escolares. Quer dizer que, esta grafia utilizada em texto «instantâneo» está a ser transportada[3] para o contexto escolar, quer se trate de trabalhos ou testes.

«Oi xtora!!! ta td ben knsg? nox tamx kom mtx xaudadx xuax poix ja ñ temx akela xtora kida à k nux habituamx bjtx, nunka nux vamx exkexer d xi! Ass: xara»

Consegue decifrar?

Esta é uma *sms* enviada para o telemóvel de uma professora, que leciona português. Preocupada com o futuro da Língua Portuguesa, a professora lamenta que os mais jovens estejam «a esquecer-se da pontuação, a escrever com maiúsculas indiscriminadamente[4], usando-as no meio e no fim das frases, e a abandonar[5] cedilhas e acentos». Como não os utilizam nas mensagens de telemóvel, também não os põem quando escrevem à mão, pois deixaram de saber[6] onde os colocar.

Esta nova linguagem não tem regras, pois os adolescentes tanto usam o «x» para substituir «ss», «ch» e «os» como no lugar do «ç», havendo palavras que ficam bastante diferentes das originais, como «tamx» (estamos) ou «kuraxao» (coração)». Quem não sabe o que significa todas estas abreviaturas, corre o risco de ser apontado como analfabeto.

Sem dúvida que a letra «K» é a mais utilizada: por exemplo, em vez de «que» usa-se «k» para «quando» escreve-se «kd» uma palavra como «qualquer» passou, na sua forma abreviada[7], a escrever-se «kk» ao passo que[8] «porquê» se tornou «pk». A letra «k» funciona também para construir outras palavras, como «kem» (quem) e «pk» (porque ou porquê). Raramente se escreve «ch», mas sim «x», como em «axo» (acho). Em muitas palavras tiram-se as vogais e algumas consoantes: «comigo» (cmg), «contigo» (ctg), «mensagem» (msg) e «ninguém» (ng).

Todas as abreviaturas comuns são aproveitadas para a linguagem sms: «sp» (sempre), «td» (tudo), «d» (de), «bj» ou «jk» (beijo ou beijoca). Escreve-se assim nos chats da Internet, mas também nos apontamentos das aulas, nos testes e exames. A língua é um instrumento vivo e em constante mutação mas também é um bem valioso e a simplificação pode empobrecê-la, na medida em[9] que afeta a sua diversidade.

9 *na medida em que – insofern als*

Questões

1. Transcreva a mensagem escrita à professora para português.
2. Também comunica com os seus amigos desta forma?
3. É de opinião que este novo tipo de linguagem pode comprometer o futuro da Língua Portuguesa?
4. As mensagens de telemóvel e de correio eletrónico alteraram também a maneira de escrever no seu país. Esta escrita vicía? Porquê é que as pessoas abreviam a linguagem na Web?
5. Comente a última frase do texto.

Tema

Apresente, com os seus colegas, se há temas que não se podem tratar por *sms*.

18. O acordo ortográfico

1 *entrar em vigor – in Kraft treten*

O novo Acordo Ortográfico entrou em vigor[1] em janeiro de 2010. Mas, até 2015, decorre um período de transição, durante o qual ainda se pode utilizar a grafia antiga.

A primeira grande reforma da língua foi feita em 1911, com a consciência de que era necessário simplificar e regular a ortografia. Foi recebida, no entanto, com muitos protestos.

«Imaginem esta palavra phase, escripta assim: fase. Não nos parece uma palavra, parece-nos um esqueleto.» (Alexandre Fontes, A Questão Orthographica, Lisboa, 1910, p. 9)

«Na palavra lagryma (...) a forma do y é lacrimal; estabelece a harmonia entre a sua expressão gráfica ou plástica e a sua expressão psicológica. Na palavra abysmo, é a forma do y que lhe dá profundidade, escuridão, mistério… Escrevê-la com i latino é fechar a boca ao abysmo, é transformá-lo numa superfície banal.»

Teixeira de Pascoais, A Águia, citado por Francisco Álvaro Gomes, O Acordo Ortográfico, Porto, Edições Flumen e Porto Editora, 2008, p. 10

«… Odeio, com ódio verdadeiro, com o único ódio que sinto, não quem escreve mal portuguez, (…) a orthographia sem ípsilon, como escarro directo que me enjoa independentemente de quem o cuspisse.»

(Bernardo Soares (Fernando Pessoa), Livro do Desassossego)

Atividades

1. Repare na seguinte placa que existe no Porto, escrita antes da reforma ortográfica de 1911:
   Reescreva o texto, adequando-o à forma como se escreve hoje.

____

____

____

____

____

2. Tem a seguir uma lista de palavras com a grafia anterior a 1911 (retiradas do *Dicionário Lacerda* de 1858). Escreva essas mesmas palavras com a grafia actual:

Agglutinar ____________________ Estylo ____________________

Alchimista ____________________ Hombro ____________________

Céllula ____________________ Hibérico ____________________

Chapeo ____________________ Immóvel ____________________

Chirurgia ____________________ Propheta ____________________

Damnificado ____________________ Retrahir ____________________

O acordo ortográfico de 1990 prevê algumas mudanças. A seguir vai encontrar referência às mais significativas na norma portuguesa.

Atividade – O alfabeto tem mais três letras?

1. Assinale a posição que cada uma das novas letras ocupa em relação às outras:
   A B C D E F G H I J L M N O P Q R S T U V X Z
2. Escreva o nome da cada uma das novas letras do alfabeto:
   K ____________________
   W ____________________
   Y ____________________

➲ Atividade – O uso das maiúsculas e das minúsculas

Passam a escrever-se com minúscula:

a) Os dias da semana, dos meses e das estações do ano.
b) Os termos fulano, sicrano, etc.
c) Os pontos cardiais, exceto quando usados de forma absoluta: Norte, por norte de Portugal.

Escrevem-se opcionalmente com maiúscula ou minúscula:

a) Os títulos dos livros (sempre com a primeira letra e os nomes próprios em maiúscula...): *As pupilas do senhor reitor* ou *As Pupilas do Senhor Reitor.*
b) Os nomes das áreas do saber: português ou Português; matemática ou Matemática.
c) Nas formas de tratamento (axiónimos): senhor doutor Manuel, ou Senhor Doutor Manuel.
d) Nos títulos dos santos: santo António, ou Santo António.
e) A designação dos logradouros públicos: rua da Liberdade, ou Rua da Liberdade.

1. O texto que a seguir se apresenta está escrito segundo as normas antigas. Sublinhe o que muda, ou pode mudar, com o novo acordo:
   O meu primo José costuma visitar Lisboa na Primavera, que começa a 21 de Março. Este ano há-de vir nas férias da Páscoa. Como adora livros, aproveita sempre para visitar a Biblioteca da Faculdade de Letras, que fica na Alameda da Universidade. Há-de trazer-me, como sempre, um livro. Na Primavera passada, ofereceu-me os *Novos Contos da Montanha*, de Miguel Torga, que adorei.

2. Reescreva o texto, utilizando as regras do novo acordo nas palavras que sublinhou (nas palavras que se escrevem opcionalmente com maiúscula ou minúscula, utilize minúscula).

➲ Atividade – «O que não se ouve não se escreve»

Escreva as palavras que se seguem, aplicando a regra «O que não se ouve não se escreve»:

a) acção
b) projecto
c) seleccionar
d) accionar
e) contacto
f) adoptar
g) adopção

h) óptimo
i) opção
j) humidade
k) peremptório
l) assumpção

Conclusão: as consoantes c (cc, cç, ct) e p (pc, pç, pt) que não se ouvem caem. Uma exceção a esta regra de que o que se não ouve se não escreve é o h inicial: habitante; húmido, etc.

➲ Atividade – A acentuação

1. Assinale com uma cruz (X) as palavras que estão certas, segundo o novo acordo ortográfico:

☐ Boia	☐ Comboio
☐ Paranóia	☐ Lêem
☐ Vêm	☐ Deem
☐ Para (verbo)	☐ Pêlo
☐ Por (verbo)	☐ Afinámos
☐ Girassóis	☐ Averigúe
☐ Veem	☐ Enjoo

2. Acentue o texto seguinte, tendo em conta as normas do acordo:

O João e o amigo leem corretamente, embora não saibam por os acentos certos nas palavras. Ainda mal sabem escrever e enfrentar a escrita, para eles, e um exercicio tão heroico como se enfrentassem uma enorme jiboia.

➲ Atividade – O hífen

1. Assinala, colocando uma cruz (x) as palavras que estão adequadas ao novo acordo:

☐ Pós-tónica	☐ Pos-pôr	☐ Cooperação	☐ Microondas
☐ Retro-visor	☐ Ultra-rápido	☐ Hiper-realista	☐ Hiper-mercado
☐ Circumambiente	☐ Segundafeira	☐ Anti-higiénico	☐ Anti-religioso
☐ Anti-inflamatório	☐ Mal-educado	☐ Mal-humorado	☐ Há-de
☐ Mini-saia	☐ Malvisto	☐ Bem-visto	☐ Sub-vinte
☐ Préaviso	☐ Preencher	☐ Auto-avaliação	☐ Semabrigo

2. Corrija as que identificou como inadequadas no espaço à frente.
   Consulte o site: http:www.portaldalinguaportuguesa.org/acordo.php

II A sociedade portuguesa

1. Portugal sob o olhar de sete estudantes Erasmus

1 *incrível – unglaublich*
2 *barato – billig*
3 *a renda – hier: Miete*
4 *a escolha – Auswahl*
5 *roubar – klauen; stehlen*
6 *disposto – bereit*
7 *a Sé – Dom*
8 *o arroz – Reis*
9 *o queijo – Käse*

Gizem Biçer, 20 anos, Turquia, Curso de Gestão de Empresas

No meu primeiro dia em Portugal já me sentia lisboeta. Vinda de Istambul, seria difícil ficar longe da água. Foi incrível[1] quando vi o Tejo pela primeira vez. Viver aqui é mais barato[2] do que noutras capitais: o preço da alimentação, das rendas[3] e dos transportes tornam Lisboa numa boa escolha[4] para os estudantes. **Admiro o sistema de transportes públicos** e os seus horários, que na Turquia não são cumpridos. As pessoas não tentam roubar[5] o nosso dinheiro como noutras cidades e dizem-nos onde podemos encontrar um sítio bom e barato para comer ou beber. Como não como carne (porque não gosto), não pude provar grande parte da gastronomia portuguesa, mas adoro a pastelaria e as boas frutas e vegetais que encontro no supermercado junto à minha casa. Já provei todos os bolos e, claro, bebi muitos galões. Os portugueses são pessoas amigáveis, sempre dispostos[6] a ajudar.

Pablo González, 23 anos, Espanha, Curso de Ciência Política

Portugal é ruas de pedras, é pontes de ferro, é manuelino, é igrejas velhas, é Sé[7], é Álvaro Siza Vieira, é pastéis de Belém, é bacalhau à Brás, é castanha assada, é vinho verde, é Licor Beirão, é arroz[8] com marisco, é queijo[9] de Évora. É José Saramago, Luís de Camões e Fernando Pessoa. Portugal é Lisboa, Porto, Braga e Coimbra, sendo também Fátima, Sintra, ou Aveiro, sem deixar de ser Lagos, Beja, ou Santa Comba Dão. E, óbvio, é Guimarães. É os cidadãos de Brasil, Angola, ou Timor-Leste que há nas ruas, é Açores e Madeira, é o oceano imenso que dá a volta ao mundo, é a língua portuguesa, é a História, é Alexandre Herculano, Vasco da Gama e Fernão de Magalhães. Portugal é o fado, é o 25 de abril, é República, mas é Dom Sebastião, é o galo[10] de Barcelos, é o Tejo e o Douro, é a Universidade de Coimbra, é o eléctrico de Lisboa, é Amália Rodrigues, Carlos do Carmo e Deolinda. Portugal não é perfeito, mas é incrível.

Linas Lizunas, 22 anos, Lituânia, Curso de Engenharia Mecânica

Aquilo que mais me impressionou quando cheguei a Lisboa foi **o clima.** Estava tanto sol, os raios de sol[11] a baterem-me na cara e um vento[12] suave a ajudar-me a enfrentar o calor. A primeira coisa que fiz foi ir ver o oceano, sentir a água, saltar nas ondas[13] como uma criança. E adoro os portugueses. Mesmo aqueles que não sabem línguas tentam sempre ajudar: procuram alguém que fale inglês ou continuam a falar para mim em português como se eu os pudesse entender. Adoro a cultura portuguesa. Existem imensos monumentos, praças, fontes... Posso andar todos os dias pelas ruas sem nunca me aborrecer[14]. Há sempre alguma coisa interessante a encontrar. Gostava de ter tempo para descobrir[15] mais e mais Portugal, um país fantástico.

Natalia Gniadzik, 21 anos, Polónia, Curso de Relações Internacionais

No meu primeiro dia em Portugal, enquanto andava às voltas[16] no Marquês de Pombal sob 35 graus, com uma camisola vestida e duas malas gigantes nas mãos, pensei voltar[17] para Varsóvia. Até que um senhor mais velho me indicou a rua que eu procurava: nunca ninguém me negou[18] ajuda em Portugal, país de mente[19] aberta, onde as pessoas falam espanhol, francês e inglês. **Já a língua portuguesa é, ao mesmo tempo, uma das mais exigentes e fantásticas da Europa**. Não sei como vou sobreviver na Polónia quando se acabarem[20] as minhas cinco garrafas de azeite e moscatel. Não sei como vou viver longe da atitude positiva que aprendi a ter em Portugal. Aprendi a perguntar «como estás?» e a encarar[21] a vida de uma

10 o galo – Hahn

11 os raios de sol – Sonnenstrahlen

12 o vento – Wind

13 as ondas – Wellen

14 aborrecer – hier: langweilen

15 descobrir – entdecken

16 andar às voltas – sich herumschlagen

17 voltar – zurückkommen

18 negar – verweigern

19 a mente – Geist

20 acabar – hier: alle werden

21 encarar – ansehen

22 descontraída – locker; entspannt 23 a diversidade – Vielfalt
24 julgar – urteilen
25 enfrentar – konfrontieren
26 os sorrisos – Lächeln
27 a alma – Seele

forma mais descontraída[22]. Não admira que Portugal seja do outro lado da Europa - é tão diferente para mim, mas ao mesmo tempo tão perto daquilo que me faz feliz.

Ivan Grgur, 33 anos, Croácia, Curso de Comunicação e Jornalismo

«Como é estar em Portugal?», perguntou-me o meu melhor amigo quando cheguei a Lisboa. «Sinto-me em casa, uma casa de muitas cores, azulejos e sol.» Aqui, coisas fantásticas aparecem em todo lado. Arte de rua cruza-se com arquitetura antiga. A Europa cruza-se com a América do Sul, a África, a Ásia. Tudo é marcado pela diversidade[23]. Amáveis e sorridentes, os portugueses gostam de manter as coisas simples. A julgar[24] pelos seus rostos, não diria que o País enfrenta[25] o caos financeiro. Alguns dirão que esta é uma ideia louca, mas é por causa desses «sorrisos[26]» que Portugal tem alma[27]. E um país com alma é um grande país. «Um sorriso não alimenta», dirão. Mas, às vezes, quando as coisas fogem ao nosso controlo, aquilo que podemos fazer é sorrir. Por isso, querido **Portugal, continua a sorrir, continua a ser grande**.

Joanna Reichert, 23 anos, Polónia, curso de Fisioterapia

Em setembro, quando cheguei a Portugal, estava preocupada: não sabia se teria feito a escolha certa. Agora, sei que fiz a escolha perfeita. Já visitei imensos lugares diferentes: Porto, Tomar, Batalha, Tróia, Madeira, Sintra, Cascais e, claro, Lisboa. Sintra, onde já estive três vezes, é o meu sítio favorito em todo o País. Vila pequena e antiga, linda, com imensos miradouros, muitos palácios e todos eles diferentes. **E a Madeira...! Poderia escrever tantas coisas sobre esta ilha, sobre tantos sítios incríveis**. Estou muito surpreendida por falar com tantos portugueses que me dizem que nunca lá estiveram... mas deviam. Foi em Portugal que pela primeira vez vi um jogo de futebol no estádio, foi cá que pela primeira vez tive aulas de surf. Mas o mais importante são as pessoas: acolhedoras, encantadoras e bem-educadas. Sei que se tiver algum problema, terei sempre alguém para me ajudar.

Christian Callegari, 22 anos, Itália, curso de Ciência Política e Relações Internacionais

Desde o primeiro momento em que comecei a viver em Portugal, o que mais me impressionou neste país fantástico foi a natureza e a presença da cor verde, mes–mo no coração[28] da capital. Uma capital que tem a capacidade para, de repente, transformar um dia mau num dia mágico, fazer desaparecer os problemas e deixarte com um sorriso gigante no rosto. **Portugal é um sítio fantástico porque cada caminhada, mesmo que seja num sítio já conhecido, pode revelar algo novo**: uma paisagem, uma loja, uma pessoa... transformando cada dia numa experiência diferente, num tempo para celebrar e preservar[29] na memória. Nestes quatro meses, descobri que adoro Portugal e a maneira como as pessoas lidam[30] com o seu dia-a-dia: com um sentimento de felicidade, que acho que também começo a partilhar, sentindo-me sortudo[31] por estar onde estou.

28 *o coração – Herz*
29 *preservar – bewahren*
30 *lidar com – umgehen mit*
31 *o sortudo – Glückspilz*

Questões

1. Explique, por palavras suas, as frases em negrito.
2. Identifique os traços dominantes da personalidade portuguesa.
3. Quais são os aspetos culturais que estão relacionados com o carácter dos portugueses? Como vê os portugueses?
4. Identifique as diferenças ou semelhanças encontradas entre Portugal e a Alemanha.
5. Dê a sua opinião sobre os «clichês» associados aos portugueses. São justificados ou são exagerados?

Temas

1. Faça uma entrevista a um colega seu que fez Erasmus num país europeu.
2. Você vai fazer uma viagem de uma semana a Portugal. Apresente um programa. Pesquise na internet, e também em revistas e agências de viagens. Faça o mesmo para uma região no seu país.

2. Música

2.1. Tudo isto é fado

«O fado é a expressão mais popular deste «gosto de ser triste»: é um lamento entrecortado de soluços.»

Nasceu em meados do século XIX e criou-se nos bairros típicos de Lisboa. Canção para todos os grupos sociais, o fado sobreviveu[1] à repressão da ditadura, regenerou-se nos anos 90, e daí saltou[2] para os palcos internacionais.

É sob o manto[3] escuro e silencioso da noite que se afinam[4] as vozes e as guitarra. Ouve-se o fado nos bairros de Alfama, Mouraria e no Bairro Alto.

«Meus amigos: boa noite. Em nome da Tasca do Chico, obrigado pela vossa presença. Hoje é quarta-feira, dia de fado vadio». É assim, que começam as noites de fado num dos poucos locais da cidade onde se pode ouvir cantar como se cantava na Lisboa antiga.

São novos e velhos, portugueses e cada vez mais estrangeiros, gente de todas as classes sociais. Procuram um ambiente intimista onde as luzes se apagam e as velas se acendem para deixar ouvir um fado espontâneo e genuíno[5], cantado por profissionais e amadores, e por quem, na plateia[6], queira testar o talento.

A acompanhar os fadistas estão sempre dois guitarristas profissionais, os únicos que ganham dinheiro com as noites de fado vadio. Na tasca a música saboreia-se na companhia de um copo de vinho tinto e chouriço assado.

O fado canta aquilo de que se fala em Lisboa: amor e ciúme[7], destino, fé e saudade. Dele se diz que é a coisa mais portuguesa que existe. A fiel expressão da alma lusa. «Reflete uma certa pas-

1 *sobreviver – überleben*
2 *saltar – springen*
3 *o manto – Umhang*
4 *afinar – stimmen*
5 *genuíno – echt*
6 *a plateia – hier: Zuschauer*
7 *ciúme – Eifersucht*

sividade histórica e uma tendência para aceitar a adversidade[8] com resignação. Olha a realidade de forma poética e recorda[9] o passado à procura de um momento utópico de felicidade que, se calhar[10], até não existiu.»

Quem procura um ambiente mais «chique» que o das tascas de fado vadio pode optar por uma das muitas casas de fado profissional da cidade. São espaços vocacionados para o turismo, onde só cantam fadistas de profissão.

As origens

As primeiras referências a esta música urbana[11] remontam ao início do século XIX. Alguns estudiosos vêm nela uma descendente das tradições musicais árabes, outros identificam no fado a marca rural[12] dos cantos tradicionais do norte do país, e há ainda quem refira influências da musicalidade dos trovadores provençais.

Uma das teorias mais documentadas e consensuais entre historiadores e musicólogos, leva-nos ao outro lado do Atlântico. O fado teria nascido da mistura de tradições culturais que a partir da colonização se encontram: as danças negras de batuque[13], como o lundum, originárias de Angola, da Guiné e do Congo.

O Estado Novo

Em 1932, com a chegada de Salazar ao poder, a canção de Lisboa foge das ruas e procura abrigo[14] nas casas de fado. Durante a ditadura, estas passam a ser regulamentadas e oferecem um fado de letras censuradas. «O Estado Novo» tenta colar-se à imagem conservadora e saudosista do fado e acaba por conseguir suprimir[15] as suas outras componentes. Durante muitos anos, o fado pagou cara essa colagem.

A Revolução

Com a revolução, em 1974, a oposição antifascista passou a encará-lo[16] como uma herança do salazarismo, o que não é correto historicamente.

Foi preciso nascer uma geração, depois do 25 de abril, para a democracia ultrapassar o preconceito. O fado ganhou então um novo fôlego[17], novas vozes e novas abordagens musicais.

8 a adversidade – Rückschlag
9 recordar – erinnern
10 se calhar – vielleicht
11 urbana – städtisch
12 rural – ländlich
13 o batuque – Trommel
14 o abrigo – hier: Schutz
15 suprimir – streichen
16 encarar – ansehen
17 o fôlego – Atemzug

18 *galgar – springen über*

Galgou[18] fronteiras, ganhou a designação de *World Music* e conquistou pémios pelo mundo fora.

 **Sabia que!**
A UNESCO declarou no dia 27 de novembro de 2011 o Fado como Património Imaterial da Humanidade.

Questões

1. Defina o fado.
2. Indique as raízes desta cultura popular.
3. Identifique os tipos de fado apontados no texto. A que se referem?
4. Identifique os traços dominantes da personalidade portuguesa.
5. Comente a frase «*durante muitos anos, o fado pagou cara essa colagem*».

Temas

1. Fado e saudade.
2. Um modo de ser português.
3. Compare o fado de Lisboa com o fado cantado em Coimbra.

Para mais informações consultar:
Amália: www.amália.fm
Museu do fado: www.museudofado.pt
www.clube-de-fado.com
www.portaldofado.net

2.2. Música Pimba. Génio Lusitano

A palavra «pimba», uma interjeição da Língua portuguesa tem, regra geral, uma conotação negativa. Em Portugal nos anos 90 do século XX, chama-se «música pimba[1]» a algumas canções ligeiras, com letras consideradas de mau gosto. Hoje, a palavra «pimba» está generalizada e é aplicada[2] para além da música, também para definir programas (TV, rádio, etc.) supostamente[3] de baixa qualidade, estilo de vestir, e alguma mentalidade social. Embora já existissem canções desse tipo nos anos 80 do século passado («*Bacalhau à Portuguesa*» de Quim Barreiros), a expressão só ganhou[4] dimensão quando por volta de 1994, Emanuel, músico então desconhecido e inspirado por uma canção pop/rock do grupo Ex-Votos intitulada «*subtilezas porno-populares...e pimba*», lança[5] a canção «Pimba Pimba». Estava encontrada a definição deste género musical de fraca qualidade. Alguns dizem que é «pimba», outros adoram as suas canções: uns acham-na boa, especialmente entre a população portuguesa emigrada e durante o verão pelos arraiais[6] de todo o país, outros garantem que é foleira[7]. A verdade é que ninguém fica indiferente a este tipo de música portuguesa ou cantada em português lusitano, onde a boa disposição[8] é caraterística marcante.

Há canções especificamente destinadas a homens, há canções para mulheres, e há canções de amor, que poderiam ser divididas em três grandes grupos: as que contam como somos felizes quando estamos apaixonados[9] (como em «*Escrito no Céu*», de Ágata; as que contam como é frustante estar apaixonado (como em «*Maldito Amor*», também de Ágata) e as que contam curiosidades maliciosas[10] com nítidas[11] conotações sexuais. A sério ou a brincar, as canções pimba também falam de estados de alma e de sensibilidades emocionais, alivia[12] tensões diárias e combate o *stress* provocado pela sociedade moderna, devido ao carácter simples das suas letras, que as pessoas cantam para «espantar[13] os males da vida». O ritmo, também de carácter simples, tem sempre um andamento rápido, marcado pelo bombo[14], que puxa para um «pezinho de dança», e os instrumentos utilizados como acordeão, de raíz muito popular,

1 *a música pimba – geschmacklose Musik*
2 *aplicar – anwenden*
3 *supostamente – angeblich*
4 *ganhar – gewinnen*
5 *lançar – auf den Markt bringen*
6 *o arraial – Volksfest*
7 *foleira – scheußlich; kitschig*
8 *a boa disposição – gute Laune*
9 *apaixonado – verliebt*
10 *maliciosa – boshaft*
11 *nítida – deutlich; klar*
12 *aliviar – entlasten; mildern*
13 *espantar – vertreiben*
14 *o bombo – Trommel*

15 *brejeiro – flegelhaft*

16 *aderir – teilnehmen*

17 *o desgosto – Bitterkeit*

e a guitarra, o mais divulgado em todo o mundo. A harmonização assenta em dois ou três acordes e é muito simples, e, em termos literários, possui um senso comum que faz com que as pessoas se revejam nas letras e o vocabulário é brejeiro[15].

É um género musical de «grande aceitação social», visível no número de discos que os cantores vendem e na quantidade de público, «novos ou velhos, homens ou mulheres, com mais ou menos dinheiro», que adere[16] aos espetáculos, abordando temas «da vida quotidiana das pessoas», como a felicidade, a paixão e o amor.

Por tudo isto, é inevitável que funcione quase como uma «catarse social» ou seja, puxando as pessoas para a dança e levando-as a «aliviar tensões do dia-a-dia» e a «combater o *stress* caraterístico de uma sociedade moderna, onde predomina uma cultura de massa».

«No fundo, é como se as pessoas recorressem ao «pimba» para esquecer ou fugir aos desgostos[17] da vida. Não esqueçamos o ditado popular segundo o qual, «quem canta, seus males espanta». (*Wer singt, vertreibt sein Unglück.*)

Tome nota!
espantado = *erstaunt: Ich war erstaunt über die Nachricht.* Fiquei espantada com a notícia.

Questões

1. Existe no seu país um género de música idêntico? Comente.
2. Explique o sentido de «puxa para um pezinho de dança».
3. Explique o significado de uma «catarse social».
4. Pesquise na Internet cantores de música pimba e interprete algumas das suas canções.

Sabia que!
O provérbio português «Quem canta seu mal espanta» se diz em São Tomé e Príncipe: «Cantar é lançar o coração para longe».

2.3. A História do primeiro festival de verão em Portugal: Vilar de Mouros.

«Vilar de Mouros. O Woodstock à portuguesa»

A 8 de Agosto de 1971, Elton John atuou no primeiro festival de música pop em Portugal, que foi criado pelo médico António Barge.

Elton John aterrou[1] no Porto com o manager, banda e instrumentos, pronto para o primeiro festival de música pop em Portugal. Só faltava um detalhe[2], ou melhor, um carro para o levar ao recinto. O transporte combinado não tinha chegado e no carro de António Barge, médico minhoto[3] e mentor do Festival Vilar de Mouros, não cabiam[4] todos os membros da banda, muito menos o equipamento[5]. Por sorte, Júlio Isidro, que ia apresentar a estrela no festival, já tinha chegado e deu boleia a Elton John e ao manager. Do caminho entre Porto e Viana, o apresentador só recorda o comentário sobre as nossas estradas: «Não são muito boas.» Elton John ia levar outras memórias de Vilar de Mouros, que partilhou[6] com Amélia Barge, a mulher do criador do festival. Fernando Zamith entrevistou-a para o livro «Vilar de Mouros, 35 anos de Festivais» e reproduziu o diálogo.

Elton John: «Acha que eles estão a gostar?»

Amélia Barge: «Estão!»

Elton John: «Mas não se manifestam!»

Amélia Barge: «Não, cá em Portugal é assim.»

Era assim em 1971, no país de brandos costumes que acolheu[7] pela primeira vez uma espécie de Woodstock, com menos lama[8], talvez menos droga e mais «*tinto*[9]», como se via nas fotografias.

Mas estas são as pequenas peripécias[10] num projeto megalómano que não foi organizado por produtoras com grandes patrocinadores, nem por institutos públicos, mas por um médico e pela sua família que ficou com dívidas durante anos. «O festival custou 2500 contos [cerca de 600 mil euros hoje] e eles só tiveram o apoio de 30 contos de uma instituição pública. O resto foram os bens da família e as receitas de bilheteira. Houve muita afluência, mas não foi suficiente. No final houve um prejuízo de 1700 contos [cerca de 400 mil euros hoje].

1 aterrar – landen
2 detalhe – Einzelheit, Detail
3 minhoto – aus der Provinz Minho
4 caber – hineinpassen
5 equipamento – hier: Anlage (Musik)
6 partilhar – teilen
7 acolher – beherbergen
8 a lama – Schlamm
9 vinho tinto – Rotwein
10 a peripécia – Zwischenfall; hier: Überraschung

11 cobrar – *hier:* *kassieren*

Vilar de Mouros, paraíso

O objetivo deste médico, nascido em Venade, a seis quilómetros de Vilar de Mouros e a viver em Lisboa há muito tempo, era divulgar a região. «Ele achava que era preciso promover o resto do país, descentralizar».

António Barge, com dois filhos, e uma enorme paixão pela música demorou três anos a planear o festival. Antes já tinha feito parte da organização de alguns eventos musicais e o de 1968 foi o mais marcante. Entre ranchos folclóricos, houve cantores de intervenção. «Zeca Afonso não resistiu e tocou músicas proibidas. António percebeu que se queria fazer uma coisa em grande, não podia ter o regime à perna». Como era uma espécie de futurista, começou a pensar num evento em grande e depois de 1969, quando aconteceu o pai de todos os festivais, o Woodstock, nos Estados Unidos, virou-se para a juventude.

O planeamento não olhava a meios e não tivessem os The Beatles acabado um ano antes, António Barge teria conseguido trazer os Fab 4 a Portugal. «O mais incrível era a determinação de António Barge em ir em frente sem receio. Ele queria trazer os Beatles e quando lhe disseram que cobravam[11] 1000 contos [o equivalente hoje a 250 mil euros] por concerto, ele respondeu: «Tudo bem».

Os Rolling Stones também foram uma hipótese e só por não terem datas vagas[12] é que não foi possível virem a Portugal. Aliás, Elton John esteve quase para não vir e os Black Sabbath eram os substitutos.

À medida que os nomes foram sendo confirmados, os jovens foram aderindo[13]. Ninguém queria perder aquela oportunidade. Apesar disso, as cerca de 30 mil pessoas ainda não sabiam bem o que fazer em festivais. «As pessoas estavam contidas. Sabiam que a polícia andava por ali». «Era uma liberdade controlada. O público fumava marijuana e a PIDE não interferiu».

A mediatização do evento também não foi grande. A RTP, que inicialmente tinha concordado em gravar o festival, recusou à última da hora, provavelmente com medo do regime. Por essa razão, praticamente não existem registos em vídeo do festival.

12 *vaga – hier: frei*

13 *aderir – sich anschließen*

2.4. Festivais de música

1 *risonho – verheißungsvoll*
2 *lúdica – hier: Spiel-*
3 *escapar – fliehen*
4 *a digressão – Tournee*
5 *melómano – musikbesessen*

Tornaram-se «uma boa solução de férias em tempos de crise». Os festivais de música são um presente de sucesso e têm um futuro risonho[1]. Os festivais tornaram-se eventos indispensáveis nas agendas lúdica[2] e culturais do verão, um pouco por todo o país, nos últimos anos em Portugal.

Em Portugal, o número de concertos e os lucros daí resultantes, têm crescido consistentemente ao longo da última década. Temos, dizem os agentes, um mercado solidificado e rentável, que já pertence ao circuito mundial de festivais. E atrativo, pelos preços baixos e pelo clima, ao crescente público estrangeiro que nos visita. Estes festivais têm tido bastante público, sobretudo os jovens têm-se interessado por eventos deste tipo. Ir aos festivais tornouse ultimamente numa moda e numa forma de passar o verão em Portugal. Tudo começou com o festival de Vilar de Mouros que se realizou, pela primeira vez, em 1971 e foi uma espécie de Woodstock português.

E «em alturas de crise económica, as pessoas querem escapar[3], querem divertir-se, e um festival oferece essa possibilidade». Não há crise. Os festivais crescem e estão para ficar.

Este crescimento deve-se «à criação de hábitos de cultura e espetáculo que não existiam». Nos anos 90, «tínhamos em Portugal um concerto por mês», cenário que contrasta com a oferta atual. Com os músicos mais disponíveis para digressões[4] devido à quebra acentuada na venda de discos, e com o público habituado à experiência do concerto, os festivais tornaram-se parte de um roteiro que já não é apenas melómano[5]. Desde a década de 90 têm surgido muitos eventos deste género. Os históricos Sudoeste (média diária de 40 mil espectadores), o maior festival de verão em Portugal, realiza-se em Agosto, na Zambujeira do Mar, vila piscatórica da costa alentejana, famosa pelas suas belas praias e temperaturas amenas e Paredes de Coura (cerca de 20 mil). O recente Optimus Alive, que se realizou pela primeira vez em 2007 e é agora um dos principais festivais portugueses (média diária de 40 mil espectadores) e o renovado Super Bock Super Rock no Meco (média de 24 mil) são alguns deles. Mas o mapa mostra uma realidade bem mais diversa, onde coexistem o Músicas do Mundo de Sines e o Med em Loulé, orientados para a world music, o Super Bock Surf Fest, realizado em Sagres e dedicado ao reggae, o Marés Vivas em Gaia, que se vem solidificando como o grande festival urbano da Zona Norte, ou o Andanças, em São Pedro do Sul, que celebra a música e as danças tradicionais.

Em Julho realiza-se o festival Super Bock Super Rock nas cidades do Porto e de Lisboa. Sons como o pop, o rock, o hip hop e o funk podem ser ouvidos neste festival, um dos mais concorridos festivais de verão em Portugal.

O Rock In Rio (média de 66 mil espectadores), o festival que trouxe consigo, em 2004, data da primeira edição em Portugal, um conceito em que os concertos se cruzavam com um ambiente de parque temático. Ou seja, para além dos palcos, havia a forte presença de patrocinadores[6] e das animações e promoções a eles ligadas.

Hoje é impensável um verão português sem festivais.

6 *o patrocinador – Sponsor*

Temas

1. Pesquise na Internet os festivais culturais que se realizam em Portugal. Que artistas têm participado nesses festivais? A que festival gostaria de ir?
2. No seu país também decorrem festivais culturais no seu país. Quais? E onde?

3. Futebol: o desporto rei

1 *pelado – kahl*
2 *a baliza — hier: Tor*
3 *o berço – Wiege*
4 *o bairrismo – Lokalpatriotismus*
5 *o adepto – hier: Fan*
6 *o pontapé – Schuss (Fußball)*

O desporto que move mundos conta já com muitos anos de história. Ao falar-se de futebol de imediato associa-se, a uma bola e um campo, seja ele pelado[1], sintético ou de relva, no entanto o futebol nasceu bem longe das quatro linhas.

Data dos séculos II e III a.C a atividade que mais se aproxima do que seria o futebol dessa época. Na china o jogo era chamado detsúh Kúh (*cuju*) e consistia em lançar a bola, já com os pés, para uma pequena junção de paus, seria a atual baliza[2]. Por todos os pontos do globo existiam vários jogos do género com diversos nomes que hoje se associam ao futebol, e com a era dos descobrimentos esses conhecimentos começaram a ser divulgados. No entanto, o berço[3] do futebol atual, conta a história, ter sido nas Ilhas Britânicas.

Já no século XIX com a criação da *Football Association*, que veio normalizar as regras para todos os países, começaram a disputar-se os primeiros jogos oficiais. Foi a 30 de novembro de 1872 que se jogou o primeiro jogo oficial de seleções, entre a Inglaterra – Escócia. Este desporto de fácil consolidação na segunda metade do século XX disputa-se em diversas competições nacionais e internacionais. Os três principais clubes portugueses, os chamados três grandes, Sport Lisboa e Benfica (SLB), Futebol Clube do Porto (FCP) e Sporting Clube de Portugal (SCP) dividem os portugueses. A rivalidade entre os clubes mostra também o bairrismo[4] existente entre Lisboa e o Porto, o Norte e o Sul.

Os adeptos[5] vão aos estádios para apoiar os seus clubes, não perdem um jogo. Os resultados dos mesmos são frequentemente, notícia na primeira página dos jornais diários e jornais desportivos (*A Bola, o Record* e *o Jogo*), fazem a abertura dos noticiários na televisão e são temas de conversa nos cafés. Frente à televisão, nos estádios ou em qualquer espaço que dê para uns pontapés[6], a bola continua a ser uma das paixões nacionais. Faz no fundo parte da identidade e cultura dos portugueses.

Erros e pontapés na linguagem

Comentador desportivo (Antena 1)
«Um Benfica a *precisar* de ganhar e um Santa Clara que *não precisa*, mas *tem necessidade* de ganhar»

Relatador de futebol
«Chega agora a informação: o jogador que há pouco saiu lesionado sofreu uma *fractura craniana no joelho*»

Jogador de futebol (FCP)
«O meu coração só tem uma cor: *azul e branco*»

➲ Questões

1. Gosta de futebol?
2. Justifique, com frases do texto, o grande carinho que os portugueses têm pelo futebol.
3. Identifique os protagonistas desta «festa».

➲ Tema

Desportos e provas mais populares no seu país.

4. Fátima

4.1. A Religião em Portugal – Evolução

1 *fiéis – Gläubige*
2 *os funerais – Begräbnisfeier*
3 *rezar – beten*
4 *a crença – Glaube*
5 *contraceptivos – Verhütungsmittel*
6 *a gravidez – Schwangerschaft*
7 *o milagre – Wunder*
8 *a fé – Glaube*

Segundo a Wikipedia (2010), a população portuguesa é maioritariamente católica, devido sobretudo à tradição e às circunstâncias históricas que Portugal teve e viveu no passado. A Igreja católica afirmou-se como religião dominante. Cerca de 80% da população portuguesa considera-se maioritariamente católica, mas somente 19% é, de facto praticante. Num país de mais de nove milhões de católicos, apenas uma pequena parte dos fiéis[1] vai à missa, além das datas especiais (batizados, casamentos e funerais[2]) mas garantem rezar[3] bastante em casa. No último Inquérito Social Europeu, feito em 2008, sete em cada oito portugueses diziam pertencer a uma religião, num número que na Europa apenas é ultrapassado por polacos e cipriotas. Apenas 12,4% dos portugueses não pertencem a qualquer religião.

No entanto, com o evoluir dos tempos, a Igreja Católica terá perdido mais de meio milhão de fiéis que participavam regularmente nas eucarístias dominicais, sobretudo entre as camadas mais jovens e urbanas. Segundo o Instituto Nacional de Estatística (INE), apenas 47% dos casamentos realizados são católicos. Num país cada vez mais multicultural, a integração de outras crenças[4] é crescente. Facto que se deve a de Portugal ser um país recetivo à vinda de imigrantes que trazem consigo os seus valores e crenças. Por outro lado, o facto da Igreja Católica ser conservadora, no que diz respeito à utilização de métodos contraceptivos[5], divórcio e interrupção voluntária da gravidez[6]. Apesar da forte oposição da Igreja, interrupção voluntária da gravidez, até às 10 semanas de gestação, foi legalizada, em 2007.

O milagre[7] de Fátima

Até ao 25 de abril de 1974, Portugal era um país fechado a novas idologias e crenças. O país em 1917, assiste a um fenómeno que iria aumentar a fé[8] dos portugueses. O mundo encontrava-se na primeira Guerra Mundial, e o milagre de Fátima (as aparições[9]) encheu o coração dos portugueses de esperança e relançou a fé cristã em Portugal. No dia 13 de maio de 1917, três crianças Lúcia de Jesus dos Santos (10 anos), Francisco Marto (9 anos) e Jacinta Marto (7 anos) afirmaram ter visto *«...uma senhora mais branca que o Sol»*.

Com o 25 de abril de 1974, a Constituição da República passou a incluir novos direitos, como o direito à consciência, o direito à liberdade de religião e o direito ao culto. No entanto a religiosidade católica continua a marcar, profundamente, a tradição e a cultura portuguesas. Um povo que precisa da «Graça de Deus» porque muitas vezes não pode contar com a dos homens. O povo gosta, precisa de acreditar em milagres. Pode-se não ir à missa aos domingos, mas cumprir uma promessa, os portugueses são devotos praticantes.

Na linguagem coloquial usamos muitas expressões que mostram a presença de palavras religiosas: «Deus me livre!»; «Deus queira que...», «por amor de Deus!», «fique com Deus!», «vai com Deus!», «se Deus quiser», «valha-me Deus», «Deus te/lhe pague».

Exemplo disso, é a devoção[10] a Nossa Senhora de Fátima, cujo santuário atrai, anualmente, muitos milhares de peregrinos[11] de Portugal e de todo o mundo. Mais de metade dos portugueses já lhe dirigiu pedidos ou lhe fez promessas[12] e a maioria destes sustenta que as suas preces[13] foram atendidas.

«*O meu filho veio são e salvo da Guiné e eu prometi vir com ele todos os anos a pé até Fátima*».

«*O meu marido foi operado, estava muito mal e eu prometi, se ele se salvasse, vir uma vez a pé até Fátima. Estou a cumprir agora.*»

Afinal de contas[14], a maioria dos portugueses gosta de assistir à missa por alma de defuntos[15], fazer promessas, e de preferência ir a Fátima – pelo menos uma vez na vida – mesmo que não seja a pé.

«Até amanhã, se **Deus** quiser!»

9 a aparição – Erscheinung

10 a devoção – Frömmigkeit

11 o peregrino – Pilger

12 a promessa – Versprechen

13 as preces – Gebet

14 afinal de contas – schließlich

15 por alma de defuntos – für die Seele der Verstorbenen

Questões

1. Pesquise qual é a religião predominante no seu país e quais são os eventos a ela relacionados.
2. Comente a frase do texto: Um povo que precisa da «Graça de Deus» porque muitas vezes não pode contar com a dos homens».

Tema

O aborto e a contracepção. Imagine que os seus pais querem conversar com você sobre as relações sexuais e métodos de proteção. Invente um diálogo.

Sabia que!
Feriados religiosos: quase dois terços dos feriados em Portugal são feriados religiosos? São 7 em 13 ou 8 em 14 se contarmos os santos populares (ou ainda 9 em 15 se assumirmos o Carnaval como feriado e religioso), isto restringindo a análise apenas aos feriados nacionais. Juntando-lhe os regionais aproximamonos dos dois terços. De facto há ainda mais feriados religiosos regionais como a quinta-feira da ascensão celebrada em várias dezenas de concelhos.

4.2. Sondagem[1]: católicos a favor do aborto e eutanásia

Mais de metade dos católicos portugueses é a favor do aborto e da eutanásia. As respostas foram dadas na sondagem TVI –Intercampus, realizada entre os dias 27 e 30 de abril de 2010, que questionou[2] os fiéis com mais de 18 anos de idade, residente em Portugal Continental sobre temas da atualidade polémicos como o casamento homossexual e a adopção de crianças por pessoas do mesmo sexo. Os temas abordados[3] separam opiniões, convicções e crenças. Quando se fala de casamento homossexual, a maioria dos fieis, 57%, está contra este tipo de união, mas 32% dos católicos diz ser a favor[4]. E é na questão da adopção por pessoas do mesmo sexo que os resultados mais se afastam. Com quase 73% dos católicos contra e 27% a favor. Quanto à eutanásia, o Vaticano rejeita[5]. Já a maioria dos católicos portugueses 55% concorda com a legalização. 31% estão contra, enquanto 14% não tem opinião definida ou não responde.

O aborto volta a dividir[6] os seguidores do catolicismo com mais de 54% a dizerem que são a favor e 36,5% contra. Mais pacífica a questão da utilização de contraceptivos para evitar a gravidez com 95% dos católicos a favor.

As respostas à pergunta concorda com relações sexuais antes do casamento mostram uma comunidade católica menos conservadora. 84% dos católicos respondem que sim. 11% defendem que relações sexuais só depois do sim na Igreja. E se o casamento correr mal? A maioria, 85% concorda com divórcio de pessoas casadas pela igreja.

1 *a sondagem – Meinungsumfrage*
2 *questionar – befragen*
3 *abordar – ansprechen*
4 *dizer a favor – zustimmen*
5 *rejeitar – ablehnen*
6 *dividir – hier: spalten*

Questão

Analise os resultados da sondagem e resuma-os com suas próprias palavras.

Tema

Acha que os resultados seriam muito diferentes se fossem realizados no seu país?

5. Olhar Portugal

5.1. «Saudade» o Bilhete de Identidade do Povo Português?

Quando ouvimos a palavra «saudade» pensamos logo: – Ah sim, a «saudade», a palavra que não se pode traduzir e que identifica o carácter dos portugueses que podem «morrer de saudades» e «ter saudades» de alguém, de alguma coisa, de um lugar, do passado, do futuro... A «saudade» é uma mistura de muitos sentimentos: melancolia, nostalgia, monotonia, tédio[1], esperança, desespero[2], tristeza, conforto[3], etc. Alegrar-se de sofrer, sofrer[4] por se sentir alegre… Dizem que a «saudade» é a autorização[5] que os portugueses dão a si próprios para estar tristes. Mas serão os portugueses tristes? Interessante é que existe na França uma imagem exatamente oposta a esta, nomeadamente[6] a dos portugueses alegres, «os portugueses sempre alegres».

Os portugueses podem não ter a tecnologia dos japoneses, a população dos chineses, o rigor[7] dos alemães, a pontualidade dos suíços, a siesta dos espanhois, os queijos dos franceses, o Vaticano dos italianos, mas têm a «saudade». A bem dizer, não têm a «saudade» mas são a «saudade»: na cultura, na língua, na cozinha, na música, na literatura, no coração, na alma[8]. E a melhor maneira de compreendê-la é ir a Portugal, misturar-se com os portugueses e mergulhar[9] na cultura lusitana.

O conceito[10] de «saudade» tem o seu locus nascendi algures[11] em Marrocos, onde Dom Sebastião morreu mas ninguém pôde testemunhar[12] a sua morte. Assim começou o movimento do sebastianismo, na qual os discípulos[13] crêem que Dom Sebastião não morreu na batalha e que voltará num dia de nevoeiro[14], para que reine de novo a glória[15] e a força do Portugal das Descobertas. Por isso, a «saudade» portuguesa exprime, entre outras coisas, o passado que foi e o futuro que nunca será. Um grande paradoxo que vivem os portugueses face[16] às esperanças que têm no futuro de Portugal. Sonham com um destino[17] maravilhoso, idêntico à época das Descobertas e, ao mesmo tempo, pouco fazem e pouco esperam porque

1 *o tédio – Langeweile*
2 *o desespero – Verzweiflung*
3 *o conforto – hier: Trost*
4 *sofrer – leiden*
5 *a autorização Erlaubnis*
6 *nomeadamente – nämlich*
7 *o rigor – Genauigkeit*
8 *a alma – Seele*
9 *mergulhar – eintauchen*
10 *o conceito – Begriff*
11 *algures – irgendwo*
12 *testemunhar – bezeugen*
13 *o discípulo – Anhänger*
14 *o nevoeiro – Nebel*
15 *a glória – Ruhm*
16 *face a – angesichts*
17 *o destino – Schicksal*

não crêem que Portugal possa brilhar[18] de novo. Em vez de baixar[19] as expetativas que têm para o seu país, os portugueses preferem viver no passado e deixar passar o presente. Trata-se de um passado futuro!

«Não sou nada. Nunca serei nada. Não posso querer ser nada. À parte isso, tenho em mim todos os sonhos do mundo!»

Álvaro de Campos – Tabacaria

A «saudade» também influenciou muito a cultura portuguesa inspirando autores, pintores e músicos. A «saudade» lê-se, vê-se e ouve-se. O Fado representa o melhor exemplo da influência da «saudade» no mundo da música. Esta combinação única e mágica de cantos e de guitarra portuguesa conquistou o planeta, como os grandes navegadores portugueses conquistaram[20] o mar.

18 *brilhar – glänzen*

19 *baixar – herabsetzen*

20 *conquistar – erobern*

Toma nota!
ter **saudades** de alguém – «sich nach jdm./etw. sehnen»
matar **saudades** de alguém – «etw. tun, um die Sehnsucht zu stillen, die man nach jdm./etw. hat»

Questões

1. Já ouviu falar da saudade? Os estrangeiros não têm saudades?
2. É de opinião que a palavra «SAUDADE» apenas existe na língua portuguesa? Nas outras línguas, apenas existem expressões equivalentes. Por exemplo, em inglês diz-se «I miss you» que significa «Sinto a tua falta»; em francês diz-se «Tu me manques» que quer dizer «Fazes-me falta».
3. Conhece alguma ou algumas palavras em alemão de difícil tradução. Por exemplo, explique a expressão alemã «Gemütlichkeit».
4. Explique, por palavras suas, a seguinte frase do texto «Em vez de baixar as expetativas que têm para o seu país, os portugueses preferem viver no passado e deixar passar o presente».

Tema

Leia o poema de Fernando Pessoa «A Tabacaria» e em grupo faça uma interpretação.

5.2. A lenda[1] de D. Sebastião, o «Desejado»

1 a lenda – Legende
2 o órfão – Waisenkind
3 cuidados – Pflege
4 a cruzada – Kreuzzug
5 desembarcar – hier: an Land gehen
6 ordenar – befehlen
7 dispor – aufstellen
8 o vazio – Leere
9 envolver – verwickeln
10 o regresso – Rückkehr

Rei aos três anos, por morte do seu avô D. JoãoIII, órfão[2] de pai ainda antes do seu nascimento, abandonado pela sua mãe com poucos meses, foi D. Sebastião entregue aos cuidados[3] de sua avó Catarina. Foi Lagos que D. Sebastião escolheu como etapa antes da grande cruzada[4] que empreendeu ao Norte de África para conquistar a poderosa Larache. Partiu de Lagos e depois de breves paragens em Cádis e Tânger, o exército desembarcou[5] em Arzila e iniciou a marcha até Álcácer Quibir, de onde organizou o ataque por terra a Larache. Tomado de surpresa, o rei ordenou[6] que os soldados, cansados, mal alimentados, esgotados pelo calor de agosto se dispusessem[7] em ordem de batalha. E o ataque deu-se. Os três reis intervenientes perderam a vida na batalha.

Ao desaparecimento do rei seguiu-se o luto, o vazio[8], a espera. O país ficou sem «rei nem lei», nem «paz nem guerra».

As lendas que envolvem[9] esta batalha e o papel de D. Sebastião são muitas. Aparentemente, o rei desapareceu, sem que ninguém soubesse exatamente o que lhe tinha acontecido.

Muitos não acreditam na sua morte e esperam pelo seu regresso[10], a qualquer momento.

Nascia o mito do «Sebastianismo».

Temas

1. Procure mais informações sobre o mito do «Sebastianismo».
2. Pesquise na internet sobre a canção de José Cid: «A lenda D`el Rei D. Sebastião». Ouça-a e transcreva-a.

5.3. O galo de Barcelos

O galo de Barcelos é uma das lembranças de Portugal que os turistas gostam de comprar. Esta figura colorida tem por base uma lenda que conta a história de um homem injustamente acusado[1] e que com a ajuda de um galo consegue provar a sua inocência[2].

Há muitos, muitos anos, realizou-se em Barcelos uma grande festa em casa de um dos homens mais ricos da terra, para a qual vieram convidados de muitos pontos do país e mesmo da vizinha Espanha - homens ricos, letrados, gente da nobreza[3].

Durante o jantar foram servidas iguarias[4], os melhores vinhos da região. O tempo passava agradavelmente. Por entre o murmúrio[5] das conversas, ouvia-se o tilintar[6] de copos, risos[7] de convivas.

Terminado o jantar, quando os convidados se encontravam já no salão e soavam os primeiros acordes indicando o início do baile, deram os criados por falta de um valioso serviço de prata.

Quem teria sido? Quem não teria sido? Havia que proceder com precaução, sem causar alvoroço[8] entre os presentes. O dono da casa chamou o mordomo, interrogaram os criados. Todos os indícios apontavam como culpado um dos convidados. Chamado à parte, e embora protestasse a sua inocência, foi preso e, mais tarde, considerado culpado pelo tribunal e condenado à morte[9].

Apesar das provas esmagadoras contra ele, o condenado reafirmava estar inocente e o juiz[10] decidiu dar-lhe uma última oportunidade de se defender, provando não ter sido ele a cometer o roubo[11].

Foi então que o acusado reparou num galo, já morto, que estava dentro de um cesto ao lado do juiz. E no seu desespero exclamou:

– É tão verdade eu estar inocente, como este galo cantar!

O galo cantou mesmo e o prisioneiro foi libertado.

1 *acusado – angeklagt*
2 *a inocência – Unschuld*
3 *a nobreza – Adel*
4 *as iguarias – Leckerbissen*
5 *o murmúrio – Murmeln*
6 *tilintar – klingeln*
7 *os risos – Gelächter*
8 *o alvoroço – Aufregung*
9 *condenar à morte – zum Tode verurteilen*
10 *o juiz – Richter*
11 *o roubo – Diebstahl*

Questões

1. O texto fala-nos de um dos símbolos portugueses. Qual é?
2. Elabore um texto onde relate o que aconteceu no banquete.
3. Acha que o homem era culpado ou inocente? Porquê?
4. Que conclusão pode tirar desta história?

Tema

Apresente símbolos do seu país.

5.4. Bacalhau

Bacalhau para os povos de língua portuguesa; *Stockfisch* para os alemães; *Torsk* para os dinamarqueses; *Baccalà* para os italianos; *Bacalao* para os espanhóis; *Morue, Cabillaud* para os franceses; *Codfish* para os ingleses.

(O nome *bacalhau*, de acordo com o Dicionário Universal da Língua Portuguesa, tem origem no latim *baccalaureu.*)

Portugal e o «fiel amigo»

Devemos[1] aos portugueses o reconhecimento por terem sido os primeiros a introduzir, na alimentação, este peixe precioso, universalmente conhecido e apreciado.
(*Auguste Escoffier, chef-de-cuisine francês, 1903*)

Os portugueses descobriram o bacalhau no século XV, na época das grandes navegações. Precisavam de produtos, que suportassem[2] as longas viagens, que levavam às vezes mais de 3 meses de travessia pelo Atlântico.

Fizeram tentativas com vários peixes da costa portuguesa, mas foram encontrar o peixe ideal perto do Pólo Norte. Foram os portugueses os primeiros a ir pescar o bacalhau na Terra Nova (Canadá), que foi descoberta em 1497. Existem registos de que em 1508 o bacalhau correspondia a 10% do pescado comercializado em Portugal.

O rei D. Manuel I (1495–1521), grande apreciador de bacalhau, criou um imposto[3] sobre a pesca do bacalhau, o chamado «dízimo da pescaria». Este imposto destinava-se a patrocinar expedições para a pesca do bacalhau.

O bacalhau foi uma revolução na alimentação e foi imediatamente incorporado nos hábitos alimentares e é até hoje uma de suas principais tradições. No Natal, na Consoada[4] come-se, tradicionalmennte, bacalhau. Os portugueses tornaram-se os maiores consumidores de bacalhau do mundo, chamado por eles carinhosamente de «fiel amigo». Este termo carinhoso dá

1 *dever – hier: verdanken*
2 *suportar – halten, aushalten*
3 *o imposto – Steuer*
4 *a consoada – Weihnachtsessen (an Heiligabend)*

5 *a sogra – Schwiegermutter*

bem uma ideia do papel do bacalhau na alimentação dos portugueses. Existem tantas receitas de bacalhau como os dias do ano e há 1001 maneiras de o cozinhar. Dizem até que uma jovem só se pode casar depois de provar à sogra[5] que sabe preparar pelo menos 10 receitas diferentes do peixe. Hoje em dia é um dos pratos símbolo da cultura gastronómica de Portugal.

«Os meus romances, no fundo, são franceses, como eu sou, em quase tudo, um francês – excepto num certo fundo sincero de tristeza lírica que é uma caraterística portuguesa, num gosto depravado pelo fadinho, e no justo amor do bacalhau de cebolada!» Eça de Queiroz (carta a Oliveira Martins)

Temas

1. Procure na internet algumas receitas de bacalhau e apresente-as em grupo.
2. Em português existem muitas expressões idiomáticas com a palavra bacalhau. Procure algumas e faça a respetiva tradução.

5.5. O Azulejo em Portugal

Uma das produções mais originais da cultura portuguesa é a arte do azulejo.

A palavra azulejo deriva de azul? A palavra «azulejo» vem do árabe «al zulaycha» ou «zuleija», que significa «pedra[1] lisa e polida».

Foi durante a ocupação árabe da Península Ibérica (711–1492) que os povos ibéricos tomaram contacto com a cerâmica mural[2].

No final do Séc. XVI desenvolveu-se uma nova técnica, chamada majólica ou faiança que tornou possível pintar os motivos decorativos diretamente sobre o azulejo sem que as cores, cozidas a alta temperatura, se misturassem[3]. A majólica teve uma importante repercussão em Portugal, estando na génese[4] da vasta produção azulejar que carateriza a cultura decorativa nacional.

Durante o século XVI foram importados em grande quantidade para Portugal e aplicados em igrejas e palácios. O azulejo é aproveitado ao máximo como material decorativo e usado para revestimento[5] de grandes superfícies interiores ou exteriores. Muitos são os exemplos de azulejos que encontramos em todo o país. Usamos em bancos, lagos, fontes, paredes[6], pavimentos e tetos de palácios, jardins, edifícios religiosos (igrejas, conventos), fachadas dos prédios de habitação e públicos.

1 a pedra – Stein
2 o mural – Wand
3 misturar – vermischen
4 a génese – Entstehung
5 o revestimento – Verkleidung
6 as paredes – Wände

7 o painel – Tafel
8 a encomenda – Bestellung
9 o terramoto – Erdbeben
10 a proteção – Schutz
11 o incêndio – Brand
12 desenhar – sich abzeichnen
13 as obras-primas – Meisterwerke

Os palácios – depois de 1640, quando Portugal reconquistou a sua independência – foram revestidos com painéis[7] de azulejo representando batalhas, caçadas ou cenas da vida quotidiana. Nas igrejas e nos conventos os azulejos representam cenas do Velho e do Novo Testamento e contam episódios da vida dos Santos. Os motivos começam a ser contornados a roxo, de manganês, até que, no último quartel do século XVII, a paleta reduz-se ao azul. As encomendas[8] holandesas alteraram o gosto da clientela nacional, influenciada pela paleta azul e branca da porcelana chinesa. Assim, «a ideia que o azulejo português é todo a azul e branco» é um mito, corresponde, de facto, a um período muito curto da manufactura nacional, cerca de 40 anos.

Durante a reconstrução de Lisboa, após o terramoto[9] de 1755, o Marquês de Pombal incentivou a produção de azulejo (eram baratos, higiénicos e resistentes). O azulejo usado nesta época ficou conhecido como pombalino. Eram azulejos com desenhos simples, muito decorativos.

Na segunda metade do século XVIII e principalmente depois do terramoto em Lisboa, passaram a ver-se os *registos de santos*, pequenos painéis que eram colocados nas fachadas para obter proteção[10] contra as catástrofes. As que aparecem com mais frequência são as do Santo António, protetor da cidade de Lisboa e de São Marçal, o santo invocado contra os incêndios[11].

No século XX, em especial a partir de 1950, uma nova tendência se desenha[12] no azulejo. Artistas plásticos portugueses começaram a interessar-se pela utilização do azulejo. As modernas estações do «metro» de Lisboa estão cobertas por alguns painéis de azulejos de grandes artistas portugueses. São autênticas obras-primas[13]. Portugal é considerado um Museu vivo do azulejo.

Tema

Pesquise na internet e mostre imagens, fotografias de vários monumentos, edifícios, estações de metro etc. aos seus colegas.

Visite a página: http://mnazulejo.imc-ip.pt/

5.6. Terramoto de 1755

Há datas que ficam para sempre marcadas na memória das nações.

O terramoto de 1755, também conhecido por terramoto de Lisboa, ocorreu no dia 1 de Novembro de 1755, dia de «*Todos os Santos*» às 9h20 da manhã. No terramoto seguido de tsunami - que se crê que terá atingido a altura[1] de 20 metros - e de múltiplos incêndios, um em cada oito habitantes da capital portuguesa (então a quarta maior cidade europeia) perdeu a vida. Este terramoto em meados[2] do século XVIII arrasou[3] quase por completo Lisboa e as cidades do Alentejo e do Algarve e foi sentido do Norte de África ao Sul de França.

De uma população de 275 mil habitantes, crê-se que morreram 90 mil pessoas. Cerca de 85% das construções de Lisboa foram destruídas, incluindo palácios, bibliotecas, conventos, igrejas e hospitais.

Na verdade, a dimensão da tragédia foi tal que as suas ondas de choque afetaram os principais centros da Europa. Não sob a forma física, mas ao nível do pensamento[4]. O terramoto de Lisboa foi de tal forma brutal que influenciou as teses políticas de vários filósofos. Entre eles, figuram nomes tão importantes como os de Voltaire (1694–1778) e Kant (1724–1804), cujo pensamento, moldado[5] pela tragédia de Lisboa, acabaria por ser determinante para as transformações sociais que, pouco depois, alastrariam[6] pelo mundo fora.

A violência do terramoto impressionou toda a Europa, tendo várias personagens ilustres[7] da cultura europeia escrito sobre ele, sendo também ponto de partida para várias reflexões filosóficas. Goethe (1749–1832) escreveu alguns anos depois, que «*porventura em algum tempo o demónio do terror espalhou por toda a terra, com tamanha força e rapidez, o arrepio*[8] *do medo*».

O terramoto de Lisboa de 1755 fez parte desses acontecimentos do século que mudaram o mundo.

1 a altura – Höhe
2 em meados – Mitte
3 arrasar – zugrunde richten
4 o pensamento – Denken
5 moldar – formen
6 alastrar – sich ausweiten
7 ilustre – berühmt
8 o arrepio – Zittern

Questões

1. Identifique o tipo de catastrofe e o local onde ocorreu.
2. Comente a seguinte afirmação: «Na verdade, a dimensão da tragédia foi tal que as suas ondas de choque afetaram os principais centros da Europa. Não sob a forma física, mas ao nível do pensamento».

Temas

1. Procure informações sobre o Marquês de Pombal e apresente-as aos seus colegas.
2. Elabore um texto sobre o terramoto de 1755 e a renovação urbanística da Baixa lisboeta.
3. Elabore, individualmente, ou em grupo, um guia turístico da «Baixa Pombalina» em Lisboa.

5.7. Junho, mês dos Santos Populares...

No mês de junho, três Santos Populares são celebrados em muitas cidades, vilas e aldeias de Portugal, mas é em Lisboa e no Porto que estas festas são um fenómeno de diversão[1] geral.

No dia 13 de junho é dia de Santo António, no dia 24 é dia de São João, e no dia 29 dia de São Pedro. Na véspera[2] , particularmente à noite, fazem-se grandes festas. Bailes ao ar livre, algumas fogueiras[3], desfile de marchas, comes e bebes. A ementa[4] da festa nos restaurantes e esplanadas é caldo verde, pão, sardinhas assadas, chouriço, broa e vinho tinto.

É feriado[5] em Lisboa no dia de Santo António. No dia 12 em todos os bairros antigos de Lisboa há arraial[6] (muito famosos são os bairros de Alfama, do Castelo, da Madragoa, do Bairro Alto). No centro da cidade desfilam as marchas populares ao compasso da música e canções populares com centenas de figurantes e muito público a aplaudir o seu bairro favorito.

A cidade do Porto tem como padroeiro[8] São João. É a maior festa da cidade do Porto que atrai[9] pessoas de todo o país e muitos turistas. Os portuenses vão para a rua «armados[10]» de alhos-porros e martelinhos[11] de plástico e batem com eles na cabeça do vizinho. É uma brincadeira. Por toda a parte há fogueiras e as pessoas cantam e dançam toda a noite. À meia-noite há um grande fogo de artifício[12] sobre o Rio Douro e que é o ponto alto da festa. A festa só acaba ao nascer do sol com um banho de mar na Foz.

São Pedro também é festejado por exemplo, na Ribeira Grande, ilha de São Miguel, nos Açores. Homens vestidos com trajes coloridos vão a cavalo desde a Ribeira Seca até à Igreja de São Pedro, na Ribeira Grande para prestar homenagem[13] ao Santo. Muitas pessoas das várias freguesias juntam-se nas ruas da cidade para assistir ao cortejo.

«O Santo António já se acabou
O São Pedro está-se a acabar
São João, São João
Dá cá um balão
Para eu brincar.»

1 a diversão – Unterhaltung
2 a véspera – Vorabend
3 a fogueira – Lagerfeuer
4 a ementa – Speisekarte
5 o feriado – Feiertag
6 o arraial – Straßenfest
7 aplaudir – Beifall klatschen
8 o padroeiro – Schutzheiliger
9 atrair – anziehen
10 armado – bewaffnet
11 o martelinho – kleiner Hammer
12 o fogo de artifício – Feuerwerk
13 a homenagem – Ehrung

➲ Questões

1. O S. João do Porto é uma noite mágica. Comente.
2. De que constam as festividades?
3. O que são as marchas populares?

➲ Temas

1. Fale de uma festa do seu país, da sua região ou da sua cidade.
2. Conte um espetáculo a que assistiu.

6. Hábitos

6.1. Vai um cafezinho? A importância do café na vida quotidiana

O hábito de tomar um café é muito comum na sociedade de hoje. O café é dos elementos que mais se adequa[1] a cada estilo de sociedade e a cada momento da nossa vida. Digamos que é um bom companheiro. Tomamos café porque estamos habituados ou mesmo viciados[2], para despertar para um dia de trabalho, para fazer uma pausa, para travar[3] conhecimentos, para juntar amigos e família, entre muitas outras situações que podem ser o motivo para tomar café. Tomamos café de manhã, a seguir ao almoço, a meio da tarde ou depois de jantar e de preferência fora de casa. É assim que com uma pequena chávena de café se discute a política, o futebol, o emprego, o exame do dia, a última novidade. É no café que se reencontram diariamente amigos e colegas. Será que o português já não consegue passar sem ele?

Em Lisboa chamam-lhe «*bica*». No Porto, o café é pedido ao balcão[4] com o nome de «*cimbalino*». Mas, terminologia à parte, a verdade é que, de Norte a Sul do país, são muitos aqueles que começam o dia com uma chávena bem quente de café expresso, fazendo jus a quem pensa que este é um hábito tipicamente português. Tomar tranquilamente um café, mais do que um hábito é, um culto.

Esta bebida está tão presente na nossa vida e o hábito português é tão frequente, que a cada esquina[5] ou rua não falta um café de bairro ou um mais chique que nos convide a entrar e a tomar o gosto. É uma bebida de charme, que tem a capacidade de alegrar o nosso dia-a-dia, quando nos sabe bem ou é bem servido.

O café foi desde cedo apreciado em toda a Europa e em muitos países existem cafés que se tornaram históricos e que permaneceram, como casas famosas de encontro de pessoas celebres e que ainda hoje marcam presença relembrando outros tempos. Em Portugal temos o exemplo do *Nicola, Magestic, a Brasileira*, entre muitos outros.

1 *adequar – anpassen*
2 *o viciado – süchtig*
3 *travar – hier: anknüpfen*
4 *o balcão – Tresen*
5 *a esquina – Straßenecke*

6 *cair bem – hier: kommt gut an*

7 *contemplar – betrachten; anschauen*

Sem dúvida que vale a pena tomar um bom café, acompanhado de um jornal, revista ou mesmo de um bom livro. Também cai[6] sempre bem com uma boa companhia e num sitio agradável, seja num café histórico, seja em algo mais moderno ou até mesmo numa esplanada a contemplar[7] uma paisagem do nosso agrado. O café cai sempre bem em qualquer altura, desde que seja tomado com prazer e com a capacidade de apreciar o seu magnífico sabor.

No final de tudo isto, vai um cafezinho?

➲ Temas

1. Compare os hábitos dos portugueses com os do seu país.
2. Que outros hábitos de vida considera que os portugueses têm? E no seu país?

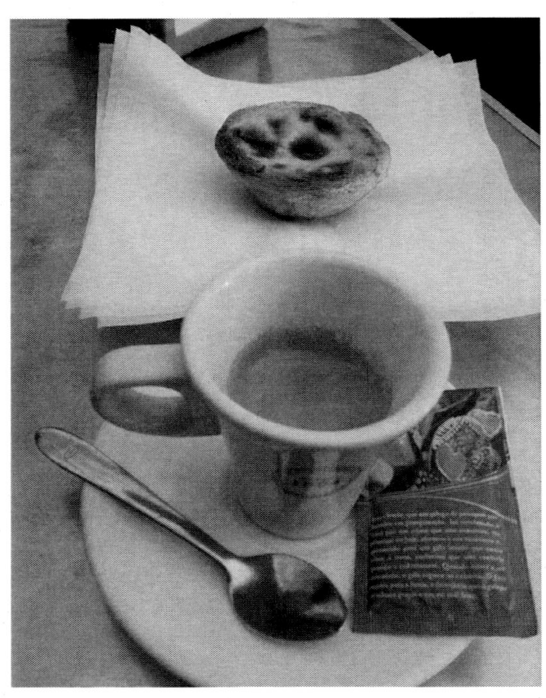

6.2. O Martinho da Arcada é um café que tem uma história para contar. O Café do poeta

Na memória «*alfacinha*[1]», Martinho da Arcada significa Fernando Pessoa. O Café Martinho da Arcada situa-se na Praça do Comércio, sob as suas elegantes arcadas neoclássicas. Este café foi inaugurado em 1782, no período pombalino, pelo próprio Marquês de Pombal. É um dos cafés mais antigos de Lisboa. Um Café muito conhecido não só em Portugal como também no estrangeiro. E porquê tanta fama? Porque é, afinal, o mais antigo café da capital portuguesa. Porque é reconhecido como um «Monumento Nacional», tem mais de dois séculos de existência, viu Lisboa crescer à sua volta e soube atrair ilustres[2] figuras da nossa vida política e literária. Várias gerações de ministros, militares, artistas e escritores elegeram[3]- no como ponto de encontro e espaço de convivialidade[4].

Por ele passaram Bocage (1765–1805), Cesário Verde (1855–1886), Eça de Queiroz (1845–1900), Mário de Sá Carneiro (1890–1916), Almada Negreiros (1893–1970), Antonio Botto (1897–1959), José Régio (1901–1969) e tantas outras personalidades que ajudaram a construir[5] o país, nas mais variadas vertentes.

No entanto, o seu principal e mais acarinhado[6] cliente foi, sem dúvida, Fernando Pessoa. Consta[7] que foi, ali, no Martinho da Arcada que o poeta escreveu uma boa parte da «*Mensagem*» ou algumas das «cartas ridículas» endereçadas a Ophelia. O local fez parte da vida diária deste poeta. Chegava timidamente por volta das sete da tarde, com uma pasta[8] debaixo do braço. Sentava-se numa mesa da sala e aí espalhava[9] os seus papéis, fazendo do local o seu escritório pessoal. Ao sabor de várias bicas, lançava para o papel os seus fertéis pensamentos. Fumava cigarros sem conta e, por vezes excedia[10]-se nas aguardentes. Comia pouco. Os jantares limitavam-se quase sempre a uma única sopa e, em certas ocasiões, eram pagos com poemas. Uma postura romântica, digna do nosso célebre poeta,

1 *alfacinha – Lissabonner(in)*
2 *ilustre – berühmt*
3 *eleger – auswählen*
4 *a convivialidade – Zusammenleben*
5 *construir – ausbauen*
6 *acarinhado – verwöhnt*
7 *constar – verlauten*
8 *a pasta – (Akten-)Tasche*
9 *espalhar – verbreiten; ausbreiten*
10 *exceder – übertreiben*

cuja memória ainda hoje se encontra bem viva no Martinho da Arcada. As paredes são autênticos santuários dedicados à sua imagem, mostrando inúmeros retratos[11] da sua inconfundível figura: esguia[12], vestida de fato escuro, de óculos, chapéu e bigode[13]. Ali esteve Fernando Pessoa para o seu último copo, a três dias de morrer no hospital de São Luiz dos Franceses, a 30 de novembro de 1935. Almada Negreiros pintou-o, sentado a uma dessas mesas de mármore, com uma chávena de café, um cigarro e o número dois da revista «*Orpheu*».

11 *o retrato – Porträt*
12 *esguia – schlank*
13 *o bigode – Schnurrbart*

Temas

1. Grupos literários e culturais.
2. A moda dos cafés. Locais de convívio e discussão.
3. Pesquise na internet outros cafés com história (Braga, Porto, Coimbra, Lisboa).

6.3. À descoberta ... da doçaria conventual

Quem não a conhece a grande variedade dos doces portugueses, que atrai os gulosos[1] em forma de bolachas[2] ou de rolinhos, como tortas pequeninas ou como pastéis, como creme ou pudim, nos numerosos cafés ou pastelarias, nos restaurantes ou nos mercados? A lista de doces conventuais é extensa e abrange[3] todas as regiões de Portugal. E então os nomes? Papos de Anjo, Fios de Ovos, Pastéis de Santa Clara, Toucinho do Céu, Bolo Rei, Bolachas do Bom Jesus, Delícias de Frei João, Orelhas de Abade e até Barriga da Freira. Pois todos estes nomes estranhos mas tão divertidos[4] são nomes de típicos doces portugueses.

Não é somente em Portugal, mas também em muitos países católicos, que nos conventos se desenvolveu muito a arte culinária e, em especial, a doçaria. Ao longo dos séculos, as receitas de doces sofreram alterações: por exemplo, no século XIII, o açúcar era muito caro e era o mel[5] que adoçava as guloseimas[6]. Com o início da colonização da Ihla da Madeira em 1415, o açúcar recebe uma atenção especial, sendo cultivada a cana de açúcar. Nos finais do século XV existiam já na Madeira 120 engenhos de açúcar[7] e 2700 escravos, prisioneiros berberes ou mouros que trabalhavam nas plantações. O «*ouro branco*» da Madeira e mais tarde do Brasil fez com que Portugal se transformasse no principal fornecedor[8] de açúcar, o qual não ficaria por muito tempo sendo considerado como uma guloseima somente da nobreza ou do clero, mas que este entrasse triunfante na cozinha portuguesa.

Muitas receitas guardam[9] no nome a memória do convento em que foram criadas. É o caso dos pastéis de Santa Clara, para sempre ligada ao Mosteiro de Santa Clara em Coimbra. Uma coisa têm estes doces todos em comum: as receitas de doçaria portuguesa contêm todas enormes quantidades de açúcar e de gemas de ovos. E porquê tantas gemas de ovos[10] utilizadas?

A devoção[11] do povo português pode observar-se através da ida regular à missa e à comunhão. Isto por sua vez exigia uma produção muito grande de hóstias, para as quais eram só necessárias as claras[12]. Aproveitavam-se portanto as gemas que ficavam para, conjuntamente com açúcar, se fazerem doces. E

1 *o guloso – Schlemmer*
2 *a bolacha – Keks*
3 *abranger – umfassen*
4 *divertido – amüsant*
5 *o mel – Honig*
6 *a guloseima – Leckerbissen*
7 *os engenhos de açúcar – Zuckermühlen*
8 *o fornecedor – Lieferant*
9 *guardar – aufbewahren*
10 *a gema de ovo – Eigelb*
11 *a devoção – Frömmigkeit*
12 *as claras – Eiweiß*

assim surgiram receitas como a dos rebuçados de ovos, ovos moles ou doce de ovos. Por vezes são adicionadas também a estes doces tradicionais nozes ou amêndoas.

➲ Questões

1. Explique o significado de «ouro branco».
2. Explique, por palavras suas, o porquê tantas gemas de ovos utilizadas.
3. Identifique o pastel português mais famoso. Procure na internet.

➲ Temas

1. Faça uma recolha de receitas conventuais.
2. Prepare uma apresentação sobre doces portugueses, não esquecendo de referir as diferenças regionais. Procure imagens.

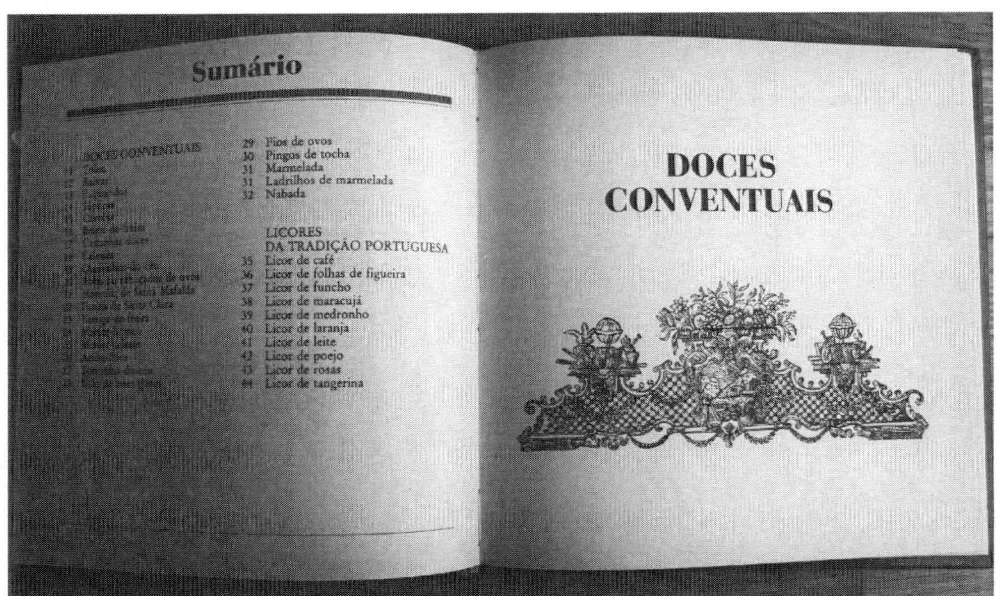

Sumário

DOCES CONVENTUAIS

29 Fios de ovos
30 Pingos de tocha
31 Marmelada
31 Ladrilhos de marmelada
32 Nabada

LICORES
DA TRADIÇÃO PORTUGUESA
35 Licor de café
36 Licor de folhas de figueira
37 Licor de funcho
38 Licor de maracujá
39 Licor de medronho
40 Licor de laranja
41 Licor de leite
42 Licor de poejo
43 Licor de rosas
44 Licor de tangerina

DOCES
CONVENTUAIS

6.4. Nem felizes, nem deprimidos: os portugueses «vão andando»

Os países mais felizes do mundo estão todos no Norte da Europa: Dinamarca, Finlândia, Noruega. É no Norte da Europa que a vida mais parece sorrir[1]. Os mais infelizes são dos países mais pobres da África subsariana: Togo, Benim e República Centro-Africana.

No primeiro *Relatório Mundial sobre Felicidade*, elaborado pela Universidade de Colúmbia a pedido das Nações Unidas (ONU), Portugal ficou classificado no lugar 73º, a meio de um ranking com 156 nações, mas atrás de 22 dos 27 Estados-membros da União Europeia. Apesar de existir uma ligação entre a riqueza e o bem-estar[2] das pessoas, o estudo concluiu[3] que fatores como liberdade política, laços sociais fortes e a ausência[4] de corrupção são igualmente importantes.

Os dados deste *ranking* foram recolhidos[5] entre 2005 e 2011 e, numa escala de 0 a 10, foi pedido aos entrevistados[6] que avaliassem a qualidade de vida, sendo 0 a pior vida possível e 10 a melhor vida possível. No caso de Portugal, a avaliação[7] média de vida dos entrevistados foi de 5,4, uma classificação que os autores do estudo descrevem como uma situação de bem-estar moderado, pouco consistente, ou de um certo receio[8] em relação ao futuro. Uma grande maioria dos portugueses crê que a sua situação económica vai piorar.

«Faz parte do carácter português: fugimos[9] dos extremos. Os portugueses nunca estão muito bem nem muito mal. Vão andando», afirma Rui Brites, sociólogo e professor do Instituto Superior de Economia e Gestão, da Universidade Técnica de Lisboa. Para este investigador, que tem trabalhado na área da avaliação do bem-estar e da felicidade, estes resultados são «consistentes[10]» com outros estudos publicados nos últimos anos. No entanto, alerta[11] para a dificuldade de se fazerem comparações entre países. «Quando perguntamos apenas às pessoas qual o seu grau de felicidade, é complicado depois comparar países porque as realidades culturais são diferentes e os resultados finais não têm em conta[12] essas especificidades», refere[13].

1 *sorrir – lächeln*
2 *o bem-estar – Wohlstand*
3 *concluir – folgern; ersehen*
4 *a ausência – Mangel; Abwesenheit*
5 *recolhidos – ausgewählt*
6 *o entrevistado – Befragter*
7 *a avaliação – Bewertung*
8 *o receio – Befürchtung*
9 *fugir – flüchten*
10 *consistente – fest*
11 *alertar – warnen*
12 *ter em conta – berücksichtigen*
13 *referir – erwähnen*

14 *o inquérito – Umfrage*
15 *o penúltimo – Vorletzter*
16 *o padrão – Muster*

Mais felizes, logo, mais optimistas

Apesar de se situar sensivelmente a meio do *ranking* a nível mundial, Portugal fica atrás de 22 dos países da UE, estando apenas à frente da Roménia, Hungria, Letónia e Bulgária. Estes resultados são idênticos aos registados noutros inquéritos[14] anteriores sobre felicidade e bem-estar, como o que foi realizado em 2008 pela *European Social Survey*: Portugal ficou classificado no penúltimo[15] lugar entre 15 países europeus.

De acordo com Rui Brites, a relação entre a felicidade/ bem-estar e o optimismo é «muito forte», sendo que a tendência é para que os países «mais felizes» sejam «mais optimistas relativamente ao futuro» e que os menos felizes sejam também os mais «pessimistas». «Os portugueses encontram-se habitualmente entre os mais pessimistas e, nesse aspeto, apresentam um padrão[16] de identificação mais próximo dos cidadãos dos antigos países comunistas da Europa de Leste do que dos restantes países europeus: têm menores níveis de confiança social, e não acreditam tanto nas instituições nacionais», refere. Ainda assim, considera que os portugueses não devem ser olhados como pessoas infelizes. «Não somos tão felizes como noutros países, como é o caso dos países nórdicos, mas somos felizes», conclui.

Viver a vida com otimismo ajuda a viver mais e melhor. Já Voltaire dizia no século XVII: «*Decidi ser feliz porque é melhor para a saúde.*»

Ter saúde mental e física é o que mais contribui para a felicidade do português. A seguir, mas a larga distância, vem a família ou mais concretamente dar-se bem com ela.

Público, 10.04.2012 (adaptado)

Questões

1. Acredita que, de facto, «viver a vida com otimismo ajuda a viver mais e melhor»?
2. Considera-se uma pessoa otimista? Quais são as caraterísticas da sua personalidade que o levam a considerar-se como tal?
3. Explique o significado destes três provérbios: «Enquando há vida, há esperança», «Quem tudo quer tudo perde» e «Devagar se vai ao longe».

4. Refira duas atitudes que, segundo o texto, são importantes para encarar a vida com otimismo. O que é, para si, qualidade de vida? Acha que, atualmente, as pessoas trabalham mais horas?

➲ Temas

1. E você, o que pensa? A situação no seu país é semelhante à exposta neste artigo? Discuta com os seus colegas.
2. Pense em cinco coisas que gostaria de fazer e que nunca realizou. Fale com os seus colegas.

6.5. Campeões do lazer

1 avaliar – bewerten; schätzen
2 dedicar tempo – Zeit widmen
3 no que toca – was angeht
4 o estabelecimento – Geschäft
5 o ginásio – Fitnessstudio
6 a esplanada – Straßencafé
7 a semelhança – Ähnlichkeit

Os portugueses gastam mais tempo e dinheiro em cafés e restaurantes do que qualquer outro povo europeu.

Se o perfil de um povo se avaliasse[1] pelos seus hábitos de lazer, na maior parte das pesquisas sobre os portugueses falar-se-ia de cafés, restaurantes e pastelarias. Estranho? Nem por isso. A maioria dos portugueses passa aí a maior parte do seu tempo livre. Em nenhum outro país da Europa se dedica[2] tanto tempo e se gasta tanto dinheiro em cafés e restaurantes como em Portugal. Isto apesar de os portugueses estarem entre os que mais se queixam de terem pouco tempo livre.

Todos diferentes?

Um estudo sobre os hábitos de lazer revela um verdadeiro mapa de contrastes. Enquanto ingleses e italianos frequentam bares mais regularmente que qualquer outro povo europeu, em Espanha são as discotecas e as salas de cinema que ganham preferências. No que toca[3] a comida, os portugueses apresentam-se como os maiores adeptos de restaurantes e revelam ainda alguma resistência aos espaços de *fast food*. Em contrapartida, os checos e os suecos são, na Europa, os que mais frequentam estes estabelecimentos[4]. Mas, talvez para compensar, é na Suécia que ginásios[5] e centros desportivos têm mais adeptos, ao contrário do que acontece em Portugal. Os portugueses, ao lado de polacos (bras.: poloneses) e franceses, são os europeus que menos tempo dedica ao exercício físico.

Conviver

Na hora de comer, os portugueses preferem os amigos para frequentar restaurantes e esplanadas[6]. Os alemães e holandeses preferem os seus companheiros aos amigos, quando saem de casa.

Mas, apesar das diferenças, muitas são também as semelhanças[7] entre os europeus. Um exemplo?

Mesmo com todas as alternativas que nascem diariamente para ocupar os tempos livres, grande maioria dos europeus acaba por gastá-los da mesma forma: em casa, vendo televisão.

➲ Temas

1. Faça um resumo do texto.
2. Estas tendências também se verificam no seu país? Refira outras tendências que tenham surgido nos últimos tempos.

6.6. Como passamos os nossos tempos livres?

1 *divulgar – allgemein bekannt machen*
2 *ocupar – ausfüllen; beschäftigen*
3 *o entretenimento – Zeitvertreib*
4 *revelar – zeigen*
5 *mencionar – erwähnen*
6 *ora – also; nun*
7 *ou seja – sei, ist*
8 *nomear – nennen*
9 *avançar – vorbringen*

Uma firma de estudos de mercado GfK (Growth from knowledge) divulgou[1] um estudo sobre como a população portuguesa ocupa[2] os seus tempos livres. Perguntou a 1036 pessoas que «atividades de entretenimento[3]» é que tinham realizado nos 12 meses anteriores.

As respostas? Com uma larga maioria, «ver televisão» aparece à frente (a opção foi mencionada por 96 por cento dos inquiridos). Seguem-se ver DVD (40 por cento), ouvir música em leitores de CD ou MP3 (39 por cento), ler livros (35 por cento), navegar na Internet (31 por cento).

Que significam estes valores? Estes números revelam[4] que «os portugueses são mais sedentários do que as pessoas de outros países da Europa».

Porquê sedentários? Primeiro uma nota sobre a metodologia do estudo. Os entrevistadores da GfK começaram por pedir aos inquiridos que enumerassem as suas atividades de entretenimento. Depois, liam uma lista pré-definida de atividades, perguntando-lhes se as tinham realizado.

Por exemplo: só 2 por cento dos inquiridos deram «ler livros» como a sua primeira resposta. Houve outros 12 por cento que deram outra resposta inicial, mas mencionaram[5] a leitura de forma espontânea. E houve ainda mais 19 por cento que, quando o entrevistador leu a lista de opções, mencionaram «ler livros».

Ora[6], a lista de opções era limitada. Não incluía atividades como «passear» ou «praticar» desportos –que foram ambas mencionadas espontaneamente por 7 por cento dos inquiridos. Ou seja[7], o facto de atividades como ir ao cinema, ver jogos de futebol no estádio ou visitar museus não serem mencionadas não significa que na amostra ninguém vá ao cinema, ao estádio ou ao museu– significa apenas que os inquiridos não se lembraram de as nomear[8].

Ainda assim, diz Sandra Ramos, em estudos comparáveis a nível internacional, os hábitos dos portugueses parecem ser dos mais sedentários. A funcionária da GfK avança[9] uma possível explicação, ligada a uma questão cultural: «Valorizamos muito a casa, a família.»

Estamos a ler mais

O estudo da GfK foi apresentado em março em conjunto com outros dados sobre o mercado português de cultura e entretenimento. Esses dados revelam a crescente diversificação e atomização da oferta. Por exemplo: em 2007, foram editados por dia 78 livros, 13 filmes, 4 videojogos.

Até mesmo o papel da televisão foi transformado. No Inquérito à Ocupação do Tempo realizado em 1999 pelo Instituto Nacional de Estatística (INE), perto de 99 por cento da população dizia ver televisão. Mas, em 1999, a grande maioria da população assistia[10] aos quatro canais; entretanto, assistiu[10] -se a uma grande expansão das plataformas digitais de distribuição de TV e, com ela, a uma «explosão» no número de canais disponíveis.

Neste estudo, 97,5 por cento dos inquiridos dizem ver televisão «diariamente ou quase»; outras atividades muito frequentes (diárias ou «pelo menos uma vez por semana») incluem «ir ao café ou esplanada», «encontrar-se com amigos», «ir a centros comerciais».

Os dados de A Leitura em Portugal revelam ainda que 41 por cento dos inquiridos nunca vão ao cinema, 59,7 por cento nunca vão a museus, 64,5 por cento nunca vão ao teatro. As Estatísticas Culturais do Eurostat (gabinete estatístico da Comissão Europeia) mostram que as médias da União a 27 são praticamente idênticas aos resultados portugueses; tomando como referência a atividade nos 12 meses anteriores ao inquérito, 49 por cento dos europeus não foram ao cinema, 59 por cento não foram a museus, 64 por cento não foram ao teatro.

Relativamente aos hábitos de leitura, Portugal está abaixo da média. Segundo o Eurostat, 71 por cento dos europeus leram pelo menos um livro no ano anterior ao inquérito; segundo A Leitura em Portugal, 57 por cento dos portugueses lêem livros (este valor engloba livros técnicos e livros escolares).

«Em comparação com outros países europeus, são valores relativamente baixos», disse ao José Soares Neves, sociólogo e investigador no Observatório de Actividades Culturais, um

10 assistir – hier: sehen

11 *o peso – Gewicht*

dos coordenadores de A Leitura em Portugal. «Mas, apesar de serem baixos, estão em crescimento, ao contrário de outros países ocidentais, onde [os níveis de leitura de livros] estão em decréscimo.»

Ou seja, está errado o preconceito de que os portugueses, especialmente os jovens, cada vez lêem menos. Mas se os portugueses estão a ler mais, estão a fazê-lo por gosto ou por obrigação? «Temos de distinguir três contextos: a leitura de lazer, escolar e profissional. Mas eles contaminam-se uns aos outros.»

E como se explica esse aumento na leitura? Há vários factores, mas Soares Neves destaca o aumento «na qualificação escolar por um lado e na qualificação profissional por outro». Outro preconceito que pode não ter validade é o de que os hábitos de leitura estão a ser prejudicados pela universalização do acesso à Net: «A Internet está a ganhar peso[11], mas é sobretudo em relação à televisão.»

Público, 16.05.2008 (adaptado)

Temas

1. Fale com os seus colegas sobre a ocupação do tempo livre. Que hábitos e atividades têm. Quanto tempo lhe(s) dedica. Que benefícios lhes trazem. Convença um colega a participar numa das suas atividades.
2. Fale sobre a relação televisão / internet, televisões estatais / televisões privadas, estações de rádio, jornais / revistas on-line.

6.7. Dormir a Sesta

Dormir a sesta[1] não é apenas uma tradição dos alentejanos ou dos espanhóis, mas sim um hábito que abunda[2] em inúmeros países. Mas, será a sesta benéfica[3]? Nas tardes de Verão em que o sol aperta e as temperaturas atingem números elevados, há algo melhor do que estar deitado a dormir uma bela sesta? Sem sombra de dúvida[4] que a nem todas as pessoas esta prática agrada, mas muitos não dispensam[5] a sua sesta como forma de passarem melhor o dia.

Em muitos casos nem é uma questão de sono propriamente dito, mas sim um prazer ou, se quisermos, um hábito ao qual não nos conseguimos desapegar[6]. Dormir a sesta começou a ser protagonizado popularmente como um hábito dos alentejanos, com a típica imagem do «*compadre*[7]» deitado à sombra do «chaparro[8]», mas a verdade é que todos os portugueses são adeptos de uma bela soneca[9].

Novos, velhos, crianças ou jovens, todos eles não dispensam um boa sesta, em especial se for no verão, num sítio bem fresquinho. Mais do que uma simples necessidade, dormir tornou-se também um verdadeiro prazer para o ser humano.

Não é à toa[10] que sempre que podemos dormimos uma sesta, por muito curta que seja. Os momentos a seguir ao almoço são o período do dia em que o sono aperta[11] mais.

Como nenhum empregado vai dormir uma sesta no seu local de trabalho, é natural que após o almoço surja uma «moleza[12]» inexplicável por parte do indivíduo que só retomará ao seu estado normal passado algum tempo.

1 *a sesta – Mittagsschlaf*
2 *abundar – reichlich vorhanden sein*
3 *benéfica – wohltuend*
4 *sem sombra de dúvida – hier: ohne die Spur eines Zweifels*
5 *dispensar – verzichten*
6 *desapegar – die Lust verlieren*
7 *o compadre – Taufpate des Sohnes / der Tochter*
8 *o chaparro (sobreiro) – Korkeiche*
9 *a soneca – Nickerchen / Schläfchen*
10 *à toa – unbedacht*
11 *apertar – drücken*
12 *a moleza – Trägheit*

13 mero – bloß

14 a mente – Geist

Na verdade, a função da sesta é apenas dar novas energias, carregar baterias, organizar aquilo que lhe sucedeu de manhã, para estar novamente apto a enfrentar o período seguinte. A sesta é um mero[13] carregador de energias que prepara o corpo e mente[14] para as novas alegrias e problemas!

Conselho: A sesta não deve demorar mais que 30 ou 40 minutos, porque senão pode correr o risco de ficar mole e sem vontade para fazer mais nada o resto do dia.

A sesta é um óptimo intervalo para «acordar» como novo para o trabalho.

A Sésta

A Sésta Pierrot escondido por entre o amarello dos gyrassois espreita em cautela o somno d'Ella dormindo na sombra da tangerineira. E Ella não dorme, espreita tambem de olhos descidos, mentindo o sôno, as vestes brancas do Pierrot gatinhando silencios por entre o amarelo dos gyrassois. E porque Elle se vem chegando perto, Ella mente ainda mais o sôno a mal-resonar.

Junto d'Ella, não teve mão em si e foi descer-lhe um beijo mudo na negra meia aberta arejando o pé pequenino. Depois os joelhos redondos e lizos, e já se debruçava por sobre os joelhos, a beijar-lhe o ventre descomposto, quando Ella acordou cançada de tanto sôno fingir.

E Elle ameaça fugida, e Ella furta-lhe a fuga nos braços nús estendidos.

E Ella, magoada dos remorsos de Pierrot, acaricia-lhe a fronte num grande perdão.

E, feitas as pazes, ficou combinado que Ella dormisse outra vez.

Almada Negreiros, in «Frisos - Revista Orpheu nº1»

➲ Tema

Explique o que representa este poema.

6.8. Os portugueses são pontuais?

Toda a verdade sobre o costume de não chegar a horas.

Estou atrasado, estou atrasado...!

O síndroma do Coelho da Alice no País das Maravilhas parece afetar a maioria dos portugueses. Curiosamente, de um modo geral, consideramo-nos um povo pontual. Será que a pontualidade dos portugueses pode «bater[1]» a pontualidade britânica? E, já agora, sabe de onde vem esta fama[2] britânica?

Já reparou que quando queremos elogiar[3] alguém porque chega sempre a tempo e a horas a todo o lado, dizemos que tem pontualidade britânica. Mas de onde vem esta fama britânica, além de ser praticamente um costume nacional, parece ter a ver com um dos principais monumentos, que é um dos cartões postais de Londres o «Big Ben», que fica ao lado do palácio de Westminster onde funciona o parlamento inglês, à beira do Rio Tâmisa. A famosa pontualidade britânica fica assim a dever-se ao seu relógio que desde 1859, imagine[4], marca o horário do mundo, a partir do Meridiano de Greenwich. E bom, e nós portugueses será que somos pontuais? Ou certamente vai surpreender-se com o que pensamos de nós próprios no que diz respeito à pontualidade. Quantas vezes já ouviu dizer ou disse mesmo, «quem espera desespera». Mas também é verdade que saber esperar é uma grande virtude[5], ora chegar sempre atraso, isso será já um grande defeito[6], não é, que curiosamente, a maioria dos portugueses diz não que tem. Os portugueses consideram-se um povo pontual. Acredite, é mesmo verdade, bom, também acusam[7] os seus compatriotas de chegarem sempre atrasados a todo o lado, de facto toda a gente conhece alguém que tem sempre mil e uma desculpas para demorar a organizar-se ou para justificar os seus atrasos. Ou o despertador que não tocou ou o trânsito que estava muito complicado, ou a culpa é sempre de alguém: do filho, do marido, da esposa, do cão. Enfim[8], chegar atrasado assim de repente só fica bem, sei lá, às noivas[9], não é! Por tradição devem fazer esperar um pouco os convidados e o noivo no altar. Ora no maior estudo feito em Portugal sobre pontualidade, a maior parte dos inquiridos[10], nove em cada dez

1 *bater – schlagen*
2 *a fama – hier: Ruf*
3 *elogiar – loben*
4 *imaginar – sich vorstellen*
5 *a virtude – Tugend*
6 *o defeito – Fehler*
7 *acusar – vorwerfen*
8 *enfim – schließlich*
9 *a noiva – Braut*
10 *o inquirido – Befragter*

portugueses considera-se a si próprio pontual, mas mais de metade referia que raramente ou nunca os portugueses chegam a horas a algum lado.

➲ Questões

1. Também é da mesma opinião que os povos do sul ou latino americanos não são muito pontuais?
2. Existe no teu país o «jeitinho português», dos 15 minutinhos de tolerância?
3. A falta de pontualidade é um tema de preocupação no teu país? Comenta.
4. Tem um encontro marcado com um amigo / uma amiga às cinco no Café. No caminho encontra uma pessoa conhecida que já não a vê há muito tempo. Para e quer falar com essa pessoa ou diz que tem pressa e não pode falar?
5. Está numa padaria. O/a empregado/a está a falar com um cliente já há algum tempo. Está com pressa porque tem aulas na universidade e já é bastante tarde e quer comer alguma coisa. Que faz? Espera que ele termine tranquilamente a conversa? Ou fica de mau humor e começa a discutir com o/a empregado/a?
6. Comente este provérbio português: «Quem espera desespera» – Wer wartet, verzweifelt

6.9. A crise obriga a mudar de vida

A atual crise económica em Portugal obriga[1] os portugueses a mudar de vida. Mas que hábitos e comportamentos vamos alterar[2]? O que pode surgir de novo na organização do quotidiano?

Usar mais os transportes públicos ou levar comida para o trabalho são apenas alguns exemplos. Mas o PÚBLICO foi ouvir, entre outros, historiadores, sociólogos e escritores sobre o tema e há respostas surpreendentes[3]. Há quem acredite que o associativismo e as tertúlias regressarão; os adolescentes procurarão trabalho nas férias; os universitários tentarão arranjar part-time para pagar os cursos; os quintais[4] terão mais hortas[5]; e os vizinhos passarão a conhecer-se melhor.

Passar mais tempo em casa, conhecer melhor os vizinhos

À força de[6] consumirmos menos e pouparmos mais, vamos reduzir as idas ao restaurante e a outros espaços de lazer, e estar mais tempo em casa. Uma das consequências será o aumento das refeições[7] caseiras, até para levar comida para o trabalho. O escritor Mário Zambujal acredita que as pessoas vão «visitar-se mais»: «Vão juntar-se nas casas umas das outras para uma festinha.»

Os encontros familiares serão mais frequentes e, em alguns casos, diferentes gerações poderão viver juntas: «É possível que deixe de ser viável[8] que as pessoas da classe média tenham familiares em instituições privadas, que são caras. E que os familiares mais idosos fiquem mais tempo junto das famílias, que voltam a ser alargadas», avança o sociólogo e professor da Universidade de Coimbra, Elísio Estanque.

Maria Filomena Mendes, presidente da Associação Portuguesa de Demografia, também acredita que tal poderá acontecer, sobretudo «nas famílias com baixos recursos»: «Haverá um retorno dos avós ao lar[9]. Com o desemprego, as pensões dos idosos acabam por ajudar na gestão do orçamento[10].» Estanque também é de opinião que poderão surgir relações de proximidade entre vizinhos: «Se as pessoas passarem a estar

1 obrigar a – zwingen zu
2 alterar – ändern
3 surpreendente – überraschend
4 o quintal – hier: Garten
5 as hortas – Gemüsegarten
6 à força de – zwangsweise
7 as refeições – Mahlzeiten
8 viável – möglich
9 o lar – Zuhause; Heim
10 a gestão do orçamento – Haushaltsplanung

11 o escritório – Büro
12 fomentar – fördern
13 remar – hier: arbeiten
14 as medidas – Maßnahmen
15 as pontes (de feriados) – Brückentag

mais na sua zona, têm mais probabilidade de se encontrarem com as que residem ao lado, e que muitas vezes nem sabem quem são». E, cada vez mais, a casa será o escritório[11]: «Trabalhar em casa de pijama é algo que já está a acontecer».

Maior vivência comunitária, tertúlias e associativismo

Não será só a preferência pelos transportes públicos que poderá aumentar, mas também uma utilização partilhada do carro: «Os vizinhos que vivem na periferia irão organizar-se coletivamente [para se deslocarem]», diz Elísio Estanque.

Maria Filomena Mendes realça também o recurso à bicicleta ou a andar a pé, até porque muita gente abandonará os ginásios.

O presidente da Cáritas Diocesana do Porto, Barros Marques, acredita que estes comportamentos fomentarão[12] «um estilo de vida mais comunitário e menos individualista: «Vamos criar laços de alguma economia doméstica, familiar, fazer reuniões com amigos», partilhando comida. «E regressarão as grandes tertúlias e o associativismo, como espaços de debate, de troca de impressões, de esclarecimento, nos quais as pessoas sintam que estão a remar[13] juntas.»

Trabalhar mais

Vamos trabalhar mais horas por menos dinheiro. Entre outras medidas[14], as férias serão mais curtas e gestão de pontes[15] mais flexíveis. Mas as alterações no que respeita ao trabalho não se ficarão por aqui e há quem acredite que a crise fará com que os adolescentes procurem trabalhos nas férias e os universitários em regime part-time.

Público 22.01.2012 por Maria João Lopes (adaptado)

➲ Questões

1. Resuma, segundo o texto, quais serão as mudanças que se irão realizar no estilo de vida dos portugueses.
2. Explique o que se entende por associativismo e tertúlia.
3. Explique o significado de «*remar contra a maré*».
4. Compare a preocupação dos portugueses com o que se verifica no seu país.

7. Realidades ou Utopias

7.1. Velhos são os trapos: Mito ou Realidade?

Velhos são os trapos[1], será mito ou realidade? Ao longo dos vários séculos a perspetiva sobre o envelhecimento sofreu colossais alterações. De um ancião[2] sábio, símbolo de experiência e respeito a um velho frágil, improdutivo e dependente. Devido a esta nova perspetiva, a sociedade atual, sobretudo o ocidente, reestruturou-se (política social) criando um sistema de segurança social, para apoiar o crescente número de reformados e consequentemente novas infra-estruturas de acolhimento para os mesmos. No entanto, nesta adaptação há que ter em conta o percurso histórico, social, económico e cultural, assim como as condições físicas de cada idoso.

O idoso, após a passagem à reforma tem demasiado tempo livre. Por isso a questão: Velhos são os trapos, será mito ou realidade? Não, os idosos não são trapos, entram sim numa nova fase da sua vida. Depois da reforma, há quem continue a trabalhar, por gosto. Seja por necessidade ou por gosto, a taxa de idosos empregados está a aumentar. Dados do INE mostram que, entre 2000 e 2011, a população portuguesa ativa com 65 anos ou mais –cerca de 19% da população– cresceu 64,1 por cento. Este crescente número de idosos, é devido à melhoria das condições de vida, evolução da medicina e redução da taxa de natalidade.

Longe vão os tempos do reformado de chinelos.

Se o jovem soubesse e o velho pudesse não haveria nada que não se fizesse.

1 *trapos – Lumpen*

2 *ancião – Greis*

Questões

1. O envelhecimento da populaçã portuguesa é uma realidade. E como é no seu país? Quais são as razões para esse aumento e as consequências?
2. Comente a seguinte frase do texto: «*Se o jovem soubesse e o velho pudesse não haveria nada que não se fizesse*».

7.2. A evolução da família

1 *o agregado familiar – Familienangehöriger*
2 *o casamento – Hochzeit*
3 *o divórcio – Scheidung*
4 *os convidados – Gäste*
5 *o nascimento – Geburt*
6 *monoparental – alleinerziehender Elternteil*
7 *o parceiro – Partner*

As famílias portuguesas sofreram nos últimos anos variações significativas, sendo agora mais pequenas: em 1960 o número de famílias com seis ou mais pessoas era 17% do total, sendo agora apenas 3%; o número de pessoas que viviam sozinhas subiu, no mesmo período, de 11% para 17% dos agregados familiares[1].

Mas enquanto em 1975 foram celebrados em Portugal 102 mil casamentos[2], em 2008 apenas só 43 mil. No mesmo período o número de casamentos católicos baixou de 82 mil para 19 mil. E o número de divórcios[3] por ano aumentou de 1.550 para 26.000. Apesar desta descida, o casamento continua a ser um acontecimento muito importante na vida dos portugueses e festeja-se com uma grande festa, com toda a família: primos, tios, sobrinhos e muitos convidados[4].

A idade média à data do primeiro casamento tem vindo a subir de 24 anos em 1980 para 29 anos. E a idade média das mulheres aquando do nascimento[5] do primeiro filho de 25 para 28 anos. O número médio de filhos por mulher baixou de 3,2 em 1960 para 1,4 em 2008. As famílias já não são grandes como antigamente.

O número de uniões de facto, que não tinha significado estatístico em 1960, é atualmente de cerca de 500 mil. Os nascimentos fora do casamento subiram de 9% em 1960 para 36% em 2008. O peso das famílias monoparentais[6] (sobretudo mãe e filho ou filhos) já é de 8%. O número de famílias com filhos dos casamentos anteriores e, às vezes, nascem ainda filhos da nova relação é também crescente.

A relação conjugal aparece como menos contratualizada, aceitando-se outra ou outras tentativas de encontrar o parceiro[7] ideal. Talvez se trate de procurar uma relação a dois mais profunda e mais adequada. O que também explicará parcialmente as tendências de casar mais tarde e de viver algum tempo em união de facto antes do casamento. Desde 2010, os pares homossexuais podem casar, mas estes ainda não são completamente tolerados na sociedade portuguesa.

Mas, embora com contornos diferentes, a família é para a maioria dos portugueses muito importante, e aparentemente continuará, a ser o núcleo[8] fundamental da sociedade portuguesa. Esse conceito terá sido decisivo para que o número de famílias a viverem em casa própria tenha subido de 1960 até agora de 39% para 76%. O modelo familiar dominante é ainda o do pai e mãe casados e com filhos. Os avós têm aqui um papel essencial. Muitas vezes são eles que tomam conta dos netos, porque tanto o pai como a mãe trabalham todo o dia.

8 *o núcleo – Kern*

➲ Tema

Explique como são as famílias no seu país. Compare com as de Portugal ou de outro país lusofono.

7.3. Devíamos poder ser o que quiséssemos

1 criar – *hier:* erziehen
2 mandar – *hier:* befehlen
3 cumprir – erfüllen
4 a conquista – Errungenschaft
5 o orgulho – Stolz
6 o rumo de vida – Zielsetzung
7 prezar – schätzen

Três mulheres, Zulmira, 80 anos, Pilar, 59, e Carla, 32, nascidas e criadas[1] no Porto contam quase um século de história vivido no feminino.

Zulmira poderia ter sido o que quisesse, mas no tempo em que nasceu o querer das mulheres contava pouco. O início do século XX foi inovador para a condição feminina, mas o clima de mudança bastou para que o pai a deixasse ir além da instrução primária. Isto, apesar de o seu pai até ser bastante progressista para a época. «O meu pai nasceu no século XIX, era muito bom, mas muito rigoroso, e era contrário a que as mulheres estudassem. Era assim. Tive pena de não continuar a estudar, mas o pai e a mãe é que mandavam[2]. De maneira que a minha vida foi sempre igual, uma vida normal das mulheres do meu tempo: uma dona de casa, sempre acompanhada pela minha mãe. Casei aos 21 anos, felizmente muito bem, pois o meu marido era um homem extraordinário. E sentia-me feliz. Só me senti infeliz quando o meu marido morreu há trinta anos.

Zulmira não foi advogada como gostaria, mas a filha, a Pilar, cumpriu[3]-lhe esse sonho. «Vivi um tempo com muitas mudanças. Foi um tempo muito louco. Vivi o tempo da ditadura salazarista, o 25 de Abril de 1974 e todas as conquistas[4] que a revolução dos cravos trouxe para as mulheres».

A forma como a Pilar educou a filha, a Carla, nascida no ano da revolução, teve uma forte influência no orgulho[5] que esta tem em ser mulher. Carla é jornalista de profissão e vive sozinha, depois de um casamento que não resultou. «Quando fez dezoito anos era independente economicamente e tive todas as condições para escolher livremente o rumo[6] da minha vida. O meu maior luxo e a coisa que mais prezo[7] na vida é ter tempo para pensar e escrever. O meu pai vinha de uma família muito culta que considerava que para aprender é preciso viajar e desde pequena tive acesso à cultura – ao teatro, ao cinema, a concertos – conheci o país e viagei pelo estrangeiro. E isso é importante para ficar com uma ideia bonita da vida desde o início e vem ao encontro da educação que recebi da minha mãe e das avós. «Aos 32 anos, a Carla não tem filhos e escolheu viver sozinha. «às vezes sinto que sou olhada de forma diferente, mas felizmente há cada vez mais mulheres a escolherem caminhos diferentes dos convencionais. Mas seria bom que essa escolha não tivesse de implicar abdicar[8] de alguma coisa. Essa seria a verdadeira liberdade.»

Notícias Magazine

8 *abdicar – verzichten*

Questões

1. O texto fala de três gerações de mulheres da mesma família. Redija um texto com a sua opinião sobre a evolução do papel da mulher ao longo das três gerações.
2. É positivo o facto de, hoje em dia, muitas mulheres não terem medo de escolher uma vida diferente da convencional?
3. Comente a última frase de Carla.

7.4. Metade dos professores portugueses sofre de stress

Investigadoras do Instituto Superior de Psicologia Aplicada (ISPA) inquiriram[1] mais de oitocentos docentes de todo o país. A indisciplina e o desinteresse dos alunos, o excesso de carga letiva[2] e a extrema burocracia nas escolas são os principais motivos apontados.

Luís e Catarina são professores do ensino básico e sentem frequentemente que não conseguem estar à altura do[3] que a profissão lhes exige[4]. Ambos sofrem da chamada síndrome de *burnout*, um estado físico, emocional e psicológico associado[5] ao stress, à ansiedade[6] e à exaustação que, nos casos mais graves, pode mesmo levar à depressão.

Os dois não estão sós.

Luís (nome fictício) tem 40 anos, 18 dos quais a dar aulas de Língua Portuguesa e a lecionar em Cursos de Educação e Formação, para alunos com mais de 15 anos e com um grande insucesso escolar. Catarina (que também pediu para não ser identificada pelo nome verdadeiro) tem 48 anos e é professora desde 1984. Dá aulas de Língua Portuguesa e Formação Cívica no 2.° ciclo, apoia[7] dois alunos com necessidades educativas especiais.

«Um grande vazio»

«As queixas[8] habituais revelam[9] o extremo cansaço e até mesmo um tom de desespero, justificados pelas situações crescentes de indisciplina e desinteresse dos alunos, o que gera[10] um sentimento de impotência e inevitabilidade[11]», explica o docente.

Catarina concorda: «Muitas vezes, a sala de professores parece o muro das lamentações[12]», conta. «A diversidade de tarefas é uma evidência» e «a carga horária é cada vez maior», diz esta professora, que exemplifica ainda com as «reuniões constantes e intermináveis», «os alunos mais agitados e sem regras» e «os pais e encarregados de educação que entram na escola de forma muito negativa». «Inicialmente senti-me angustiada[13] por

1 inquirir – untersuchen; befragen
2 a carga letiva – Übermaß an Lehrveranstaltungen
3 estar à altura de – erwartungsgemäß
4 exigir – verlangen
5 associado – verbunden
6 a ansiedade – hier: Angst; Beklemmung
7 apoiar – unterstützen
8 a queixa – Beschwerde; Klage
9 revelar – zeigen
10 gerar – zeugen, erzeugen
11 a inevitabilidade – Unvermeidlichkeit
12 muro das lamentações – Klagemauer
13 angustiada – angstvoll

verificar que a minha verdadeira função estava a ser posta em causa[14]», descreve a professora, salientando que procurou sempre adaptar-se[15] ao que lhe foi sendo pedido. Mas hoje sente «um grande vazio».

De acordo com a investigação realizada por Ivone Patrão e Joana Santos Rita, são sobretudo os professores do sexo feminino e mais velhos que apresentam níveis de *burnout* superiores. O primeiro aspeto apontado pelos docentes como causa para o distúrbio relaciona-se com a dificuldade de gestão dos problemas de indisciplina na sala de aula, da desmotivação para o estudo por parte dos alunos e pela pressão para o sucesso. O segundo fator relaciona-se com a insatisfação, com a carga letiva e pela falta de trabalho em equipa.

As duas investigadoras do ISPA concluíram ainda que os professores do ensino secundário apresentam valores mais elevados de stress e exaustão emocional, sendo também os que mais se queixam de falta de reconhecimento profissional.

O estudo, iniciado em 2009, ainda está em curso, salientam ao PÚBLICO as autoras da investigação. «Vamos continuar a recolher dados», diz Ivone Patrão.

Público João d'Espiney 11.06.2012 (adaptado)

14 pôr em causa – bezweifeln

15 adaptar-se – sich anpassen

Questões

1. Elabore um texto, com a sua opinião fundamental sobre os resultados deste estudo.
2. Indique as principais dificuldades com que se debatem os queixosos.
3. Quanto tempo demorou este estudo?

Temas

1. Refire também se, no seu país, esta situação é idêntica.
2. Fale com os seus colegas sobre o que se pode fazer para evitar a rotina.

7.5. A distribuição de homens e mulheres no Ensino Superior em Portugal

1 *referente – bezüglich*
2 *verificar-se – sich herausstellen*
3 *a viragem – Wende*
4 *visto que – hier: weil*

O total de estudantes no Ensino Superior em Portugal, no ano de 1978, era de 81.582, sendo em 2011 de 396.268. Este aumento tem vindo a acontecer de forma progressiva ao longo destes trinta e três anos, verificando-se uma alteração significativa referente[1] à distribuição do número de estudantes por sexos.

Em 1978, estavam inscritos no Ensino Superior 47.517 homens e 34.065 mulheres. Até 1984 manteve-se esta tendência de uma maior representatividade dos homens no Ensino Superior, verificando-se[2] uma aproximação progressiva do número de mulheres. 1985 é o ano em que se verifica uma maior proximidade na representação dos dois sexos, havendo apenas mais 59 homens inscritos do que mulheres.

O ano de 1986 marca a viragem[3] na representação das mulheres no Ensino Superior, visto que[4], a partir desta data, o número de mulheres tem vindo anualmente a aumentar em relação ao de homens. Em 2011, estão inscritos no Ensino Superior 211.641 mulheres e 184.627 homens, verificando-se uma diferença de mais 27.014 mulheres.

Em 1994, dos 32.622 diplomados/as, 20.581 eram mulheres. Em 2010, dos 78.609 diplomados, 47.255 são mulheres.

Referente à percentagem de diplomadas no total de pessoas graduadas por área de educação e de formação, constata-se que entre 1994 e 2010 as alterações são quase insignificantes quando comparadas com o aumento tão considerável de mulheres no Ensino Superior. Em 1994, a percentagem de mulheres formadas na área da «Educação» era de 84%, sendo em 2010 de 85%.

Na área da «Saúde e Proteção Social», em 1994, a percentagem de mulheres diplomadas foi de 81%, e em 2010 de 78%. Na área da «Engenharia, Indústrias Transformadoras e Construção» a percentagem de mulheres correspondia em 1994 a 30% e, em 2010, a 31%. A área em que se verificou uma maior diferença relativamente à representação das mulheres foi a das «Artes e humanidade», tendo a percentagem de mulheres diminuído de 73% em 1994 para 61% em 2010.

Se, por um lado, a forte presença feminina no Ensino Superior pode ser considerada um indicador de igualdade de género entre homens e mulheres, por outro lado, este dado revela que esta igualdade não está a ser efetivada[5]. As mulheres continuam a escolher áreas de formação associadas à educação e à saúde que «em grande parte representam uma extensão das suas tradicionais competências desenvolvidas em contexto doméstico e de onde os homens se afastam[6] tendencialmente».

Dados retirados de www.pordata.pt de 17/11/2011

5 *efetuar – durchführen*

6 *afastar-se – sich fernhalten*

➲ Tema

Hoje em dia, a presença feminina nas universidades é maior do que a masculina. É de opinião que o desemprego afeta mais o universo feminino que o masculino? Comente com os seus colegas.

7.6. Mulher executiva vs. Mãe de sucesso

Com mais de 92% das mulheres com formação superior empregadas, Portugal possui uma das taxas de emprego feminino mais elevadas da União Europeia. Contudo, os números escondem a escolha radical que as mulheres portuguesas são obrigadas a fazer mais tarde ou mais cedo nas suas vidas: a carreira ou a família. Tudo por causa da ausência de uma política de conciliação entre o trabalho e a família e a necessidade de afirmação num mundo profissional ainda dominado pelo sexo masculino.

Duas mulheres, duas profissionais, duas escolhas entre o trabalho e a família. Ana Alves tem 26 anos de idade, nasceu em Angola e veio para Portugal ainda criança. Atualmente, frequenta um mestrado em Relações Internacionais e desempenha as funções de docente e investigadora no Instituto Superior de Ciências Sociais e Políticas. Segue a carreira académica por paixão e abdicou da constituição de uma família para apostar no seu desenvolvimento profissional.

«Depende do feitio[1] de cada mulher. Não quero enfiar o canudo[2] debaixo do braço e criar uma família. Estou mais interessada em afirmar-me na minha carreira», afirma convicta.

Embora o seu campo profissional seja dominado por homens, Ana Alves nunca sentiu a discriminação na pele. Pelo contrário, tem sido muito apoiada na sua atividade. E invoca[3] a qualificação como outro dos elementos-chave para a igualdade de oportunidades.

«As mulheres das gerações anteriores não tiveram a oportunidade de acesso à educação superior. Agora é o momento de ganharmos o nosso espaço no mercado de trabalho e estarmos em pé de igualdade com os homens», refere a jovem académica.

Ana Isabel optou pela via contrária: investiu na vida familiar em detrimento da[4] carreira. Natural da ilha da Madeira, veio estudar para a faculdade de farmácia da Universidade de Lisboa, cuja licenciatura na área terminou com média elevada.

Embora as portas para uma carreira aliciante e sedutora em várias multinacionais farmacêuticas estivessem abertas, Ana Isabel recusou empregos com salários mais elevados e

1 o feitio – hier: Charakter
2 o canudo – Hochschulabschluss
3 invocar – anführen
4 em detrimento de – zum Nachteil von

melhores condições de trabalho e optou pela família. Agora com 31 anos e casada há sete, dois filhos de um e quatro anos respetivamente, Ana Isabel desenvolve atividade como farmacêutica no hospital Pulido Valente. Gosta do seu trabalho e está realizada a nível familiar. Mas sente que passou ao lado de uma hipotética carreira de renome.

«É um facto que uma mulher para não ser discriminada no mercado de trabalho, tem que abdicar da família», ressalva[5]. **«Numa grande empresa não se pode dar ao luxo de constituir uma família, porque não há política, nem mentalidade enraizada[6] para a conciliação da vida familiar com a profissional», observa. «Mas a vida é feita de escolhas e eu tinha necessidade de ter a minha família»**, salienta.

A igualdade entre mulheres e homens a nível profissional e social está longe de ser uma realidade em Portugal, «mesmo que as mulheres tenham melhores notas na licenciatura, são os homens que entram mais facilmente nas empresas. Mesmo em relação aos salários e nas regalias[7] profissionais os homens são os mais privilegiados», observa Maria das Dores Guerreiro, socióloga do Instituto Superior das Ciências do Trabalho e da Empresa. Para esta especialista, outro dos grandes problemas que estão na base da desigualdade no mercado de trabalho entre as mulheres e os homens, resume-se ao facto de «a nossa vida social não está preparada para apoiar as mulheres trabalhadoras. Apesar de apresentarmos uma taxa de atividade alta não temos ainda os apoios[8] necessários para conciliar o trabalho com a família».

O caminho a seguir para uma maior igualdade entre as mulheres e os homens no mercado de trabalho em Portugal, deverá necessariamente passar por várias etapas. A principal é a mudança das mentalidades e com ela o apoio social, criando-se mais oferta de serviços virados[9] para as crianças e idosos dependentes das mulheres trabalhadoras.

Portugal no feminino

Existe uma forte correlação entre os níveis de educação das mulheres e a sua atividade no mercado de trabalho. Para aquelas que

5 *ressalvar – richtigstellen*
6 *enraizada – verwurzelt*
7 *a regalia – Vergünstigung*
8 *o apoio – Unterstützung*
9 *virar – hier: zuwenden*

10 *esconder – verbergen*
11 *recorrer – zurückgreifen*
12 *perfazer – betragen*
13 *a precariedade – Unsicherheit*
14 *conferir – verleihen*

são diplomadas, a sua taxa de emprego é a que se aproxima mais dos homens em todos os países da União Europeia (UE). E aqui Portugal dá o exemplo. Com efeito, possui a taxa de emprego mais elevada da Europa para as mulheres com formação superior: cerca de 92,2%, contra 95,1% dos homens.

De facto, o mercado de trabalho nacional é o mais igualitário da Europa do Sul -enquanto que as taxas de atividade das mulheres na Grécia, na Espanha e na Itália situam- se nos 47%, a portuguesa ultrapassa a média europeia, atingindo os 63% (contra 79,1% dos homens).

No entanto, estes valores escondem[10] uma outra realidade. Portugal possui a mão-de-obra mais desqualificada da UE (76% da população ativa tem até seis anos de escolaridade e apenas 6% detém qualificação de nível superior) e o mercado de trabalho nacional é consideravelmente precário, especialmente para as mulheres.

As mulheres portuguesas possuem uma das taxas de emprego assalariado mais baixas da UE - perto de 74%, enquanto que a média europeia é de 88%. Por sua vez, a percentagem de contratos de prazo é das mais elevadas (20,4%), sendo apenas ultrapassada pela Espanha (39,4%). Além disso, também são as mulheres que recorrem[11] com mais frequência ao trabalho temporário em Portugal, perfazendo[12] no total de emprego cerca de 20%. De facto, o auto-emprego e o trabalho independente têm um peso considerável no emprego feminino nacional, dado que totaliza 23,7% do total, sendo o valor mais alto da Europa do Sul.

Outro sinal que confirma a precariedade[13] laboral que as mulheres enfrentam em Portugal é o desejo de conseguirem um emprego a tempo inteiro, o qual confere[14] mais segurança e proteção social.

Além disso, as mulheres portuguesas também figuram nos primeiros lugares entre aquelas que na UE optaram por um trabalho a tempo parcial por não conseguirem encontrar um emprego a tempo inteiro, o que indica a natureza terciária e a baixa qualidade dos empregos criados em Portugal.

Em suma, a precariedade laboral ensombra[15] a pretensa igualdade de oportunidades do mercado de trabalho português, menos para as mulheres que possuam uma qualificação de nível superior.

Versão adaptada do Expresso

15 *ensombrar – überschatten*

➲ Questões

1. Explique o que entende por «mulher executiva».
2. Explique o significado das expressões *«enfiar o canudo debaixo do braço», «sentir a discriminação na pele»*, «passar ao lado» e *«dar ao luxo de»*.
3. Sabia que o dia 8 de março é o dia internacional da mulher? Qual é a sua opinião sobre este dia que se comemora desde 1957?
4. Necessidade de reconhecimento profissional e ambição de estatuto profissional. Discuta estas questões com os seus colegas
5. Está de acordo com o/a autor/a do texto? Fundamente a sua opinião.

7.7. Um recuo na história do feminismo em Portugal

1 *reivindicar – fordern*
2 *alastrar-se – sich ausbreiten*
3 *propagar-se – sich verbreiten*
4 *apelidado – genannt*
5 *encabeçado por – angeführt von*
6 *destacar-se – hervortreten*
7 *o dever obediência – Pflicht zur Gehorsamkeit*
8 *competir – obliegen*
9 *a licença – Erlaubnis*

«A Doutrina da emancipação da mulher e da extensão dos seus direitos civis e políticos» – definição de feminismo encontrado na enciclopédia – tem mais de dois séculos. Inicia-se com a revolução francesa, quando Olympe de Gouges, em 1789, reivindica a «Declaração dos Direitos da Mulher e da Cidadã», excluída da declaração saída da Constituição francesa. O sentimento de direito de acesso das mulheres à cidadania ativa alastra[2]-se à Inglaterra e aos EUA, conduzindo aos movimentos que se propagam[3] no mundo ocidental ao longo do século XIX e inícios do século XX, apelidados[4] de primeira vaga do feminismo.

Em Portugal, eles são encabeçados[5] por uma «elite ilustrada» de mulheres, vistas por alguns homens como aliadas para a construção do projeto republicano. Ana de Castro Osório é a primeira feminista portuguesa a destacar-se[6]. As mulheres portuguesas batem-se pelo direito ao voto, ao divórcio, pela igualdade de direitos e pela instrução para as crianças. Com a implantação da Républica em 1910 surge a Lei do Divórcio, dando ao marido e à mulher o mesmo tratamento em relação aos motivos e ao direito sobre os filhos e novas leis sobre a igualdade no casamento, libertando a mulher do dever obediência[7] ao marido.

As conquistas de então depressa são eliminadas pelo Estado Novo, com a Constituição de 1933. Com a celebração da Concordata entre Portugal e a Santa Sé, em 1940, os portugueses casados católicamente deixam de poder recorrer ao divórcio. O Código Civil, de 1967, estabelece que a família é chefiada pelo marido, a quem compete[8] decidir em relação à vida conjugal e aos filhos, e, até 1960, as mulheres casadas não podem sair do país sem licença[9] do marido. A guerra colonial (1961–1974) e a emigração tornam necessária a entrada das mulheres no mercado de trabalho e dão-lhes mais autonomia.

Em Portugal, uma outra «mística feminina» é desvendada em 1972, pelas **Novas Cartas Portuguesas**, da autoria de **Maria** Teresa da Horta, **Maria** Velho da Costa e **Maria** Isabel Barreno, que logo são acusadas de atentado à moral e ao pudor[10], não só pelo erotismo direto dos textos, como alusões à guerra colonial. Com a revolução de abril e a conquista do pleno direito ao voto, a luta das feministas portuguesas passa a ser a do direito ao corpo. As reivindicações são encabeçadas por quatro exigências: planeamento familiar, educação sexual, aborto livre e gratuito e a proteção da maternidade e paternidade.

10 *o pudor – Scham*

Temas

1. Os direitos da mulher. O que pensa?
2. Feminismo, machismo e trabalho. Escolha um destes três temas, pesquise na internet e faça uma apresentação.
3. Apresente um número de medidas que considere que deveriam ser tomadas para combater as desigualdades entre os homens e as mulheres.

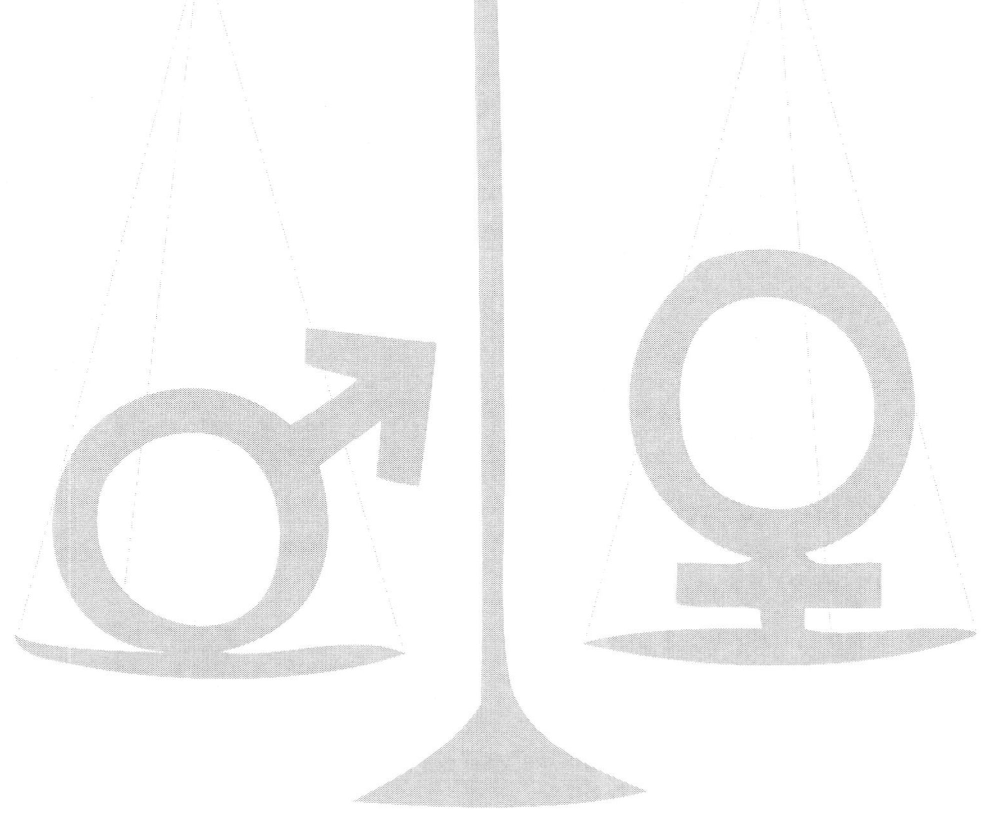

III Ser jovem em Portugal

1. Ser jovem

1 *tender – neigen*
2 *o abandono – das Verlassen*
3 *precário – unsicher*
4 *adiar – aufschieben*

São quinze anos que servem para identificar e interpretar as tendências mais relevantes dos jovens que vivem em Portugal. O estudo, efetuado por uma equipa de investigação sociológica ligada ao Observatório Permanente da Juventude, diagnostica os diversos problemas da juventude para o período entre 1997 e 2012.

A conclusão que se destaca à partida é a do prolongamento da condição juvenil, em parte devido ao alargamento do período de escolaridade e de formação. A taxa de escolarização subiu na ordem dos 8% nos últimos 15 anos, particularmente no escalão etário mais novo e no universo feminino. As raparigas tendem[1] a permanecer mais tempo no sistema de ensino. No secundário ultrapassam em 3% os rapazes e são mais 6,5% no ensino superior. Mas o abandono[2] escolar ainda continua a ser uma realidade. Cerca de 35% dos jovens sai do sistema de ensino antes dos nove anos de escolaridade obrigatória.

Para o prolongamento do estatuto de jovem contribuem outros fatores. São os mais jovens os que estão mais sujeitos a situações de emprego precário[3]. O estudo conclui que nos últimos 15 anos houve um acentuar do desemprego e um aumento do intervalo entre situações de emprego.

A saída de casa dos pais faz-se cada vez mais tarde. Por exemplo, entre os 15 e os 29 anos, a proporção de jovens a cargo dos pais passou de 59,6% em 1991 para 76,3% em 2001.

Casar e ter filhos são também assim adiados[4] no tempo. A idade média de casamento é hoje em dia de 28,6 anos para os homens e 26,9 para as mulheres. O primeiro filho também surge cada vez mais tarde. Ainda assim, o casamento continua a ser a via mais utilizada para iniciar a vida conjugal, embora as celebrações católicas tenham vindo a decrescer.

Em contraponto surge uma taxa de divórcios cada vez maior e um encurtamento da duração média dos casamentos. Há dez anos os casamentos duravam em média 5 a 9 anos. Hoje em dia duram entre 1 a 4 anos.

Em matéria de saúde juvenil, continuam a ser sobretudo externas e não as doenças as principais causas de mortalidade, embora a sinistralidade rodoviária[5], laboral, doméstica e no lazer tenha vindo a decrescer.

Quanto aos hábitos de consumo de tabaco e bebidas alcoolicas têm-se mantido estáveis.

O mesmo não acontece em matéria de criminalidade juvenil. Houve um aumento de 15% em particular nos roubos na via pública.

Na circunstância de arguido[6] duplicou o número de jovens nestes últimos 15 anos. Quanto aos jovens condenados, quase triplicaram, representando hoje quase metade da população condenada por acidentes de viação[7] e tráfico de estupefacientes[8].

5 *a sinistralidade rodoviária – Verkehrsunfall*

6 *o arguido – Beschuldigte(r)*

7 *acidente de viação – Verkehrsunfall*

8 *o estupefaciente – Rauschgift*

➲ Expressão oral

1. Procure estatísticas sobre a situação educativa dos jovens no seu país e prepare uma apresentação para a aula.
2. Compare os dados sobre a educação no seu país com os de Portugal.

2. Existe uma geração à rasca?

Em 1994 um jornalista teve a ideia de chamar «geração à rasca» aos jovens que tinham mais ou menos naquela altura dezoito anos. A pergunta agora que se faz, é: Existe mais do que uma! Certamente!

Está à rasca a geração dos pais que educaram os seus filhos numa abastança[1] caprichosa[2], protegendo-os de dificuldades e escondendo-lhes os desgostos[3] da vida. Está à rasca a geração dos filhos que nunca foram ensinados a lidar com[4] frustrações.

A ironia de tudo isto é que os jovens que agora se dizem (e também estão) à rasca são os que mais tiveram tudo. Nunca nenhuma geração foi, como esta, tão privilegiada na sua infância e na sua adolescência.

Em especial após o 25 de abril de 1974, com a melhoria significativa das condições de vida, os pais investiram nos seus descendentes[5] e quiseram dar aos seus filhos o melhor: proporcionaram[6]-lhes os estudos que fazem deles a geração mais qualificada de sempre , mas também lhes deram uma vida desafogada[7] e mimos[8], entradas nos locais de diversão, cartas de condução e 1° automóvel, dinheiro no bolso para que nada lhes faltasse. Mesmo quando as expetativas de primeiro emprego saíram goradas[9], a família continuou presente, a garantir aos filhos cama, mesa e roupa lavada.

Durante anos, acreditaram estes pais e estas mães estar a fazer o melhor. O dinheiro ia chegando para comprar (quase) tudo. E éramos (quase) todos felizes.

Depois, veio a crise, o aumento do custo de vida, o desemprego, ... A vaquinha[10] emagreceu, acabou[11], secou.

Foi então que os pais ficaram à rasca. Os pais à rasca não vão a um concerto, mas os seus queridos filhinhos enchem[12] os festivais de música e bares e discotecas onde não se entra à borla[13] nem se consome fiado[14]. Os pais à rasca deixaram de[15] ir ao restaurante, para poderem continuar a pagar restaurante aos filhos. São pais que contam os cêntimos para «pagar à rasca» as contas da água e da luz e do resto, e que abdicam[16] dos seus pequenos prazeres para que os filhos não prescindam[17] da in-

1 abastança – Überfluss; Wohlstand
2 caprichoso – eigensinnig
3 o desgosto – Bitterkeit
4 lidar com – umgehen mit
5 os descendentes – Nachkommen
6 proporcionar – ermöglichen; gewähren
7 desafogada – abgesichert; sorglos
8 dar mimos – verwöhnen
9 gorar – vereiteln; scheitern
10 a vaca – Kuh
11 acabar – verenden; sterben
12 encher – füllen
13 à borla – umsonst
14 fiado – auf Kredit
15 deixar de – aufgeben; aufhören zu
16 abdicar – verzichten
17 prescindir – verzichten

ternet, nem dos I-phones ou pads, sempre de última geração. São estes pais mesmo à rasca, que já não aguentam[18], que começam a ter de dizer «não». É um «não» que nunca ensinaram os filhos a ouvir, e que por isso eles não suportam[19], nem compreendem, porque eles têm direitos, porque eles têm necessidades, porque eles têm expetativas, porque lhes disseram que eles são muito bons e eles querem, e querem, querem o que já ninguém lhes pode dar! Novos e velhos, todos estamos à rasca.

18 *aguentar – aushalten; ertragen*

19 *suportar – hinnehmen*

➲ Temas

1. Apresente a sua opinião sobre o texto.
2. Explique o significado de «pagar à rasca» as contas da água e da luz e do resto.
3. Compare com a sua própria situação, suas experiências e sentimentos e a situação dos seus amigos.
4. Comente a última frase do texto.

3. A geração à rasca[1] está a conseguir desenrascar-se[2]

1 à rasca – hier: in der Klemme
2 desenrascar-se – sich aus der Patsche helfen
3 sobretudo – vor allem; besonders
4 a prazo – Frist; Zeitrahmen
5 o termo – Begriff
6 colecionar – sammeln
7 a inserção – Anschluss
8 acima de – über, oberhalb
9 o grito – Schrei
10 abandonar – verlassen
11 o recibo verde – Freiberufler: Honorarbasis
12 o contrato a prazo – Zeitvertrag
13 contribuir – beitragen; beisteuern

Chamam-lhe a geração à rasca. É a geração mais qualificada de sempre, a mais viajada, a mais internacional, mas o mercado não tem lugar para todos. São jovens que não sabem o que é um emprego para a vida e já não pensam em fazer carreira. Falam de projetos. A relação com o tempo profissional passa a ser sobretudo[3] pensada a prazo[4], em termos[5] de projeto. Há desmotivação e cada vez mais revolta. É a realidade dos jovens licenciados em Portugal. É uma geração que coleciona[6] diplomas. O mercado que os devia receber não tem espaço, o outro não os recebe por serem demasiados qualificados. É uma geração que se foi apercebendo que a licenciatura, ao contrário do que acontecia nas décadas de 70 e 80, deixou de ser garantia de emprego e de rápida inserção[7] no mercado de trabalho. O mercado de trabalho português não acompanhou a evolução das universidades e, em muitos casos, o conhecimento dos licenciados está acima da[8] necessidade das empresas. São mais qualificados, com mais conhecimentos, na maior parte das vezes completamente integrados nos novos contextos sócio-económicos, mas não há lugares para eles. E neste cenário de crise, há novos significados para palavras como flexibilidade e mobilidade. E muitos dão o grito[9] da independência – são *«freelancers»* para o que der e vier. São trabalhadores independentes, donos da sua própria vida, com muitos projetos ao mesmo tempo e já representam um quarto da economia portuguesa e a tendência é para crescer cada vez mais. É o «tempo de arriscar». Nunca se sabe com quanto dinheiro se chega ao fim do mês, por isso o conceito de «fim do mês» deixou de fazer sentido. É a nova revolução industrial.

E como o mercado de trabalho português não dá lugar para todos, muitos decidem abandonar[10] o país. Para os que já procuram emprego na sua área há muito tempo, as propostas de trabalho no estrangeiro são vistas como uma oportunidade irrecusável. Os pagamentos a recibos verdes[11] e os contratos a prazo[12] desmotivam as novas gerações, num país onde aqueles que poderiam contribuir[13] para o desenvolvimento económico, não têm lugar. O mercado de trabalho já não é visto como nacional mas sim global e, melhores ou piores, decidem ir além-fronteiras[14] e procurar emprego que o país não lhes dá. Mas há quem opte[15] por ficar e contribuir para o desenvolvimento do país, sem deixar de ser melhor por isso. Os que ficam são piores? Claro que não. Os melhores são aqueles que normalmente têm trabalho em qualquer sítio, seja em Portugal, seja no estrangeiro. Muitos não estão necessariamente no estrangeiro porque uma boa parte desses melhores também teve ofertas em Portugal, apesar da crise, apesar da «troika».

14 além-fronteiras – hinaus über die Grenze

15 optar – sich entscheiden

Questões

1. Comente a frase «e muitos dão o grito da independência – são «*freelancers*» para o que der e vier».
2. Elabore um texto onde diga tudo sobre a «troika». Discuta com os seus colegas.

A geração mundo

Não prescindem[16] da viagem e fazem da viagem um estilo de vida, um vício[17]. E o dinheiro não é um problema porque utilizam «*low cost*» (com viagens compradas com antecedência) e ficam alojados[18] em casa de amigos. São os dois segredos para quem quer viajar muito e gastar pouco. É uma vida de nomadismo, apreciada[19] por esta «geração mundo», que traz vantagens competitivas do ponto de vista laboral e de experiência social. O que é mais valorizado é a questão de experiência e de abertura ao mundo. São jovens que poupam dinheiro (nas mesadas[20], na ausência de vícios como copos, tabaco, roupa e revistas) para poderem viajar com a típica mochila[21] às costas ou a bagagem de mão. É como dizer: o que não se gasta num lado, investe-se no outro. O prazer e a liberdade de viajar, de conhecer outros países e pessoas. No final das férias há sempre as fotos no Facebook obrigatórias para partilhar[22] com os seus amigos as viagens feitas por Paris, Londres, Berlin, Siena, Pisa, Roma, Viena, Barcelona, Madrid, Utreque, Amesterdão, Roterdão, Praga, Budapeste e ...muitas outras cidades e países por esse mundo fora.

16 prescindir – verzichten auf

17 o vício – Sucht

18 alojar – beherbergen

19 apreciar – schätzen; genießen

20 a mesada – Taschengeld

21 a mochila – Rucksack

22 partilhar – teilen

23 *a valorização – Zugewinn*
24 *advir – sich ergeben aus*
25 *aproveitar – nutzen; ausnutzen*
26 *a carência – Mangel*

A geração voluntariado

Mas também há muitos jovens que fazem «voluntariado» por solidariedade e enriquecimento pessoal como meio de valorização[23] a médio e longo prazo, mas também por um melhor currículo e aumento das perspetivas de trabalho, porque as empresas valorizam as competências sociais que advêm[24] dessa experiência. Foram por solidariedade, mas também para aproveitar[25] a oportunidade de viajar e conhecer outras culturas, outras pessoas e outros lugares. Para muitos portugueses, África é o destino clássico pelas suas carências[26] sociais, mas há quem escolha a Europa. Polónia, Espanha e Itália são o top três dos países mais procurados, mas Portugal também é aliciante para os jovens estrangeiros. São programas promovidos pela União Europeia (UE).

Questões

1. Indique as diferentes motivações que levarão as pessoas a fazerem voluntariado. Quais são os ganhos em termos pessoais?
2. Imagine que você quer fazer voluntariado. Pesquise na internet (www.bolsadovoluntariado.pt) uma instituição ou organização e estabeleça um contacto direto.
3. Mencione as suas aptidões, a sua disponibilidade de tempo, áreas de interesse, preferências de localização.

Temas

1. Um dia na vida de um(a) jovem.
2. Conflito de gerações.

Voluntariado

Numa época em que cada vez mais o Homem vive para dentro de si, se afasta[27] da sociedade, tendo em vista[28] somente os seus próprios interesses, se individualiza e isola, falar de voluntariado torna-se urgente e importante.

Dispor de[29] uma hora por dia, uma manhã, um dia do fim de semana e dedicar[30] esse tempo a alguém que necessita torna-se, assim, um ato de solidariedade humana com resultados mais benéficos[31] do que muitos remédios. Oferece-se saber, criatividade, companhia, amizade, afeto e amor. O voluntariado é «uma ponte entre quem quer dar... e quem precisa de receber.»

Aquele que opta[32] por se tornar voluntário é alguém com um sentido muito forte do outro. Alguém que é generoso[33], com uma grande sensibilidade perante quem sofre.

Contrariamente ao que se pensa, ser voluntário não é uma forma de ocupar o tempo livre, fazer novos amigos, obter benefícios pessoais, um ato de caridade e muito menos uma forma de mão-de-obra[34] barata.

O voluntário é um servidor que se identifica com o sofrimento do outro e partilha com ele a sua situação, trazendo-lhe esperança e assistência na sua fragilidade[35]. É alguém capaz de criar uma empatia verdadeira. É compromisso assumido mesmo que isso acarrete[36] algum sacrifício.

O voluntariado não pode nunca ser uma ocupação ocasional, que se faz quando se quer ou quando se está de bom humor. Deverá ser sempre uma responsabilidade de servir quem fica à espera.

Muitos dos sítios onde a ajuda de voluntários é necessária são geralmente instituições sem fins lucrativos, com muita carência a nível de ajuda física, monetária e humana. Por vezes uma qualidade que tenhamos, saber ler poesia, tocar instrumentos, cozinhar, desenhar, praticar algum desporto, etc. que nem tínhamos pensado ser relevante, pode fazer a diferença num local onde haja crianças, deficientes[37] ou idosos[38] para cuidar. Há quem precise de si.

27 *afastar-se – sich entfernen*
28 *ter em vista – etwas im Auge haben; bezwecken*
29 *dispor de – verfügen über*
30 *dedicar – widmen*
31 *benéfico – vorteilhaft*
32 *optar – wählen; sich entscheiden*
33 *generoso – großzügig*
34 *a mão-de-obra – Arbeitskraft*
35 *a fragilidade – Schwäche*
36 *acarretar – mit sich bringen*
37 *o deficiente – hier: Behinderter*
38 *os idosos – Alte(r)*

➲ Questões

1. Solidário por gosto ou por necessidade? Explique com palavras do texto esta pergunta.
2. Indique diferentes motivações que levarão as pessoas ao exercício do voluntariado. Que caraterísticas terão essas pessoas que se dão aos outros sem nenhuma contrapartida material? Terão algum ganho em termos pessoais?
3. Comente a frase: O voluntariado é «uma ponte entre quem quer dar... e quem precisa de receber».
4. O que pensa do trabalho de voluntariado? O trabalho de voluntariado é bem divulgado no seu país? Que tipo de projetos de voluntariado conhece? Já participou em algum? Porquê?

➲ Temas

1. Pesquise sobre uma ONG (Organização Não Governamental) do seu país cujo trabalho aprecie e apresenta-a, salientando os motivos pelos quais considera importante a sua atividade.
2. Convença um colega a participar num programa de voluntariado. Elabore, individualmente, ou em grupo, conselhos úteis.
   http://www.bolsadovoluntariado.pt
3. Pesquise na internet três trabalhos de voluntariado. Em qual deles seria capaz de colaborar? Apresente a sua opinião.

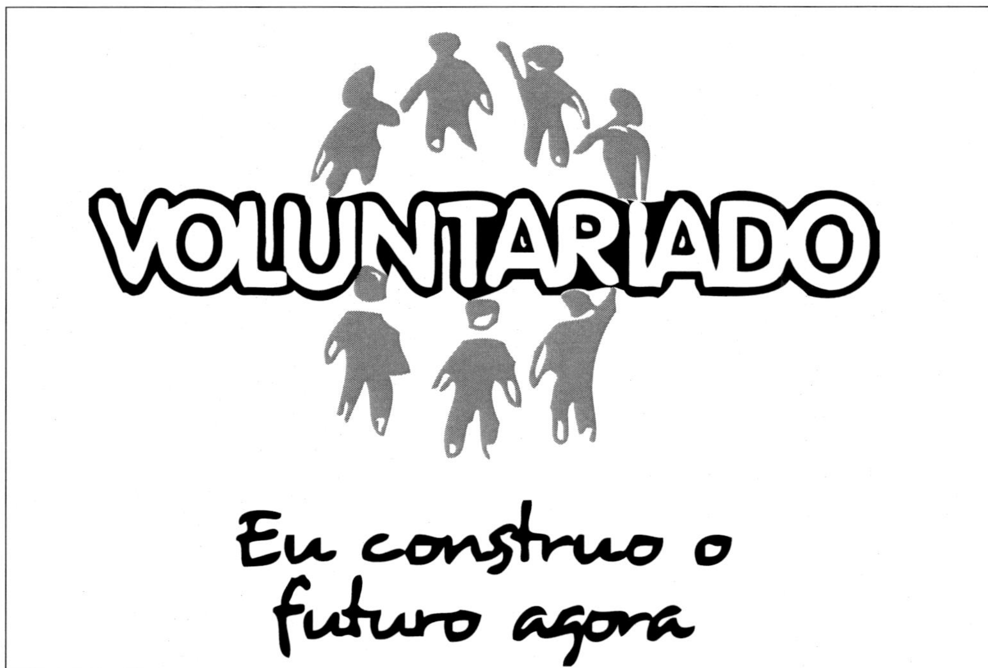

4. Geração parva[1]

Inicialmente chamaram «geração rasca[2]» ao grupo dos jovens que se abstêm[3], que protestam contra provas gerais de acesso e que se acorrentam[4] a portas de faculdades porque não querem pagar propinas[5].

Depois, passaram a chamar-se «geração à rasca[6]», aqueles que ainda conseguiram um emprego mas que nunca serão ricos, os que terão de trabalhar mais de 40 anos com a incerteza de uma reforma[7] no horizonte.

Mas agora percebe-se que a geração jovem portuguesa, aqueles que têm até pouco mais de 30 anos, é afinal a geração «parva».

A designação provém[8] da música «*Que Parva Que Eu Sou*» dos Deolinda, uma canção que se tem tornado um vírus, ganhando fãs[9] a cada dia que passa em vídeos no Youtube, em blogues, nas páginas dos jornais ou na televisão.

«Sou da geração sem remuneração[10] / E não me incomoda esta condição / Que parva que eu sou / Porque isto está mal e vai continuar / Já é uma sorte eu poder estagiar / Que parva que eu sou / E fico a pensar / Que mundo tão parvo / Onde para ser escravo é preciso estudar»

A música cantada pela voz já quase inconfundível de Ana Bacalhau fica rapidamente no ouvido e a letra começa a pairar[11] na nossa mente.

«Sou da geração ‹casinha dos pais›/ Se já tenho tudo, pra quê querer mais?/ Que parva que eu sou / Filhos, maridos, estou sempre a adiar[12] / E ainda me falta o carro pagar...»

A verdade é que, sem reflexão[13] (ou talvez não...), os Deolinda criaram um hino para a geração jovem atual, aqueles que têm de pagar propinas para fazer um curso superior, aqueles que dificilmente encontram um trabalho que não implique o pagamento a recibo verde aqueles que não conseguem ter o seu próprio espaço porque não ganham o suficiente para pagar uma renda[14], aqueles que preferem casar depois dos 30 e filhos (se os tiverem) já perto dos 40... A letra é aquela que milhares de jovens portugueses têm sentido na pele, sem que conseguissem porém[15] transformar medos, desejos, rancores[16] em palavras e versos que rimam.

1 *parvo/a – blöd; doof*
2 *rasco/a – geschmacklos*
3 *abster-se – sich enthalten*
4 *acorrentar – anketten; fesseln*
5 *as propinas – Studiengebühren*
6 *à rasca – in der Klemme*
7 *a reforma – hier: Pension; Rente*
8 *provir – stammen*
9 *o/a fãs – Fan*
10 *a remuneração – Vergütung*
11 *pairar – schweben*
12 *adiar – aufschieben*
13 *a reflexão – Überlegung*
14 *a renda – hier: Miete*
15 *porém – jedoch, indes, aber*
16 *o rancor – Groll*

17 apoderar-se – sich bemächtigen
18 tonto/a – kindisch; Narr; dumm
19 a parvoíce – Dummheit; Blödheit
20 rotular de – abstempeln als
21 valer – wert sein
22 bravo/a – tapfer; mutig; großartig

«Sou da geração ‹vou queixar-me pra quê›/ ‹Há alguém bem pior do que eu na TV› / 'Que parva que eu sou / Sou da geração ‹eu já não posso mais!›/Que esta situação dura há tempo demais...»

E foi também por isso que a atual geração jovem portuguesa já se apoderou[17] de todas as palavras da música dos Deolinda. Porque o futuro do país depende de nós e deles, dos mais novos, daqueles que começam agora a entrar nessa «geração parva», que não tem nada de tonta[18] e apenas não tem sido imune à parvoíce[19] do mundo em que vivemos.

Mas «Que Parva Que Eu» serei se continuar a acreditar que, mais cedo ou mais tarde, a geração jovem deixará de ser rotulada[20] de «rasca», «à rasca» ou «parva», que será tratada com o devido respeito, que deixará de se lamentar pelo presente, que terá oportunidades para mostrar aquilo que realmente vale[21].

Pois é Deolinda: que parvos que somos. Que parvos que fomos. Que parvos temos sido. Mas ninguém pode ser parvo tanto tempo assim. Vê lá: se mudássemos aqui uma letra, e substituíssemos ali por outra – voilà! – ainda iríamos a tempo de ser a «geração brava[22]», não era?

➲ Questões

1. Indique as diferenças entre *«geração rasca»* e *«geração à rasca»*.
2. Explique o significado de pagamento a recibo verde.
3. Explique o significado de *«sou a geração sem remuneração»* e *«filhos, maridos, estou sempre a adiar»*.
4. Indique o que carateriza a «geração parva» na letra da canção dos Deolinda.
5. Comente a frase «ainda iríamos a tempo de ser a geração brava».

➲ Tema

Pesquise na internet a canção «Um contra o outro» do grupo «Os Deolinda». Ouça-a e transcreva o refrão.

Deolinda

«O seu nome é Deolinda e tem idade suficiente para saber que a vida não é fácil como parece, solteira de amores, casada com desamores[23], natural de Lisboa, habita um rés-do-chão algures[24] nos subúrbios da capital. Compõe as suas canções a olhar por entre as cortinas da janela, inspirada pelos discos de grafonola da avó e pela vida bizarra[25] dos vizinhos. Vive com 2 gatos e um peixinho vermelho...»

In: «*Canção ao Lado*» – Álbum de estreia

«Os Deolinda»

Há uma longa série de clichés associados ao fado. Por exemplo, o fado tem que ter guitarra portuguesa. Os Deolinda não usam guitarra portuguesa. Ou, o fado tem que ser sisudo[26], sério, fatalista e triste.

Os Deolinda não são nada disso. Ou ainda, o fado não pode ser dançado. E dança-se com os Deolinda. Ou, para terminar, o/a fadista tem que vestir de preto, com se estivesse no seu próprio funeral[27]. A Ana Bacalhau, a voz dos Deolinda, veste roupas garridas[28], alegres, coloridas. Mas os Deolinda são fado, apesar disso tudo, e são muito mais que fado, por causa disso tudo e de tudo o mais que a sua música contém. Uma música que vai à música popular portuguesa – José Afonso, António Variações, Sérgio Godinho, Madredeus e os «muito mais que fadistas» Amália Rodrigues e Alfredo Marceneiro e vai ainda à rembetika grega, à música ranchera mexicana, ao samba, à música havaiana, ao jazz e à pop.

Nos Deolinda, a música e as letras são geralmente de um humor fino, mordaz[29], por vezes absurdo.

Os Deolinda são:

Ana Bacalhau – (voz)
Pedro da Silva Martins – (composição, textos, guitarra clássica e voz)
Zé Pedro Leitão – (contrabaixo e voz)
Luís José Martins – (guitarra clássica, ukelele, cavaco, viola braguesa e voz)

23 o desamor – Lieblosigkeit
24 algures – irgendwo
25 bizarra – bizarr, kurios, merkwürdig
26 sisudo – mürrisch
27 o funeral – Beerdigung
28 garrida – farbenprächtig
29 mordaz – bissig, scharf

5. Estudar ainda compensa?

1 *a vaga – freier Platz*
2. *arrastar – nach sich ziehen*
3 *tecido empresarial – Unternehmungsnetzwerk*
4. *taxas de desemprego – Arbeitslosenrate*
5 *proteger – schützen*
6 *a ausência – das Fehlen*
7 *formado – ausgebildet*
8 *os cursos complementares – Aufbaustudium*
9 *o estágio – Praktikum*
10 *elaborar – ausarbeiten, erarbeiten*
11 *afirmar – bestätigen*
12 *perder a conta – den Überblick verlieren*
13 *magoado – verletzt*
14 *a insatisfação – Unzufriedenheit*

O aumento de vagas[1] no ensino superior abriu caminhos nunca antes explorados, mas arrastou[2] um mercado de trabalho indisponível para receber tanta mão-de-obra qualificada. O mercado de trabalho português não acompanhou a evolução das universidades e, em muitos casos, o conhecimento dos licenciados está acima da necessidade das empresas. As universidades tornaram-se demasiado evoluídas para um tecido empresarial[3] pouco desenvolvido. E, nesse contexto, «foi-se percebendo que a licenciatura não era, por si só, uma garantia de emprego».

Mesmo num cenário de elevadas taxas de desemprego[4], tirar um curso ainda compensa. A taxa de desemprego de pessoas diplomadas é sempre inferior à taxa de desemprego das pessoas que têm o ensino secundário ou básico. Ou seja, no contexto de graves crises de desemprego, o título académico protege[5] mais do que outros títulos, mas os estudantes estão preocupados com os problemas do ensino superior. E a ausência[6] de estabilidade leva muitas vezes a três sentimentos: «Insatisfação, desmotivação, revolta».

«Estudar não serve para nada»

Sou formado[7] em Relações Internacionais, falo fluentemente inglês, francês e alemão, tenho cursos complementares[8] em Gestão da Produção, Logística e Direito Ambiental, possuo bom domínio em informática, fiz vários estágios[9] em Portugal e no estrangeiro, trabalhei um ano numa empresa onde elaborei[10] vários projetos, mas desde então não consigo encontrar emprego na minha área, ninguém valoriza, então posso afirmar[11] estudar não serve para nada. É esta a triste realidade do nosso país. Já perdi a conta[12] exata aos currículos que enviei: «Uns trinta em Portugal, uns 20 para fora». Respostas positivas: zero. Nunca fui a uma entrevista de emprego da área para a qual estudei. Estou magoado[13], desiludido. Já desisti. Há muitas pessoas com formação em cursos que dão um certo «status» e no entanto o mercado está cada vez mais complicado e isso cria insatisfação[14] e desmotivação.

Questões

1. Após a leitura do depoimento deste jovem de 25 anos que falou da sua situação atual, da sua formação profissional e dos seus problemas que enfrenta na vida quotidiana. Explique porque está descontente com a sua vida atual. Refira é o estado de espírito do jovem. Justifique com frases do texto.
2. É de opinião que estudar, de verdade, «não serve para nada»? Considere também na sua resposta as suas próprias experiências e seus planos de futuro.
3. Parece-lhe que o jovem acha agradável o mundo à sua volta? Justifique.

Temas

1. O desemprego no mundo atual: resolução à vista?
2. Procure em que áreas se pode trabalhar com o curso de Relações Internacionais e apresente-as. Discuta em grupo.
3. Apresente aos seus colegas como funciona o sistema de ensino em Portugal. Compare-o com o do seu país.

6. Vida dupla. Trabalhador – estudante

Trabalhar e estudar é um grande desafio[1]. E o maior talvez seja conciliar[2] os dois mundos, sem perder o interesse e a motivação pelos estudos! Se por um lado é muito exigente, por outro, permite[3] ganhar uma nova perspetiva sobre a vida e o futuro.

São várias as vantagens de trabalhar e estudar! Ganhar algum dinheiro para as despesas, ganhar algum sentido de responsabilidade, aprender a gerir[4] o tempo, fazer novos contactos na área onde gostaria de trabalhar, introduzir-se[5] no mercado de trabalho e, por último, usufruir[6] das regalias[7] concedidas aos trabalhadores-estudantes.

Conciliar dois mundos

Muitos alunos começam a trabalhar e acabam por se entregar[8] completamente ao trabalho, deixando o curso para segundo plano ou mesmo abandonando[9]-o! É previsível que comece a faltar às aulas, se sinta demasiado cansado e perca o interesse pelas aulas, sobretudo quando existem perspetivas de evolução na carreira[10]. Estar concentrado em dois sítios, não é fácil.

No entanto, a maior parte das universidades facilita[11] esta questão, de uma forma clara e evidente[12], através do estatuto de trabalhador-estudante, que permite aos alunos irem à segunda época de exames.

Dicas para conciliar[13] o trabalho e o estudo:

Organização: tenta manter[14] a agenda atualizada com as datas para entrega[15] dos trabalhos, sem deixar tudo para a última hora. Faça um planeamento das disciplinas que te irão ocupar[16] mais tempo.

Flexibilidade: embora as aulas sejam fixas e os prazos[17] dos trabalhos também, é importante estar preparado para se adaptar caso apareçam outras coisas importantes. **Informa os colegas de trabalho e professores acerca do seu horário:** deve ter em conta[18] que nem todas as pessoas do seu trabalho compreendem que é estudante e nem todos na sua faculdade entenderão que trabalha.

1 *o desafio – Herausforderung*
2 *conciliar – vereinigen*
3 *permitir – erlauben*
4 *gerir – verwalten*
5 *introduzir – einführen*
6 *usufruir de – profitieren von*
7 *a regalia – Vergünstigung*
8 *entregar-se – sich widmen*
9 *abandonar – hier: aufgeben*
10 *a evolução na carreira – beruflicher Aufstieg*
11 *facilitar – ermöglichen*
12 *evidente – offensichtlich*
13 *conciliar – vereinigen*
14 *manter – aufrechterhalten*
15 *a entrega – Abgabe*
16 *ocupar – beschäftigen*
17 *o prazo – Frist; Termin*
18 *ter em conta – berücksichtigen*

Controla o stress: o stress é um fator inevitável na vida de um trabalhador-estudante, deverá aprender a «prevenir[19]» o stress, mas acima de tudo, aprender a superá[20]-lo. Para isso é importante: Ter tempo de descanso[21], – Fazer algum desporto, – Aproveite bem os tempos de lazer. Cinema, livros, jantar fora, ir a concertos.

Sê realista: provavelmente não haverá tempo para tudo, por isso deve identificar as prioridades, sem sentimentos de culpa[22] por não chegar a todo o lado! **Lembra-se das razões de tal escolha:** estudar e trabalhar ao mesmo tempo implica ultrapassar[23] uma série de dificuldade que a maior parte das pessoas teria medo.

19 prevenir – verhindern
20 superar – überwinden; bewältigen
21 o descanso – Erholung
22 a culpa – Schuld
23 ultrapassar – überwinden

Conselhos úteis:

Mantém o trabalho e a universidade separados: não te preocupes* com o trabalho durante as aulas e vice-versa, concentra-te no que estás a fazer em cada momento. Procura ferramentas* on-line que possam ajudar na organização do teu tempo. Mantém vivas as tuas relações: com tantas tarefas*, é difícil ter tempo para os amigos. Tenta manter contacto com os teus amigos e pessoas conhecidas, nem que seja* por e-mail ou via Facebook!

* *preocupar-se – sich Sorgen machen / as ferramentas – Werkzeuge / a tarefa – Aufgabe / nem que seja – sei es auch nur*

Questões

1. Alguns jovens conciliam os estudos com a atividade profissional. Indique as vantagens e desvantagens?
2. Dê a sua opinião sobre a importância de arranjar um part-time ou um estágio antes de trabalhar.
3. Analise a situação no seu país. Também é trabalhador-estudante?

Tema

Faça uma pequena apresentação aos seus colegas sobre a sua situação: formação e experiência profissional, planos e expetativas para o futuro.

Portais de Emprego

www.netemprego.gov.pt
http://emprego.sapo.pt
www.net-empregos.com
www.empregosonline.pt
www.central-emprego.com
www.empregos.pt

Trabalho com estatuto

24 *frequentar – hier: besuchen*
25 *beneficiar de – Nutzen ziehen; begünstigen; profitieren*
26 *comprovar – nachweisen*
27 *os deveres – Pflichten*
28 *elaborar – ausarbeiten*
29 *exigir – fordern; verlangen*
30 *as provas – Prüfungen*
31 *prestar provas de avaliação – Prüfungen ablegen*

Se estudar e trabalhar tem alguns direitos que podem facilitar essa vida «dupla».

Quem é considerado trabalhador-estudante?
É considerado trabalhador-estudante aquele que trabalha e frequenta[24] qualquer nível de ensino, incluindo o ensino pós-graduado, mas também cursos de formação profissional ou programas de ocupação temporária de jovens com duração igual ou superior a seis meses.

Como pode beneficiar do estatuto de trabalhador-estudante?
Para beneficiar[25] deste estatuto, deve comprovar a condição de estudante perante a entidade empregadora, apresentando o comprovativo[26] de matrícula e o horário escolar.

Quais são os direitos e deveres[27] quanto à compatibilidade de horários?
Deve escolher, entre as possibilidades existentes, o horário mais compatível com o horário de trabalho. A empresa deve elaborar[28] um horário de trabalho de trabalhador-estudante ajustado à frequência das aulas.

A empresa pode exigir[29] trabalho suplementar?
A empresa não pode exigir aos trabalhadores-estudantes qualquer tipo de trabalho suplementar. Contudo, se realizar trabalho suplementar, tem direito ao mesmo número de horas de descanso.

Pode faltar ao serviço quando tiver provas[30]?
Pode faltar justificadamente para prestar provas de avaliação[31], no dia da prova e no dia anterior à prova.

Código do Trabalho (adaptado).

7. Sem pressa de sair de casa

Hoje em dia, é comum[1] que os filhos continuam a morar em casa dos pais, mesmo depois de adultos. É a chamada «*geração canguru*».

Eles são adultos, uns estudam, outros já terminaram a universidade há alguns anos, uns têm carro e outros emprego, mas ainda moram com os pais. Seja por comodidade[2], dependência financeira, prolongamento das trajetórias escolares, mercado de trabalho instável, falta de soluções de arrendamento de casa[3] ou até por insegurança, os filhos estão a adiar[4] a saída do «ninho[5]» e por isso são chamados de «cangurus» – já que os filhotes desse animal vivem dentro da bolsa marsupial da mãe durante cerca de um ano. Na casa dos pais, a situação é confortável: frigorífico cheio, roupa passada dentro do armário, comida feita, conta da luz e acesso à Internet pago, etc.

Em países como a Alemanha, ao terminar a escola, os jovens, geralmente, saem de casa, para estudar em universidades distribuídas pelo país e acabam tornando-se independentes mais cedo. Os pais acostumam-se[6] à ideia de maneira mais fácil, afinal[7], já passaram pela mesma situação.

Em Portugal, os «*meninos da mamã*» permanecem em casa dos pais e deixam as mordomias[8] do lar[9], normalmente, para casar, que, por sua vez está a acontecer cada vez mais tarde. Há algumas décadas era diferente. Idealistas, os jovens saíam de casa para conquistar o seu lugar ao sol e também porque a convivência com os pais era difícil, em função da diferença de mentalidades. Hoje, sem o chamado «conflito de gerações» eles acabaram por se acomodar.

Não podemos esquecer também a situação económica. Por mais qualificado que seja o profissional, ele pode amargar[10] meses ou anos na fila do desemprego e, muitas vezes, ter de se submeter[11] a um cargo[12] abaixo das suas expetativas, com um salário[13] inferior ao seu padrão[14]. Conquistar a independência financeira é um objetivo cada vez mais distante para o português. Nesse contexto, a casa dos pais, onde as despesas[15] são menores, ou divididas, torna-se um poderoso refúgio.

1 comum – gewöhnlich
2 a comodidade – Bequemlichkeit
3 o arrendamento de casa – Hausvermietung
4 adiar – verschieben
5 o ninho – Nest
6 acostumar-se – sich gewöhnen
7 afinal – schließlich
8 a mordomia – Vergünstigung
9 o lar – Heim; Zuhause
10 amargar – hier: leiden
11 submeter-se – sich unterwerfen
12 o cargo – Stellung
13 o salário – Gehalt
14 o padrão – Standard
15 a despesa – Ausgabe

16 *aproveitar – ausnutzen*

Há acomodação por ambas as partes. Há aqueles pais que sentem que o lugar dos filhos é ao lado deles e que os têm de proteger «até à morte». Mas também há filhos que se aproveitam[16] disso para permanecerem mais uns aninhos em casa dos pais...

➲ Questões

1. Explique o sentido de «geração canguru».
2. Comente a última frase do texto.

➲ Comentário

1. Já saiu da casa dos seus pais? Se sim, que idade tinha quando o fez?
2. Indique as razões pelas quais os jovens saem cada vez mais tarde da casa dos pais.
3. Dê a sua opinião sobre a evolução desta taxa.

➲ Tema

Procure na Internet quando ganha um cozinheiro/a, um professor/a, um engenheiro/a, um empregado/a de escritório; um eletricista no início da carreira, depois de 5 e 20 anos de experiência em Portugal e na Alemanha. Comente as diferenças.

8. Consumistas e pouco letrados

Gastar e não estudar, podia ser o lema[1]: Em 2002 a Organização para a Cooperação e Desenvolvimento Económico avaliou a literacia dos jovens de 32 países em leitura, matemática e ciências. Mais de metade dos cerca de 4 600 inquiridos portugueses revelou níveis muito baixos. Pior, só os luxemburgueses e os mexicanos (e os gregos, em matemática). Acima na tabela, ficou a Alemanha, mas o país entrou em choque por, ainda assim, ter ficado abaixo da média da OCDE. Por outro lado, segundo um estudo do Observatório do Comércio, o grupo etário 12-14 anos recebe uma semanada[2] média de 5,08 euros. A este valor acrescenta-se o que é recebido ocasionalmente[3]. A maioria dos de 15-18 anos aufere[4] uma semanada média de 13,26 euros mas 32% dos jovens desta faixa etária recebem o dinheiro mensalmente, dispondo, em média, de 134,89 euros. 13% dos jovens desta idade recorrem[5] a trabalho ocasional. O grupo etário dos jovens 19-25 dispõe mensalmente em média, de 318,73 euros. Neste grupo, 39% já tem rendimentos[6] de trabalho fixo.

1 o lema – Motto
2 a semanada – Taschengeld
3 ocasionalmente – gelegentlich
4 auferir – erhalten
5 recorrer a – zurückgreifen auf
6 rendimentos – Einkünfte
7 constituir – bilden
8 pesar em – Gewicht haben

O que compram

O vestuário e calçado constitui[7] o grupo de produtos preferidos pelos jovens de qualquer classe social, idade e região. Seguem-se as «saídas à noite», e a compra de perfumes e CDs. No entanto, essa preferência aumenta com a idade e é mais significativa no grupo social classe média baixa.

Neste conjunto de produtos, a «marca» pesa[8] na decisão dos mais jovens (12-14 anos), onde a influência do grupo e a necessidade de integração é maior. A marca é mais importante para os jovens do sexo masculino e no grupo social de classe alta e média alta.

Seguem-se as despesas com as «saídas à noite» (discotecas e bares), mais importantes para os rapazes e aumentando com a idade, sem variação muito significativa em função do grupo social e da região.

A compra de «presentes» é a quarta opção nas despesas dos jovens. Os perfumes são o produto mais oferecido por todos os grupos etários e sociais. Seguem-se os CDs e o vestuário. Dentro dos «presentes» é ainda de referir a oferta de livros (em 4º lugar), com uma expressão significativa nos mais novos (12-14 anos).

A oferta de «flores», por ambos os sexos, ocupa o 5º lugar, mais frequente nos mais velhos e na classe alta, média alta e média.

Quando e onde compram

As compras fazem-se fundamentalmente ao fim de semana (grupos 12-14 e 15-18 anos). Os locais preferidos são as lojas de rua, sobretudo para o vestuário e calçado, livros e revista, com um peso maior dos jovens do sexo feminino na preferência por este formato comercial. Seguem-se, com um peso também importante, e agora com preferência dos jovens do sexo masculino, os centros comerciais. O hipermercado é relevante na compra de CDs. A internet como «local» de compra ainda não tem significado (apenas 1,8%). O preço é declarado como principal fator de escolha.

Como pagam

A relação com o banco começa cedo. Aos 12-14 anos 45,9% possuem conta bancária. Aos 15-18 anos 57,9% possuem cartão de débito e 37,6% utilizam-no regularmente. O cartão de crédito é menos utilizado pelos jovens. 7% dos jovens dos 15-18 anos dispõem de cartão de crédito, mas só 22% o usam com muita frequência. Já no grupo dos 19-25 anos 17% dispõem deste meio de pagamento, mas também só é usado regularmente por 22%.

VISÃO nº 481, 23 de maio 2002 (adaptado)

Questões

1. Segundo o texto tem havido uma mudança de estilo de vida nos últimos anos. Explique em que consiste esta mudança.
2. Faz muitas compras pela internet? Considera-se uma pessoa consumista?
3. Redija um texto onde relate se a situação no seu país é semelhante à exposta neste artigo.

➲ Temas

1. Prepare um discurso de 2 minutos em que apresente os seus hábitos relacionados com o seu dinheiro pessoal. Quanto dinheiro dispõem por mês / por semana? De onde vem esse dinheiro?
2. Trabalha regularmente? Em que gasta o seu dinheiro? Consegue poupar algum dinheiro? O seu dinheiro semanal / mensal é suficiente para as suas despesas?

9. Combater o desemprego

1 *atravessar – hier: durchmachen*
2 *o fôlego – Atem, Ausdauer*
3 *a aposta – Wette*
4 *recomendar – empfehlen*
5 *o destaque – Ereignis*
6 *expor – aussetzen*
7 *o provérbio – Sprichwort*

Não há sector laboral que não sinta as dificuldades da economia, mas há alguns que atravessam[1] o momento com maior fôlego[2]. Ciências médicas, tecnologias da informação, banca e marketing são, nesta altura, apostas[3] de maior sucesso para quem quer sair do desemprego. Uma solução que continua a ser recomendada[4]: adquirir formação e especialização e não ter medo de arriscar.

As estatísticas do desemprego em Portugal são más. Os números são «preocupantes» e o pior ainda pode estar para vir, ou por outras palavras, que o desemprego ainda pode continuar a aumentar por mais algum tempo. Haverá setores ou profissões imunes a esta realidade?

As áreas da saúde e as engenharias –com destaque[5] para o mercado de Tecnologias de Informação– parecem estar menos expostas[6] ao desemprego e os técnicos de vendas e os comerciais continuam a ter procura. Porém nem só os engenheiros e os médicos têm «saída» neste mercado laboral condicionado pela crise. De acordo com a Associação Portuguesa das Empresas do Sector Privado de Emprego (APESPE), que representa cerca de duas centenas de empresas de trabalho temporário em Portugal), as profissões ligadas às exportações e à atividade comercial (técnicos de venda, por exemplo) também têm procura.
Paralelamente, as profissões técnico-profissionais também estão bastante imunes à crise. «Um eletricista ou um técnico de ar condicionado tem sempre uma empregabilidade elevada e mesmo que não o consiga através de uma colocação direta ou através de uma agência privada de emprego, tem grandes oportunidades de auto-emprego.

Apanhar a onda

Diz o provérbio[7] que «se a vida nos dá limões, devemos fazer limonada». Com a crise passa-se o mesmo. Em vez de sofrer com ela, porque não surfar a onda? As profissões que têm vindo a conhecer uma maior procura devido à crise são profissões em sectores como a banca, os seguros e as finanças. São profissões ligadas ao controlo de riscos.

Por outro lado, há cada vez mais a necessidade de cativar[8] clientes ou consumidores para uma marca, produto ou serviço, pelo que as funções nas áreas do telemarketing, promoção de produto estão em alta[9].

Dar a volta à situação

No que toca ao[10] desemprego juvenil, o PÚBLICO quis saber que conselhos[11] é que as empresas de trabalho temporário dariam aos jovens que não conseguem encontrar um emprego na sua área de estudos.

O primeiro conselho, da parte da Tempo-Team, é este: «ser empreendedor[12] e criativo e criar o próprio emprego». Em que áreas? Agricultura, ciência, marketing digital, web design e restauração são algumas das sugestões da empresa.

Por seu lado, a Adecco prefere salientar[13] a importância de os jovens licenciados não terem experiência: «se em muitos casos isso é um fator eliminatório, em tantos outros isso será um fator positivo, pois permite ao recém-licenciado explorar outros mercados que um desempregado de longa duração talvez não explore porque sempre desempenhou[14] as mesmas funções».

Paralelamente, um recém-licenciado tem a vantagem –para o mercado de trabalho– de ter uma menor margem negocial[15]. Aceita o que lhe dão. «O recém-licenciado tem necessariamente de ceder[16] em determinadas condições, especialmente no que diz respeito a condições salariais[17]», explica Tiago Costa, da Adecco.

Quanto aos desempregados de longa duração, indica a Tempo-Team «não ficar inativo durante muito tempo». Mesmo que as pessoas estejam a receber o subsídio de desemprego[18], esses desempregados deverão aproveitar todas as oportunidades de trabalho temporário. «Isto é importante porque estarão a reforçar as suas competências e a criar[19] mais oportunidades de darem a conhecer o seu trabalho».

8 *cativar – gewinnen; anziehen*
9 *estar em alta – im Aufwind sein*
10 *no que toca ao – was angeht*
11 *o conselho – Rat*
12 *empreendedor – unternehmerisch*
13 *salientar – hervorheben*
14 *desempenhar – ausüben; ausführen*
15 *a margem negocial – Handlungsspielraum*
16 *ceder – nachgeben*
17 *salarial – Lohn-*
18 *o subsídio de desemprego – Arbeitslosengeld*
19 *criar – schaffen*

20 *a dica (coloq.) – Tipp*

21 *a mais-valia – Mehrwert*

Algumas dicas[20] que poderão ajudar:

- Utilize a sua rede de contactos para obter informações sobre potenciais oportunidades;
- Tem sido contactado para entrevistas e não tem sido colocado? Reflita sobre si próprio e elabore argumentos sobre as suas «mais-valias[21]» e sobre a sua motivação;
- Prepare as entrevistas: prepare-se para descrever sem hesitação situações de sucesso e de insucesso durante o seu percurso profissional, bem como os resultados obtidos;
- Consulte informação sobre elaboração de currículos e reavalie o seu.

Questões

1. Explique o sentido de «apanhar a onda» e «surfar a onda».
2. Indique os tipos de empregos que são mais procurados no seu país.
3. Qual é a sua opinião sobre os argumentos apresentados pelos desempregados de longa duração?

Tema

Analise com os seus colegas a situação do desemprego no seu país.

10. Começar de novo

Paulo, agora com 25 anos, decidiu mudar de país e deixar a família. Aos 21 anos, no fim do terceiro ano do curso de Comunicação Social que estava a frequentar numa cidade pequena, como é Leiria, descobriu que o sonho[1] de ser jornalista estava a adormecer[2]. Sentia-se incompleto e voltou para o Porto, para junto dos seus pais. Estagiou[3] numa estação de televisão e decidiu que queria estudar Produção de Televisão em Inglaterra. Sentia que o tempo em Portugal estava a chegar ao fim... Mas acabou por verificar que passar de um sonho para a realidade é algo bem diferente. De repente, encontrou-se num outro país, numa cultura diferente, para não falar da língua, da comida e de hábitos e, no princípio não foi fácil. Mas Paulo não baixou os braços e antes de se inscrever[4] na universidade, teve de pôr mãos à obra e trabalhar para conseguir dinheiro. Trabalhou temporariamente num bar de um restaurante italiano, numa fábrica de materiais de construção e como carteiro[5]. Dois meses depois, começou a trabalhar como tradutor num escritório de advogados da área de *marketing*. Fez vários conhecimentos e conseguiu criar[6] uma secção portuguesa no jornal da região e, assim, desenvolver[7] uma maior interação entre as duas nacionalidades.

A família, embora triste com a distância, percebeu a sua decisão. Felizmente, a internet e as companhias aéreas de baixo custo encurtam[8] as distâncias. Paulo sente falta do sol, das praias, de falar português, de um pastel de nata e de um bom café. Hoje, está no fim do curso e trabalha para a estação de rádio da BBC e salienta[9] que a vida está nas mãos de quem quer arriscar. «Eu acredito que me tornei mais flexível, mas também mais exigente. Não sei se um dia vou voltar para trabalhar em Portugal, pois já estou habituado à vida aqui. Tenho saudades, mas volto todos os anos, pelo menos umas seis vezes para passar fins de semana ou férias e ver todos. Não estou arrependido[10].»

1 *o sonho – Traum*
2 *adormecer – einschlafen*
3 *estagiar – ein Praktikum absolvieren*
4 *inscrever-se – sich einschreiben*
5 *o carteiro – Briefträger*
6 *criar – gründen*
7 *desenvolver – entwickeln*
8 *encurtar – verkürzen*
9 *salientar – hervorheben*
10 *arrepender-se – bereuen*

Questões

1. Comente as frases «sentir o tempo a chegar ao fim» e «a vida está nas mãos de quem quer arriscar».
2. Elabore um texto sobre os seus desejos em relação ao trabalho?
3. Comente a última frase do Paulo.

Relacione as frases

1. não baixar os braços
2. não podemos ficar de braços cruzados
3. pôr mãos à obra
4. ser o braço direito de alguém
5. não dar o braço a tocer
6. receber alguém de braços abertos
7. agarrar uma oportunidade com ambas as mãos

a) jds. rechte Hand sein
b) stur bleiben; nicht aufgeben
c) niemals aufgeben
d) jdn. mit offenen Armen empfangen
e) eine Gelegenheit mit beiden Händen ergreifen
f) wir müssen einfach etwas tun
g) ans Werk gehen

Expressão oral

1. Indique as vantagens e as desvantagens de se viver e trabalhar durante muito tempo noutro país?
2. O Paulo trabalha na rádio. Gostaria de realizar um programa de rádio. Que tipo de programa faria?

11. Como encontrar um novo emprego

Num mercado de trabalho competitivo e acirrado[1], a procura de emprego tornou-se[2] uma grande arte. Apesar da dificuldade, o candidato não deve sentir-se derrotado[3], pensando que as chances são mínimas. Uma atitude negativa e pessimista tem efeito negativo nos resultados. Para conseguir bons resultados, é necessário seguir algumas indicações:

- **Mantenha o centro das atenções**[4]: Primeiro determine o seu objetivo profissional. Tendo um objetivo especifico, é mais fácil fazer um programa para atingir a sua meta[5].
- **Pesquise muito**: Pesquise tudo sobre a sua área, seja em revistas, jornais ou Internet. Esteja bem preparado.
- **Atualize-se sempre**: Educação continua é a chave[6] para manter-se atualizado. Faça cursos dentro da sua área. Estude sempre algum ramo[7] novo dentro da sua especialidade. Se não tiver dinheiro para investir em cursos, procure os gratuitos.
- **Tenha disciplina**: Todo o dia é um novo dia à procura de emprego. Se já respondeu a todos anúncios de emprego, procure amigos, visite empresas, mande currículos pela Internet.
- **Rede de relacionamentos**: Construa um networking, rede[8] de relacionamentos. Através dos amigos e conhecidos é mais fácil encontrar um trabalho.
- **Aprenda com os erros**: Se for excluído[9] de uma seleção de processo, tente entender onde errou[10], para acertar na próxima vez.
- **Confiança**: Confie[11] em você. Se você não confiar no seu potencial, porque uma outra pessoa iria confiar? Um currículo bem estruturado não define a contratação[12] e sim a atitude do candidato. Os melhores lugares para encontrar emprego estão na Internet, portanto, use a Web com a maior frequência possível.

1 *acirrado – hartnäckig*
2 *tornar-se – werden*
3 *derrotado – geschlagen*
4 *centro das atenções – Mittelpunkt*
5 *a meta – Ziel*
6 *a chave – Schlüssel*
7 *o ramo – (Berufs-)Fach*
8 *a rede – Netz*
9 *excluir – ausschließen; ausgrenzen*
10 *errar – falsch machen; Fehler machen*
11 *confiar – vertrauen*
12 *a contratação – Einstellung*

12. Entrar no mercado de trabalho

1 convencer – überzeugen
2 a entrevista – Vorstellungsgespräch
3 o assunto – hier: Betreff
4 o anúncio – Anzeige
5 destacar-se – hervorstechen
6 cheia – voll
7 evitar – vermeiden
8 doido – verrückt; wahnsinnig

Os meios para entrar em contacto com uma empresa são:
- der Vorstellungsbrief
- der Lebenslauf
- das Bewerbungsgespräch
- der Psychotest

Traduza para português!

Dez (10) dicas como estruturar uma carta de apresentação

A carta de apresentação deverá ser breve e simples.

Esta carta deve, juntamente com o Currículo Vitae (CV), convencer[1] o empregador a chamá-lo para uma entrevista[2]. E agora, o que fazer?

1. Dirija-se à pessoa certa

Comece por dirigir a carta à pessoa certa. Não se esqueça de pôr em cima da carta a rubrica assunto[3], onde esclarece o objetivo da sua carta e, eventualmente, menciona a referência do anúncio[4].

2. Escreva uma boa frase de abertura

A intenção é destacar-se[5] no meio de muitas respostas. Isto não se consegue com frases usadas como: «Na sequência do seu anúncio ....» ou «Por este via venho candidatar-me ....» Evite linguagem estandardizada ou expressões clássicas e use uma frase de abertura personalizada, original e cheia[6] de entusiasmo.

3. Não use palavras demasiado modestas

«Talvez», «eventualmente» e «acho» são expressões a evitar[7].

Procure o caminho intermédio. Dizer que é a pessoa ideal e que o empregador seria doido[8] se não aproveitasse esta oportunidade, não só mostra um entusiasmo claro como também uma grande dose de arrogância.

4. Explique porque se candidata

Explique o que o atrai[9] na empresa, na função, no sector. Aproveite para mostrar entusiasmo.

5. Não se prolongue

A sua carta pode ter uma página no máximo.

Convém[10] transmitir a mensagem em frases curtas e dinâmicas com muitos verbos ativos.

6. Não mencione a sua inexperiência

Se não tiver a experiência ou a formação exigida, não o mencione. Escreva antes sobre a sua capacidade de aprender depressa. Seja sempre positivo sobre si mesmo.

7. Não fale em ordenado

Não fale de dinheiro na carta. Mencione o ordenado[11] apenas no caso de lhe ter sido pedido no anúncio a que está a responder.

8. Evite terminar com banalidades

Lembre-se que a última impressão é tão importante como a primeira.

Não escreva frases feitas mas, por exemplo, «Se achar que temos algo a oferecer um ao outro, estarei sempre disponível[12] para conversarmos numa entrevista».

9. Não esquecer a assinatura

Ao contrário do currículo, que não deve ser assinado, na carta deve ter a sua assinatura[13] no final.

10. Antes de enviá-la

Leia-a diversas vezes para evitar erros gramaticais e certifique-se de que as informações foram colocadas numa ordem lógica.

9 *atrair – anziehen; anlocken*

10 *convém – es empfiehlt sich*

11 *o ordenado – Gehalt*

12 *disponível – verfügbar*

13 *a assinatura – Unterschrift*

➲ Questões

1. Explique cada conselho (dica) aqui apresentado.
2. Escreva uma carta em que solicita um lugar para estagiar numa empresa portuguesa.
3. Antes de integrar o mercado de trabalho tem de se conhecer bem para saber que tipo de trabalho a empresa pode interessar-lhe. Pense em cinco pontos fortes e cinco pontos fracos que o/a caraterize e escreva num caderno as frases.

➲ Atividade escrita

Em resposta a um anúncio que viu no jornal, escreva uma carta de apresentação e o seu currículo para se candidatar a esse lugar. Pode encontrar na internet um modelo de currículo europeu.

Guia-Intérprete (M/F)

Introdução:

Empresa que dedica-se ao receptivo de turistas que se deslocam à fantástica região do Porto e Norte de Portugal, procura Guia Intérprete/Motorista Profissional de Turismo.

Requisitos:

Escolaridade: Licenciatura em Turismo (preferencial), História ou Línguas
Experiência Profissional: Não especificada
Idade: Até 35 anos
Boa capacidade de comunicação e de relacionamento interpessoal.
Dinamismo e pro-actividade.
Elevado sentido de responsabilidade e autonomia.
Fluência em Português e nos seguintes idiomas estrangeiros: Inglês, Francês e Espanhol.
Gosto pelo contacto com o público e orientação para o cliente.
Carta e experiência de condução.
Residência no Grande Porto.
Sólidos conhecimentos de História e Geografia de Portugal, bem como conhecimentos específicos da região a operar.

Oferece-se: Horário: full-time
Local: Porto
Entrada: Entrada Imediata

A carta de Apresentação

1	direção do remetente	Isabel Cristina Matos Av. 5 de Outubro, nº XX P - 1050 Lisboa Telefone: 22 7342590 jpaulo_branco@web.com

2 Gostaria de, numa entrevista pessoal, poder prestar outras informações que penso serem de mútuo interesse.

3 Diretor dos Recursos Humanos
da Sociedade de Informática de Portugal
Rua das Avenidas, nº XX, 1200 Lisboa.

4 Subscrevo-me, com a mais elevada consideração.
Isabel Cristina Matos

5 Acabo de receber o meu diploma de Informática, na Universidade Lusófona. Tenho conhecimento de que a vossa empresa lidera o mercado neste ramo de atividade, o que me dá garantias de ser o melhor local para poder desenvolver as competências que adquiri na minha formação.

6 Exmoº Senhor Mário dos Santos

7 **Anexo:** Curriculum Vitae
Fotografia
Fotocópias dos diplomas

8 Porto, 10 de setembro de 2012

➲ Questões

1. Coloque por ordem lógica as partes desta carta de apresentação e dê um título a cada parte dessa mesma carta.
2. Explique o que carateriza cada parte da carta de apresentação.
3. Elabore um pequeno dicionário bilingue de expressões úteis para uma carta de apresentação.

Como escrever um curriculum vitae

O **curriculum vitae** (também chamado de currículo ou CV) é um documento que agrupa[1] informações pessoais de um profissional junto à sua formação académica e à sua trajetória no mercado de trabalho, visando demonstrar as suas qualificações, competências e habilidades[2]. De uma forma mais direta, o curriculum descreve quem você é e quais qualidades e experiências profissionais você possui.

Um bom curriculum, bem escrito e estruturado, pode não garantir um emprego mas é sem sombra de dúvidas[4], um passo[5] importantíssimo para alcançá-lo. Portanto, está na hora de transformar o seu CV numa arma eficaz[6]. Conheça algumas regras de ouro que podem fazer a diferença entre um convite para uma entrevista ou a cartinha a dizer que não foi selecionado.

Informações relevantes

Refira todas as informações que salientem as suas mais valias[7] e aumentem as possibilidades de obter uma entrevista.

O facto de organizar todos os anos um festival de sardinhas não interessa quando se candidata para a função de *Web Designer*. Se, pelo contrário, quer trabalhar numa agência de organização de eventos, a informação torna-se importante. Molde[8] o seu CV ao emprego para o qual se candidata.

Tamanho reduzido

Tente reduzir o seu CV a duas folhas.

Bem organizado

Divida o seu CV em secções claras (por ex. dados pessoais, formação, experiência profissional, observações etc.) Coloque bastantes espaços em branco para o tornar mais legível.

1 agrupar – umfassen
2 a habilidade – Begabung
3 possuir – besitzen
4 sem sombra de dúvidas – ohne den leisesten Zweifel
5 o passo – Schritt
6 a arma eficaz – wirkungsvolle Waffe
7 a valia – Wert
8 moldar – gestalten

Exemplos concretos

Espírito de equipa, capacidade de perseverança[9] e facilidade de contacto são caraterísticas bonitas, mas sem exemplos concretos ficam vazias de significado. Indique concretamente como, no passado, demonstrou o seu espírito de equipa ou onde já aplicou a sua capacidade de perseverança.

Tipo de CV

Um CV cronológico fornece uma listagem da sua formação e experiência de acordo com uma sequência lógica no tempo.

Sinceridade

Uma pequena mentira[10] a seu favor parece inocente mas pode ter consequências negativas. Ao mentir no seu CV arrisca-se a ser apanhado[11] mais cedo ou mais tarde.

Voz ativa

Use verbos dinâmicos e ativos como organizar, dirigir[12], ensinar, etc.

Aparência gráfica

Cada CV que envie deve ser uma impressão original.
Manchas[13], dobras nos cantos e vincos[14] são proibidos.

9 a perseverança – Ausdauer
10 a mentira – Lüge
11 apanhar – hier: ertappen; erwischen
12 dirigir – leiten
13 a mancha – Fleck
14 o vinco – Knick

Questões

1. Explique en que consiste um CV.
2. Indique os objetivos de um CV.
3. Como deve ser elaborado um curriculum vitae? Escolha os adjetivos que caraterizam um CV e justifique a sua seleção.

Temas

1. Como é que os candidatos devem apresentar as candidaturas?
2. Capacidades e atitutes pessoais / sociais / organizativas / técnicas / artísticas / experiência laboral / educação e formação

Curriculum Vitae

Informação pessoal
Apelido(s) / Nome(s) próprio(s)
Morada(s)
Telefone
Telemóvel (TM)
Correio(s) eletrónico(s)
Nacionalidade
Data de nascimento
Sexo

Emprego pretendido / Área profissional

Experiência profissional
Datas
Função ou cargo ocupado
Principais atividades e responsabilidades
Nome e morada do empregador
Tipo de empresa e sector

Formação académica e profissional
Datas
Designação da qualificação atribuída
Principais disciplinas/competências profissionais
Nome e tipo de organização de ensino ou formação
Nível alcançado
Aptidões e competências pessoais
Primeira língua
Outra(s) língua(s)

Aptidões e competências sociais
Aptidões e competências informáticas
Outras aptidões
Carta de condução

Informação adicional

Anexos

➲ Tema

Resuma o seu currículo em poucas linhas.

13. As doze (12) perguntas mais frequentes numa entrevista de emprego

Tem uma **entrevista de emprego** e não sabe o que vão lhe perguntar? Leia com atenção, treine e boa sorte!

1. Fale sobre si.

Esta pergunta é quase obrigatória numa entrevista de emprego e deverá ser muito bem praticada para uma resposta sucinta[1], direta e, acima de tudo, que valorize[2] o seu perfil profissional.

2. Quais são seus objetivos a curto prazo[3]? E a longo prazo?

Seja específico e tente aproximar, de alguma forma, os seus objetivos aos da própria empresa. Respostas como «ganhar bem» ou «aposentar-se[4]» são totalmente proibidas.

3. O que o levou a enviar o seu curriculum a esta empresa?

Aproveite esta oportunidade para demonstrar que fez o seu «trabalho de casa» e fale sobre a atividade da empresa. Naturalmente, para responder a esta pergunta, é preciso fazer previamente uma pesquisa[5] sobre a empresa. Vá ao site, faça pesquisas, leia revistas da especialidade e converse com pessoas que trabalham ou já trabalharam lá.

4. Qual foi a decisão mais difícil que tomou até hoje?

O que é pretendido com esta questão, é que os candidatos sejam capazes[6] de identificar uma situação em que tenham sido confrontados com um problema ou dúvida, e que tenham sido capazes de analisar alternativas e consequências e decidir da melhor forma.

5. O que procura num emprego?

As hipóteses de resposta são várias: desenvolvimento profissional e pessoal, desafios[7], participação num projeto, contribuição para o sucesso da sua empresa, etc.

6. Você é capaz de trabalhar sob pressão e com prazos definidos?

Um «não» a esta pergunta pode destruir[8] por completo as suas hipóteses de ser o candidato escolhido, demonstre-se capaz de trabalhar por prazos e dê exemplos de situações vividas em trabalhos anteriores.

1 sucinta – kurz; knapp
2 valorizar – schätzen
3 curto prazo – kurzfristig
4 aposentar-se – in den Ruhestand gehen
5 a pesquisa – Nachforschung
6 ser capaz – fähig sein
7 o desafio – Herausforderung
8 destruir – zerstören

7. Dê-nos um motivo para o escolhermos em vez dos outros candidatos.

Esta é sempre das perguntas mais complicadas mas o que se espera é que o candidato saiba «vender» o seu produto. Isto é, deverá focar-se[9] nas suas capacidades e valorizar o seu perfil como o mais adequado para aquela função e a forma como poderá trazer benefícios[10] e lucros[11] para a empresa.

8. O que você faz no seu tempo livre?

Seja sincero, mas sobretudo lembre-se que os seus hobbies e ocupações demonstram não só a capacidade de gerir[12] o seu tempo, preocupações com o seu desenvolvimento pessoal e facilidade no relacionamento interpessoal.

9. Quais são as suas maiores qualidades?

Aponte aquelas caraterísticas universalmente relacionadas com um bom profissional: produtividade, empenho[13], responsabilidade, entusiasmo, criatividade, persistência[14], dedicação, iniciativa, e competência.

10. E pontos negativos/defeitos[15]?

Naturalmente que a resposta não poderá ser muito negativa, pois serão poucas as hipóteses para um profissional que diga ser desorganizado, desmotivado ou pouco cumpridor[16] dos seus horários.

11. Que avaliação faz da sua última (ou atual) experiência profissional?

Não se queixe e, em caso algum, critique a empresa e respetivos colaboradores. Diga sempre alguma coisa positiva, ou o ambiente de trabalho ou o produto/serviço da empresa. Se começar a apontar defeitos ao seu emprego anterior correrá o risco de o entrevistador achar que o mesmo pode acontecer no futuro relativamente aquela empresa.

12. Até hoje, quais foram as experiências profissionais que lhe deram maior satisfação?

Seja qual for a sua escolha, justifique bem os motivos. Tente mencionar as mais recentes e que sejam mais adequadas aos seus objetivos profissionais.

9 *focar-se – hier: sich konzentrieren*
10 *o benefício – Vorteil; Begünstigung*
11 *o lucro – Gewinn*
12 *gerir – verwalten; steuern*
13 *o empenho – Einsatz*
14 *a persistência – Ausdauer*
15 *os defeitos – Fehler*
16 *cumpridor – seiner Pflicht nachkommend*

➲ Temas

1. Informe-se na página http://www.netemprego.gov.pt/ sobre ofertas de emprego. Escolha uma das ofertas de trabalho e apresenta-a na aula.
2. Responda a um anúncio de emprego com uma carta de apresentação e currículum vitae.
3. Metade da turma prepara-se para fazer uma entrevista de emprego e a outra metade da turma prepara o papel do selecionado/a. Invente perguntas possíveis para a introdução, sobre a formação escolar, sobre a experiência profissional, tipo de candidatos e sobre as condições de trabalho exigidas.

14. A evolução das profissões. Umas desaparecem, outras nascem

1 o crescimento – Anstieg
2 a oficina – Werkstatt
3 a manufatura – Fabrik
4 os tecidos – Stoff
5 à medida que – sofern, soweit
6 o alfaiate – Schneider
7 o amolador – (Scheren-) Schleifer
8 o conserto – Reparatur
9 valorizado – bewertet; geschätzt
10 o leque – hier: Palette; Auswahl
11 o gerente – Geschäftsführer
12 outrora – damals
13 o ferreiro – Schmied
14 o artesão – Kunsthandwerker

Com a revolução industrial do século XIX, começaram a surgir algumas profissões levando a um grande crescimento[1] da economia.

Começaram a surgir as pequenas oficinas[2] domésticas e as grandes manufaturas[3] especialmente na produção de tecidos[4]. Surgiu a máquina a vapor que realizava o trabalho até aí efetuado por várias pessoas.

À medida que[5] a indústria ia evoluindo começaram a aparecer as fábricas, surgindo assim novas profissões que por sua vez provocavam o desaparecimento de outras. O trabalho manual deu lugar à mecanização fazendo com que muitas profissões evoluíssem no seu conceito de trabalho e outras ficassem esquecidas até desaparecerem na sua totalidade.

Alguns exemplos. O alfaiate[6] por exemplo era uma arte que consistia na criação de roupas masculinas e de acordo com as preferências de cada pessoa. O amolador[7], profissão já muito rara, tinha a função de afiar facas. O sapateiro fazia diversos trabalhos na área dos sapatos desde o fabrico ao conserto[8]. Todos estes trabalhos foram esquecidos ou já não são tão valorizados[9] como anteriormente numa sociedade muito mais seletiva.

Hoje existe assim um enorme leque[10] de profissões, empregos e serviços virados para um trabalho específico em cada setor das atividades profissionais. Existem gerentes[11] de atendimento ao consumidor se pretendermos trabalhar em Marketing. Se antigamente existiam as empregadas de limpeza, hoje existem as Supervisoras Gerais de Bem-Estar, Higiene e Saúde. Se outrora[12] se falava em camionistas ou motoristas, hoje falamos em Distribuidores de Recursos. Isto significa que não foi só na forma de trabalhar que as profissões evoluíram. Também no seu próprio conceito existe uma maior especificação pela grande variedade de profissões existentes. Ferreiros[13], lavadeiras ou artesões[14] viram as suas atividades profissionais serem substituídas pelas fábricas de produção em série, pelas pequenas e médias empresas ligadas a diferentes setores.

A lavadeira, as governantas[15] são só mais alguns exemplos de profissões que desapareceram com a evolução tecnológica, com a sociedade e com o próprio mercado de trabalho. Se é certo que algumas desaparecem, outras transformam-se evoluindo no seu conceito. Afinal quem precisa de um aguadeiro[16] se os supermercados vendem garrafas de todos os tamanhos e feitios[17]? Quem necessita de um alfarrabista[18] quando existem bibliotecas ou livrarias? Com um quiosque ao pé de casa quem espera encontrar o ardina[19]? Como se pode ganhar a vida a engraxar[20] sapatos quando a evolução tecnológica permite máquinas de engraxar automáticas onde uma simples moeda faz o trabalho do esquecido engraxador. A modista fazia o que faz a estilista, o calista[21] deixou de trabalhar pois apareceu a pedicure entre muitas outras profissões. Mas perderam-se todas? Não. Algumas mantêm-se, embora sujeitas à constante mudança da sociedade. Pescadores, carteiros, varinas[22], padeiros etc. Muitas profissões não desapareceram, aglutinaram-se[23] com outras formando novas profissões mais evoluídas. Veja-se o caso do dactilógrafo[24], que passou a ser assistente administrativo. Muitas profissões podem ainda existir mas devido à fraca representação no mercado vão acabar por desaparecer ou nem sequer são consideradas profissões. Qual é o futuro das profissões? Bons exemplos são os técnicos de informática cada vez mais frequentes devido à grande implementação[25] da tecnologia no mercado. Muitas novas profissões estã o hoje ligadas às engenharias (do ambiente, aeronáutico/aeroespacial), os dietistas, o preparador físico, os técnicos de radioterapia, de análises clínicas e higienista oral, entre muitas outras.

15 *a governanta – Haushälterin*

16 *o aguadeiro – Wasserträger*

17 *o feitio – hier: Form*

18 *o alfarrabista – Buchantiquar*

19 *o ardina – Zeitungsjunge*

20 *engraxar sapatos – Schuhe putzen*

21 *o calista – Fußpfleger*

22 *a varina – Fischverkäuferin*

23 *aglutinar – zusammenschließen*

24 *dactilógrafo – Schreibkraft (männl.)*

25 *a implementação – Einführung*

➲ Questões

Será que estas profecias se vão realizar? Sim, não, talvez...

1. **Advogado Virtual /Global** – Com a vida diária cada vez mais online, terá de haver especialistas que saibam resolver conflitos que envolvam cidadãos residentes em jurisdições legais diferentes.

Profissões de futuro

"Publicitários sem fronteira", experts em energia alternativa e financistas do esporte — as carreiras que prometem decolar, segundo especialistas

COMUNICAÇÃO

2. **Especialista em Marketing Pessoal Online** – Profissional de aconselhamento para desenvolver um marketing pessoal nas redes sociais e noutros suportes.
3. **Assistente Social ou Psicólogo para as redes sociais** – Assistentes sociais para pessoas traumatizadas ou marginalizadas pelas redes sociais.
4. **Especialista em reversões de mudança climática** – Com as ameaças e os impactos das mudanças climáticas, é necessária uma nova geração de especialistas dedicados a reduzir ou reverter os efeitos indesejados dessas mudanças.
5. **Pilotos, Arquitetos e Guias turísticos espaciais** – Para os programas de turismo espacial serão necessários pilotos e guias turísticos espaciais assim como designers de arquitetura para tornar possível a habitação do espaço e de outros planetas.

➲ Temas

1. Elabore um texto onde apresente a sua opinião sobre as profissões que desapareceram ou caíram no desuso no seu país.
2. Indique as profissões que relaciona com os tempos modernos. Compare as suas respostas com as dos seus colegas.
3. Indique os tipos de serviços mais procurados no seu país.

IV O Portugal de hoje e as suas raízes

1. O fim da Monarquia

Vários sinais de descontentamento[1] foram aparecendo nos diferentes setores da sociedade portuguesa, mostrando que o regime monárquico estava em crise. A industrialização enriqueceu a alta burguesia, mas não melhorou a vida dos trabalhadores. Muitos desempregados da cidade e trabalhadores do campo que viviam com grandes dificuldades emigravam para Brasil e colónias africanas. Os operários faziam greves[2] para tentar conseguir melhorar as suas condições de trabalho. Trabalhavam muitas horas e eram mal pagos. E o povo português sentia-se humilhado[3] pelo facto de o rei D. Carlos ter aceitado as exigências do «*Ultimato Inglês*» (última proposta) com a retirada dos territórios entre Angola e Moçambique, permitindo assim a ocupação desses mesmos territórios pela Inglaterra. Em 1876, foi mesmo criado o Partido Republicano, que propunha, como forma de resolver os males[4] do reino, a mudança de regime: o rei deveria ser substituído por um presidente eleito.

A primeira revolta armada contra a monarquia aconteceu no Porto, a 31 de janeiro de 1891. A revolta teve apoio de alguns militares e de muitos populares. Porém[5], a guarda municipal, fiel[6] à monarquia, venceu os revoltosos. O número de mortos foi grande.

A agitação social continuou e as dificuldades económicas eram cada vez maiores. O rei D. Carlos tentou resolver a crise, reforçando[7] os poderes de João Franco (que era o presidente do Conselho de Ministros), mas só piorou a situação. Em 1907, após uma greve académica que, a partir de Coimbra, se estendeu[8] ao resto das Academias, principalmente de Lisboa e do Porto, o governo de João Franco decidiu suspender as Cortes[9]. D. Carlos aceitou a decisão, dando-se início a uma ditadura.

1 *o descontentamento – Unzufriedenheit*
2 *a greve – Streik*
3 *humilhado – gedemütigt*
4 *os males – die Übel*
5 *porém – jedoch*
6 *fiel – treu*
7 *reforçar – verstärken*
8 *estender-se – sich ausdehnen*
9 *Cortes – Stände*

10 o princípe herdeiro – Erbprinz

11 salvar – retten

12 a madrugada – Morgendämmerung

13 pernoitar – übernachten

O regicídio

No dia 1 de fevereiro de 1908, em Lisboa dá-se um atentado contra a família real. São mortos o rei D. Carlos e o princípe herdeiro[10], D. Luís Filipe I. Com a morte de D. Carlos e do príncipe herdeiro, foi aclamado rei D. Manuel II, que tinha apenas 18 anos.

Apesar das tentativas do jovem rei D. Manuel II para resolver os graves problemas económicos e sociais que surgiram por toda a parte, falhou a tão necessária união entre os partidos monárquicos. Os próprios monárquicos não sabiam como salvar[11] a monarquia.

A primeira grande revolução portuguesa do século XX

Na madrugada[12] de 4 de outubro de 1910, os conspiradores republicanos, apoiados por membros do exército, da marinha (oficiais e sargentos) e grande número de populares armados, iniciaram na Rotunda, em Lisboa, a revolta. Apesar de alguma resistência a alguns confrontos militares, o exército fiel à monarquia não conseguiu organizar-se de modo a derrotar os revoltosos. A revolução saiu vitoriosa que levaria à implantação da 1ª República.

Os marinheiros revoltosos bombardearam o palácio das Necessidades, a partir do navio de guerra «Adamastor», ancorado no Tejo. O rei partiu para Mafra, onde pernoitou[13] no Palácio Real. No dia 5 de outubro, partiu em direção à Ericeira, de onde seguiu para Gibraltar, no iate real «D. Amélia», em companhia da mãe e da avó. O rei seguiu, depois, para a Inglaterra, onde ficou exilado até à sua morte, em 1933. D. Manuel II foi o 33° e último rei de Portugal. O regime monárquico chegava ao fim. A República foi proclamada no dia 5 de outubro de 1910, da janela dos Paços do Concelho, atual Câmara Municipal de Lisboa. Foi a primeira grande revolução portuguesa do século XX.

➲ Questões

1. Indique dois motivos de descontentamento do povo português.
3. Explique porque se entrou em ditadura.
2. Relacione a partida do rei D. Manuel II com o fim da monarquia.
3. Qual é o acontecimento que marcou o dia 5 de outubro de 1910?

➲ Temas

1. Pesquise na Internet a questão do «Ultimato Inglês» e faça uma apresentação.
2. Procure mais informações sobre o regicídio. Redija uma notícia sobre esse acontecimento.
3. Resuma o que ocorreu de relevante no seu país nessa época.

2. As conquistas[1] republicanas

1 a conquista – *hier: Errungenschaft*
2 lançar – *einführen*
3 a lei – *Gesetz*
4 a medida – *hier: Maßnahme*
5 a bolsa de estudo – *Stipendium*
6 estender-se – *sich ausdehnen*
7 a instrução primária – *Schulbildung*

Os governos republicanos tentaram fazer reformas que resolvessem os grandes problemas da sociedade portuguesa e lançassem[2] as bases da sua modernização.

A reforma do ensino, num país onde a grande maioria da população não sabia ler nem escrever, era fundamental para essa modernização. Além dessa reforma, foram também publicadas leis[3] de proteção ao trabalhador, destinadas a melhorar as suas condições de vida.

Medidas[4] da 1ª República

Na Educação:

- foi criado o ensino infantil para crianças dos quatro aos sete anos;
- o ensino primário tornou-se obrigatório e gratuito para as crianças dos sete aos dez anos, promovia-se a alfabetização;
- criaram novas escolas do ensino primário e técnico (escolas agrícolas, comerciais e industriais);
- foram criadas as Universidades de Lisboa e do Porto (ficando o país com três universidades: Lisboa, Porto e Coimbra);
- estabeleceram-se bolsas de estudo[5] para os alunos necessitados e passaram a existir escolas «móveis» para o ensino de adultos.

No Trabalho:

- logo em 1910, foi decretado o direito à greve;
- em 1911, o direito a um dia de descanso mensal estendeu-se[6] a todos os trabalhadores;
- em 1919, foi estabelecida a semana de 48 horas, com oito horas de trabalho diário para todo o território do continente e ilhas adjacentes;
- tornou-se obrigatório o seguro social (acidente e doença);
- planeou-se a construção de vários bairros operários.

A principal preocupação dos governos republicanos era alfabetizar, isto é, dar instrução primária[7] ao maior número possível de portugueses.

No campo[8] da educação, os resultados não foram tão bons como se esperava, por falta de meios financeiros. A taxa[9] de analfabetismo em 1900 era de 78,6%, em 1911 de 75,1% e no final da 1ª República, em 1926, era cerca de 70% de analfabetos. O número de analfabetos era muito maior nas pequenas vilas e aldeias. No entanto, multiplicaram-se as associações recreativas e culturais e, com a liberdade de expressão, aumentou muito o número de almanaques, de jornais diários, semanários e revistas. Em 1917, por exemplo, existiam em Portugal 414 publicações deste tipo. Nas vilas e aldeias, o jornal, ou a correspondência pessoal, eram lidas em voz alta por algum letrado[10], enquanto os assistentes ouviam e comentavam.

8 *campo – hier: Bereich; Gebiet*

9 *a taxa – Quote; Rate*

10 *o letrado – gebildet; gelehrt*

11 *as reivindicações – Forderungen*

12 *o porta-voz – Sprecher; Stimme*

13 *denunciar – anzeigen; enthüllen*

A imprensa operária

A publicação de jornais operários ajudou o movimento sindical que não parava de se organizar e crescer. Em março de 1914 foi criada a União Operária Nacional (U.O.N). Através destas publicações, como «O Sindicalista», «O Trabalhador Rural» e a «União Operária», os trabalhadores tinham informação sobre as questões que lhes diziam diretamente respeito: direitos, formas de participação, reivindicações[11], greves, manifestações culturais. Mais tarde, o jornal «A Batalha», orgão da Confederação Geral do Trabalho (C.G.T.) , tornou-se o porta-voz[12] da classe operária, substituindo a União Operária, denunciando[13] os ataques da política aos trabalhadores.

O movimento sindical

Logo com as primeiras greves, os trabalhadores começaram a ter consciência da força que tinham quando se uniam e lutavam em conjunto. Depois de proclamada a República, surgiram inúmeras associações de trabalhadores e sindicatos. Os sindicatos tinham como objetivo defender os interesses dos seus associados. Entre 1910 e 1925 houve um total de cerca de 518 greves.

Questões

1. Explique a importância dos jornais operários.
2. Faça um resumo que refira as conquistas dos trabalhadores na 1ª República.
3. O que entende por sindicato? Qual foi a ação dos sindicatos na 1ª República?

3. Os símbolos da República

1 *nomear – ernennen*
2 *em contrapartida – hingegen*
3 *o herdeiro – hier: Thronfolger*
4 *a moeda – Währung*

Conquistado o poder, o partido republicano nomeou[1] um governo provisório, presidido por Teófilo Braga, para governar até às eleições que escolhessem o primeiro presidente da república. Em contrapartida[2] com o regime monárquico, onde o monarca é o chefe de Estado, o trono é transmitido ao herdeiro[3] do rei e o rei governa até ao fim da vida, no regime repúblicano o presidente é o chefe de Estado, a eleição do presidente é direta (pelo povo) e o mandato do presidente é limitado por lei. Com a alteração do regime político, era necessário também marcar a diferença; por isso foram criados símbolos da república:
– a marcha patriótica «*A Portuguesa*» (que já era cantada pelos republicanos antes de 1910) passou a ser o hino nacional:

Heróis do mar, nobre povo, Nação valente, imortal, Levantai hoje de novo O esplendor de Portugal! Entre as brumas da memória, Ó Pátria sente-se a voz Dos teus egrégios avós, Que há-de guiar-te à vitória!	Helden des Meeres, edles Volk, Tapfere, unsterbliche Nation, Richtet heute wieder auf die Pracht Portugals! Aus den Nebeln der Erinnerung, O Vaterland, ertönt die Stimme Deiner ehrwürdigen Vorväter, Die Dich zum Siege führen wird!
Às armas, às armas! Sobre a terra, sobre o mar, Às armas, às armas! Pela Pátria lutar! Contra os canhões marchar, marchar!	Zu den Waffen, zu den Waffen! Über Land und über See, Zu den Waffen, zu den Waffen! Für das Vaterland kämpfen, Gegen die Kanonen marschieren, marschieren!

«A Portuguesa» – letra de Lopes de Mendonça e música de Alfredo Keil

– a bandeira azul e branca da monarquia foi substituída pela bandeira verde e vermelha da República: o verde que simboliza a esperança e o vermelho que simboliza a coragem, o sangue, os portugueses mortos em combate;
– o real, moeda[4] da monarquia, foi substituído pelo escudo.

➲ Questões

1. Indique duas diferenças entre a monarquia e a República.
2. Quais foram os três símbolos adotados pela República?
3. Explique o significado das cores verde e vermelha da bandeira portuguesa.

A bandeira portuguesa

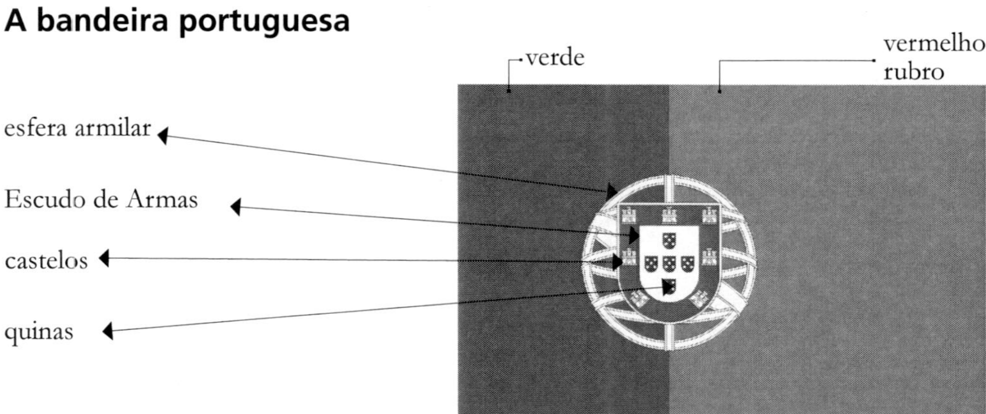

1. A esfera armilar simboliza o mundo que os navegadores portugueses descobriram.

Escudo de Armas

2. Os sete castelos simbolizam as localidades fortificadas que D. Afonso III conquistou aos mouros.
3. As cinco quinas simbolizam os cinco reis mouros que D. Afonso Henriques venceu na Batalha de Ourique.
4. Dentro das quinas estão as cinco chagas de Cristo. Diz-se que, na batalha de Ourique, Jesus Cristo crucificado apareceu a D. Afonso Henriques e disse: «Com este sinal, vencerás!»Contudo as chagas e duplicando as chagas da quina do meio, obtem-se a soma de 30, que representa os 30 dinheiros que Judas recebeu por ter traído Cristo.

➲ Questão

Explique o significado da esfera armilar. Quem escolheu este símbolo?

➲ Temas

1. Pesquise na internet quais foram os sete castelos conquistados aos mouros e quais foram os cinco reis mouros que D. Afonso Henriques venceu na Batalha de Ourique.
2. Faça uma biografia do primeiro rei português.

4. O fim da 1ª República

1 agravar – verschlimmern; verschlechtern
2 aumentar – steigen
3 a dívida externa – Auslandsverschuldung
4 o salário – Gehalt
5 endinheirado – vermögend
6 cumprir – erfüllen; einhalten
7 concluir – vollenden

A participação de Portugal na 1ª Guerra Mundial, a partir de 1916 agravou[1], ainda mais, a difícil situação social e económica do país. O povo português continuava a viver dias difíceis: os produtos alimentares do dia-a-dia eram poucos e os preços aumentavam[2] constantemente. O desemprego crescia e a dívida externa[3] aumentava.

Em Portugal, como aliás nos outros países da Europa, as consequências da guerra foram desastrosas – desorganização geral, subida de preços, falta de alimentos, salários[4] baixos, greves e desemprego. Apesar de todo o movimento sindical durante a 1º República, as desigualdades sociais permaneciam. Enquanto os operários, camponeses e outros trabalhadores continuavam a ter uma vida miserável, nas grandes cidades vivia uma burguesia numerosa e cada vez mais endinheirada[5].

A instabilidade governativa

Durante a 1ª República, entre 1910 e 1926, Portugal viveu um período de grande instabilidade governativa. Em 16 anos, houve oito presidentes e 45 governos. Os governos não conseguim uma maioria de votos no Parlamento para cumprirem[6] os mandatos até ao fim. De todos estes governos, só dois conseguiram concluir[7] o seu mandato.

Esta constante mudança de governos era provocada pela crítica permanente que os deputados dos diversos partidos faziam à governação, que dependia do apoio do Parlamento. Assim, medidas importantes para o desenvolvimento do país não chegavam a ser executadas, por falta de condições políticas. O fim da 1ª República aproximava-se.

Questões

1. Relacione a frase «em 16 anos, houve oito presidentes e 45 governos...» com a instabilidade governativa.
2. Caraterize o fim da 1ª República.

Temas

1. A instabilidade política da 1ª República e o caminho para a ditadura militar.
2. Localize no tempo a 1ª Guerra Mundial.

5. O golpe[1] militar do 28 de maio

Devido à grande instabilidade política, social e económica que Portugal atravessava nos últimos anos da 1ª República, havia constantes revoltas, desordens[2] e greves nas cidades, sobretudo em Lisboa. Grande parte da população descontente com esta situação, desejava um governo forte, capaz de[3] restabelecer a ordem, a tranquilidade e a paz nas ruas e nos locais de trabalho.

Assim, a 10 de janeiro de 1926, formou-se na cidade de Braga uma Junta Revolucionária Militar, com a intenção de preparar um golpe militar que pusesse fim à situação. A 28 de maio, o general Gomes da Costa, republicano, marchou sobre Lisboa. Por todo o país, militares e civis foram aderindo[4] ao movimento e uns dias depois, o presidente da República, Bernardino Machado demitiu-se[5] do cargo[6], o Parlamento foi encerrado e entregou o poder aos revoltosos.

Com o golpe militar de 28 de maio de 1926, terminou a primeira República. Iniciou-se assim um período de ditadura militar, que vigorou[7] até 1933. Durante esta ditadura o Parlamento não funcionou, não se realizaram eleições, proibiram-se[8] as greves e manifestações de rua e a imprensa passou a ser controlada pela censura. Os opositores ao regime foram presos e muitos foram deportados para os Açores e para as colónias africanas.

1 o golpe – Putsch
2 a desordem – Unruhe
3 capaz de – fähig zu
4 aderir – sich anschließen
5 demitir-se – zurücktreten von
6 o cargo – Amt
7 vigorar – in Kraft sein
8 proibir – verbieten; untersagen

Questão

Identifique o regime político adotado, após o golpe militar de 28 de maio de 1926.

Tema

Pesquise na Internet quem foi o primeiro Presidente após a queda da 1ª República e faça uma pequena biografia.

6. Salazar e o Estado Novo

Em 1926, a situação financeira de Portugal continuava bastante difícil. António Oliveira Salazar, professor de Economia da Universidade de Coimbra, foi ministro das Finanças no curto governo do comandante Mendes Cabeçadas. Como não concordou[1] com a política que foi adotada, demitiu-se, regressando a Coimbra. Em abril de 1928 aceitou, de novo, o cargo que já havia desempenhado, mas agora com maiores poderes, para resolver o problema da falta de dinheiro e recuperar[2] o país da difícil situação financeira em que se encontrava.

Como conseguiu?

Reduziu as despesas[3] dos ministérios, aumentou os impostos e diminuiu as despesas com a educação, saúde e assistência social. Com esta política de austeridade[4], as receitas foram maiores do que as despesas. Foi considerado o «*milagre financeiro*». A reorganização das finanças públicas veio reforçar muito, nos anos de 1928 a 1930, o prestígio de Salazar, passando a ser considerado como o «Salvador da Pátria». A 1 de agosto de 1929 foi publicado o primeiro orçamento[5] sem défice.

O poder de Salazar foi aumentando dentro do governo e em discursos oficiais, Salazar foi apresentando as suas ideias sobre um Estado forte, autoritário, com controlo sobre todas as atividades dos cidadãos. Em 1932, o presidente Carmona encarregou[6] Salazar de formar um governo de civis. Tornou-se, nessa altura, chefe do governo, cargo que manteve durante 36 anos.

Uma nova constituição[7]

A 11 de abril de 1933, foi aprovada uma nova constituição, terminando o período da ditadura militar e inaugura[8] o período a que Salazar vai chamar de «Estado Novo», que durou até 1974. A constituição instituiu 4 órgãos de soberania: Presidente da República, Assembleia Nacional, Governo e Tribunais. Nesta constituição, o presidente da República deixou de ser nomeado e demitido pela Assembleia Nacional, passando a ser eleito[9] por todos os cidadãos eleitores. Neste regime o poder estava concentrado nas mãos do chefe do Governo, um processo de

1 *concordar – einverstanden sein*
2 *recuperar – zurückgewinnen*
3 *reduzir as despesas – Ausgaben verringern*
4 *a austeridade – Sparkurs*
5 *o orçamento – Etat*
6 *encarregar – beauftragen*
7 *a constituição – Verfassung*
8 *inaugurar – einweihen*
9 *eleger – wählen*

governação autoritário e ditatorial que se estendeu a todos os setores da vida do país e dos portugueses. O Estado Novo devia ser, segundo os seus defensores[10], forte e autoritário, para se defender dos que fossem contra a sua política, os «inimigos da Nação».

Os «pilares[11]» do Estado Novo

Salazar concentra em si todos os poderes não respeitando a constituição, por isso se pode dizer que governava em ditadura. Com o *Estado Novo* chegaram:

- Com a *censura prévia*, qualquer anúncio, artigo de revista, jornal, filme, literatura, emissão de rádio ou televisão podiam ser proibidos ou cortados, antes de chegarem ao conhecimento do público. Não havia liberdade de expressão e opinião.
- A *polícia política* (primeiro chamada Política de Vigilância e Defesa do Estado (*PVDE)*, e mais tarde Polícia Internacional de Defesa do Estado *(PIDE)* a partir de 1945) prendia todos os que eram suspeitos de terem ideias contra o regime de ditadura do estado Novo. Os métodos utilizados pela polícia política passavam pela perseguição[12], tortura física e psicológica, em muitos casos até à morte.
- *Partido único*, a União Nacional (U.N.)
- A *Legião Portuguesa*, milícia de voluntários que tinha como primeiro objetivo defender a Pátria e a ordem social e combater o comunismo. O apoio às forças fascistas na guerra civil espanhola foi também um dos seus objetivos.
- A *Mocidade Portuguesa* para criar[13] nos jovens o espírito de obediência aos chefes e o culto do dever militar. Seguia um modelo claramente fascista.
- Uma forte máquina de *propaganda*, o Secretariado de Propaganda Nacional tinha por função divulgar[14] e promover as ideias do regime. Este organismo publicava cartazes[15] que eram divulgados por todo o país, organizava concursos e exposições.

A política de obras públicas

Numa época em que os regimes ditatoriais de carácter fascista alastravam[16] pela Europa (Mussolini em Itália, Hitler na Ale-

10 o defensor – Fürsprecher; Beschützer
11 o pilar – Säule
12 a perseguição – Verfolgung
13 criar – erziehen; erzeugen
14 divulgar – verbreiten
15 o cartaz – Plakat
16 alastrar por – sich ausbreiten

17 o fruto – hier: Folge
18 acumular – anhäufen
19 aprovar – zustimmen; genehmigen
20 o alojamento – Unterkunft

manha e Franco em Espanha) Salazar soube dar ao seu Estado Novo caraterísticas muito próprias, capazes de o distinguir dos seus pares com quem, aliás, sempre manteve uma relação próxima e ao mesmo tempo distante. Fruto[17] desta diplomacia, Salazar conseguiria mesmo evitar que Portugal (e também a Espanha) se envolvesse diretamente na II Guerra Mundial e fazer um jogo duplo, o que beneficiou a economia do país. Durante o período da guerra, aumentaram as exportações portuguesas (volfrâmio e produtos agrícolas) para os países envolvidos no conflito. Portugal acumulava[18] cada vez mais reservas de ouro (meio de pagamento mais utilizado na época).

Grandes construções

A recuperação financeira, conseguida no Estado Novo, foi acompanhada por uma política de grandes construções. Salazar aprovou[19] financiamentos para: construção de novas estradas e pontes, como a Ponte da Arrábida sobre o Douro e a ponte Salazar sobre o Tejo; novos edifícios públicos tribunais, estações dos correios, quartéis, bibliotecas, escolas primárias, liceus e universidades, igrejas, bairros sociais, grandes barragens hidroeléctricas para maior electrificação do país e hospitais como o de Santa Maria em Lisboa e o de São João no Porto.

A política de construção de pontes e estradas mudou completamente o aspeto do país. Aumentou bastante a circulação de pessoas e mercadorias. As obras públicas construídas neste período facilitaram o crescimento do turismo, o que contribuiu para um aumento ainda maior das receitas públicas. Nesta altura, desenvolveram-se algumas indústrias, como os têxteis, conservas, cimento e siderurgia. Ligados a este desenvolvimento industrial junto às cidades Porto, Lisboa, Setúbal, foram construídos diversos bairros sociais para alojamento[20] dos operários.

No entanto, esse crescimento não foi suficiente para transformar Portugal num país moderno e desenvolvido. Salazar idealizou, para Portugal, um modelo de sociedade protegida das influências estrangeiras, disciplinado (Deus, Pátria e Família) e pouco consumista. Via o país como uma «aldeia».

Questões

1. Explique em quem consistiu o «milagre económico».
2. Identifique o período da história portuguesa entre 1933 e 1974.
3. Explique a função dos bairros sociais.
4. Explique como é que Salazar conseguiu realizar «grandes obras públicas».
5. Explique por que motivo Salazar aparece representado como D. Afonso Henriques.

Temas

1. A neutralidade portuguesa durante a 2ª guerra mundial.
2. Caraterize a ditadura salazarista. Compare-a com outros regimes autoritários.
3. O Salazarismo – ação política, económica, social e o atraso estrutural português após 48 anos.

7. A política colonial

1 manter – behalten
2 a negociação – Verhandlung
3 a luta armada – bewaffneter Krieg
4 ocupação – Besetzung
5 apoiar – unterstützen
6 condenar – verurteilen
7 os feridos – Verletzte
8 o encargo – Belastung
9 a fuga – Flucht
10 aplicar – anwenden

Durante o «Estado Novo» (1933–1974), Portugal manteve[1] o domínio político e económico nas suas colónias, apesar dos protestos dos povos africanos. António de Oliveira Salazar nunca aceitou uma negociação[2] política com os dirigentes dos movimentos de libertação das colónias africanas, apesar das pressões internacionais.

Como o governo de Salazar recusou discutir a independência das colónias, os movimentos de libertação em Angola, na Guiné e em Moçambique iniciaram a luta armada[3] contra o Estado português.

A 4 de fevereiro de 1961, iniciou-se a guerra colonial em Angola pelo M.P.L.A. (Movimento Popular de Libertação de Angola) e pela U.P.A. (União dos Povos de Angola). Seguindo-se a 18 de dezembro do mesmo ano a ocupação[4] do Estado Português da Índia (Goa, Damão e Diu), por tropas da União Indiana.

A 23 de janeiro de 1963, o P.A.I.G.C. (Partido Africano para a Independência da Guiné e Cabo Verde) começou a guerrilha na Guiné-Bissau e em setembro de 1964 foi a vez da Frelimo (Frente de Libertação de Moçambique) iniciar a luta armada em Moçambique.

Em Portugal, intelectuais, artistas e estudantes universitários apoiavam[5] os movimentos de libertação africanos e o mundo livre condenava[6] a continuação da guerra colonial.

O descontentamento entre a população era cada vez maior. A guerra provocava milhares de mortos e feridos[7] e era um verdadeiro escândalo, a nível nacional e internacional. O país tinha enormes encargos[8] financeiros e a emigração e a fuga[9] de jovens do país aumentava. Neste período alguns milhares de jovens desertaram e muitas centenas de milhares emigraram.

Em 1968, Salazar, após 36 anos de chefia do governo, é afastado do cargo devido a incapacidade física pelo professor Marcelo Caetano. Nos primeiros tempos do seu governo, houve algumas tentativas de aplicar[10] reformas que poderiam vir a mudar o regime. No entanto, este período inicial, que ficou conhecido como «*Primavera Marcelista*», não durou muito tempo, regressando a repressão, a falta de liberdade e a guerra colonial prolongava-se e continuava sem solução.

Entre os militares, crescia o descontentamento[11] em relação ao regime de Marcelo Caetano e assim um grupo de oficiais formou, em 1973, o Movimento das Forças Armadas (M.F.A.), que, no maior segredo, começou a preparar um golpe de estado. Estes oficiais eram bastantes jovens e por isso, o M.F.A. começou por ser conhecido como «*Movimento dos Capitães*».

A Revolução de abril

No dia 24 de abril de 1974, cerca das 23 horas, os Emissores Associados de Lisboa transmitiram a canção «E Depois do Adeus», cantada por Paulo de Carvalho; foi o sinal[12] combinado para o início da operação militar. Mais tarde, já na madrugada do dia 25 de abril, a Rádio Renascença transmitiu «Grândola, Vila Morena», de José Afonso; foi a confirmação da revolução. Em poucas horas, os militares derrubaram[13] uma das ditaduras mais antigas do mundo. Foram libertados os presos políticos, dissolvida a polícia secreta (PIDE) e regressaram os exilados. A adesão popular foi imediata e entusiástica e criou um ambiente de confraternização[14] com o M.F.A. Portugal viveu um clima de festa e euforia. Ouviram-se palavras de ordem como: «O povo está com o M.F.A.» ou «O povo unido jamais será vencido».

Derrubado o regime do Estado Novo, formou-se uma Junta de Salvação Nacional, presidida pelo general António de Spínola. O M.F.A. apresentou o seu programa que tinha três objetivos fundamentais: Descolonizar (independência para as colónias), Democratizar (liberdade de formação de sindicatos e de partidos políticos) e Desenvolver (a sociedade portuguesa).

11 o descontentamento – Unzufriedenheit

12 o sinal – Zeichen

13 derrubar – stürzen

14 a confraternização – Verbrüderung

➲ Questões

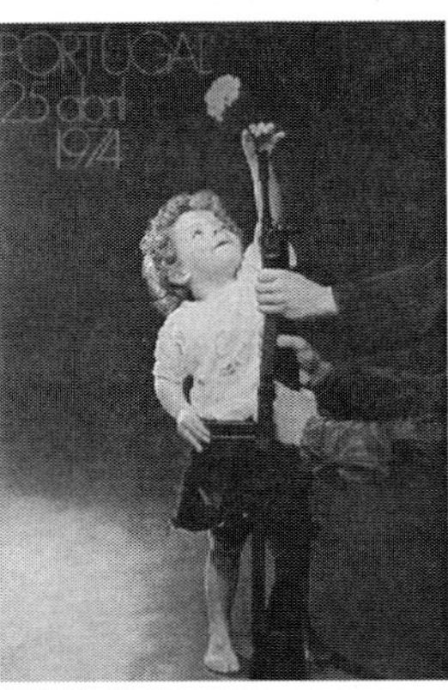

1. Identifique os continentes em que Portugal mantinha territórios coloniais, no século XX. O que é uma colónia?
2. Indique a razão da luta armada, iniciada nas colónias africanas. Sublinhe, no texto, as causas das críticas ao sistema colonial português.
3. Identifique o sucessor de Salazar, a partir de 1968.
4. Refire duas causas de descontentamento que levaram à Revolução do dia 25 de abril de 1974.
5. Refire o significado da sigla «M.F.A.». Indique o principal objetivo do Movimento. Refira as duas medidas do programa do M.F.A. que acha mais importantes. Justifique a sua escolha.

➲ Temas

1. Anticolonialismo a partir da 2ª guerra mundial.
2. Elabore, no seu caderno, um quadro sobre os cinco novos países africanos. Nesse quadro, integre os seguintes elementos: nome do país, bandeira, capital, data da independência.
3. Refira os territórios onde se desenvolveram guerras de libertação.

8. E a canção estava na rua...

Amigo
Maior que o pensamento
Por essa estrada amigo vem
Por essa estrada amigo vem
Não percas tempo que o vento
É meu amigo também
Não percas tempo que o vento
É meu amigo também

Em terras
Em todas as fronteiras
Seja bem vindo quem vier por bem
Se alguém houver que não queira
Trá-lo contigo também

Aqueles
Aqueles que ficaram
(Em toda a parte todo o mundo tem)
Em sonhos me visitaram
Traz outro amigo também

«Zeca Afonso»

No dia 25 de abril de 1974 Portugal acordou ao som do poema-canção de José (Zeca) Afonso: Grândola Vila Morena. Poema lido pela primeira vez a 17 de maio de 1964 dedicado à coletividade Sociedade Musical Fraternidade Operária Grandolense (SMFOG), em Grândola. Dez anos mais tarde serviu de «passe» ao início de uma revolução que mudou Portugal e que marcou o fim do fascismo português e tornou-se uma das passagens mais bonitas da história de Portugal: uma revolução do povo, dos cravos e sem sangue. Na ponta das espingardas não haviam baionetas, apenas a vontade[1] de um povo. Abril devolveu[2] a esperança e semeou[3] a flor da Liberdade. E a população respondeu, primeiro timidamente, depois em alvoroço, até ao grito unânime. LIBERDADE.

O processo da revolução, que teve início nos anos sessenta com as conturbações provocadas pela guerra colonial, onde

1 *a vontade – Wille*
2 *devolver – zurückgeben*
3 *semear – säen*

4 alcançar – erreichen
5 a eclosão – Ausbruch
6 a memória – Erinnerung
7 inundar – überfluten; überschwemmen
8 denunciar – verraten; enthüllen
9 salvo – ausgenommen
10 a celebração – Feier
11 a carga – Last
12 a multidão – hier: Menge; Masse; Ansammlung
13 destacar – hervorheben
14 o anseio – Wunsch

os soldados continuavam a embarcar em grandes barcos para a Guiné, para Angola e para Moçambique, pelo movimento estudantil, pelas questões agrárias, problemas com a censura, a repressão, a condição das mulheres na sociedade, alcançou[4] o seu momento de eclosão[5] na revolução dos Cravos.

O 25 de abril de 1974 não é apenas uma data, mas uma história de um país e, muito provavelmente, um marco para a cultura portuguesa. É a memória[6] de uma guerra que não foi assim há tanto tempo, de uma ditadura que foi realidade. A Revolução dos Cravos foi contada/cantada, mas exigia-se outra música para a letra do Programa do Movimento das Forças Armadas (M.F.A.) – Democratizar, Descolonizar, Desenvolver, os três Dês de uma revolução em três dimensões.

Um segundo nascimento

A concretização da euforia musical que inundou[7] as ruas e salas de espetáculo da cidade e província desde 1974, os nomes do canto de intervenção chegaram, em massa, aos discos. Criticava-se o regime, denunciavam[8]-se factos, cantava-se o desejo de mudança. Salvo[9] pontuais e raras exceções, a canção política do Portugal pós-revolucionário transformou-se num programa de princípios com evidente carga pedagógica e, sobretudo, ideológica. Defendia-se o poder popular, a reforma agrária, o combate ao capitalismo, a celebração[10] do operário e do camponês.

A música de intervenção com grande carga[11] política marcou o pós-25 de Abril. Fausto lançou *«Um Beco Com Saída»*, Luís Cília gravou *«Resposta»*. O guitarrista Carlos Paredes gravava *«É Preciso Um País»*, com poemas de Manuel Alegre. Entre a multidão[12] de discos de canto político destacam[13]-se *«Que Nunca Mais»* de Adriano Correia de Oliveira, *«Estamos Livres»* de Ermelinda Duarte, *«Avante Camarada»* de Luísa Basto, *«Pelo Socialismo Com A Classe Operária»* de José Jorge Letria, *«Daqui o Povo Não Arreda Pé»* de Carlos Alberto Moniz, *«De Pé Na Revolução»*. Foi o tempo das lutas de massas, com a canção nas ruas a apoiar e a traduzir por palavras e música os sentimentos e os anseios[14] da população.

É interessante recordar o tempo e voltar a ouvir algumas dessas canções que marcaram esse período importantíssimo da história de Portugal e saber dar o valor[15] a todos os artistas que ajudaram que o sonho se tornasse realidade.

São canções que se cantaram baixinho e se começaram a cantar bem alto depois de Abril. Eram canções com «mensagens» um pouco em código, que rigorosamente eram «inocentes». Mas quem as cantava sabiam que tinham endereço[16].

As canções ajudaram a preparar e a consolidar o 25 de abril de 1974.

15 saber dar o valor – wertschätzen

16 o endereço – Adresse

Temas

1. Pesquise na internet uma das canções que a seguir se indicam. Ouça-a e apresente-a aos seus colegas.
   - Venham mais cinco – José Afonso
   - Os vampiros – José Afonso
   - E depois do Adeus – Paulo de Carvalho
   - Por terras de França – José Mário Branco
   - Que força é essa – Sérgio Godinho
2. Pesquise na internet outros cantores de intervenção.

9. Histórias que fazem história

1 *o cravo – Nelke*
2 *a oferta – Geschenk*
3 *o gerente – Geschäftsführer*
4 *o armazém – Lagerhaus*
5 *o molho – Bündel*
6 *deparar-se com – stoßen auf*
7 *o cano de espingarda – Gewehrlauf*

Os acontecimentos são, muitas vezes, recordados através de símbolos. É o caso dos cravos, que estão, para sempre ligados ao 25 de abril. Porquê o 25 de abril é conhecido como a... *Revolução dos Cravos:*

No dia 25 de abril de 1974, a Dona Celeste Caeiro saiu de casa às 7h:00. Morava no Chiado e trabalhava na Rua Braamcamp, num restaurante que, nesse dia, fazia um ano. Por isso, ia haver festa e uma oferta[2] para os fregueses: uma flor para as senhoras, um cálice de vinho do Porto para os cavalheiros.

O gerente[3] tinha mandado comprar vários ramos de flores que esperavam, no armazém[4], pelos primeiros clientes do dia.

Nesse dia, quando ela e outros funcionários chegaram, o patrão explicou que não ia abrir o restaurante, porque não sabia o que estava a acontecer, aconselhando todos a voltar para casa. Disse também que, quem quisesse podia ir ao armazém e levar as flores. Chegaram ao armazém e viram que eram cravos vermelhos e brancos. Cada um levou um molho[5].

D. Celeste apanhou o metro para o Rossio e dirigiu-se ao Chiado. Deparou[6]-se de imediato com os tanques. Falou com os soldados que vinham de Santarém que se dirigiam para o Carmo, onde estava o Marcelo Caetano. Um dos militares pediu-lhe um cigarro. Ela não tinha, nem podia comprar-lhes nada, pois as lojas estavam ainda fechadas. Mas ofereceu a única coisa que levava consigo: os cravos.

O militar aceitou e pôs o cravo no cano da espingarda[7]. Depois deu a outro e a outro e ficou sem nenhum. Assim os cravos estavam nas espingardas e já ninguém parava a «Revolução dos Cravos».

➲ Temas

1. a) Recolha fotografias da época.
   b) Procure, em jornais e revistas, imagens do 25 de abril.
   c) Organize o material recolhido (entrevistas, fotografias, recortes); faça uma exposição sobre o tema.
2. Fale sobre um acontecimento histórico importante no mundo, ou no seu país, cidade, região. Ou um acontecimento pessoal. Como ele marcou a sua vida?

10. Antigas colónias

Moçambique foi a primeira ex-colónia a adquirir voz própria. Foi a 25 de junho de 1975 que a mais populosa das antigas colónias africanas de Portugal viveu uma cerimónia[1] de transição de poderes.

Fechava-se desta forma um ciclo de expansão ultramarina iniciado no longínquo ano de 1415, com a tomada da cidade marroquina de Ceuta, anterior ainda à exploração sistemática da costa ocidental de África. Portugal foi o primeiro país europeu a partir para outros continentes e o último a regressar[2].

E não da melhor forma. Consequência inevitável de 13 anos de guerra colonial – uma guerra que absorveu[3] todos os recursos nacionais ao longo da década de 60 e isolou o país no contexto das nações. A independência das colónias africanas trouxe consigo o regresso de cerca de um milhão de portugueses que nas então chamadas «*províncias ultramarinas*» residiam e trabalhavam. Segundo o regime de Salazar e Marcelo Caetano, tais territórios eram «*tão portugueses como as províncias portuguesas Minho ou Algarve*».

Quando aconteceu o 25 de abril de 1974, Portugal mantinha[4], sob a sua administração, dois territórios no Extremo Oriente: Macau e Timor Leste.

Macau continuou sob administração portuguesa até ao dia 19 de dezembro de 1999, data em que passou a estar integrado na República Popular da China.

Timor Leste, conhecido como Timor Português, foi uma colónia portuguesa até 4 de dezembro de 1975, altura que se tornou independente. No entanto três dias depois, o país foi invadido[5] pela Indonésia. No dia 30 de agosto de 1999, os timorenses através de um referendo votaram por esmagadora maioria pela independência, pondo fim a 24 anos de ocupação indonésia.

Timor Leste (República Democrática de Timor Leste) é um dos países mais jovens do mundo, e ocupa a parte oriental da ilha de Timor na Oceania. As únicas fronteiras terrestres que o país tem ligam-no à Indonésia. A sua capital é Dili, situada na costa norte. A língua mais falada é o tétum.

1 *a cerimónia – Feier; Zeremonie*
2 *regressar – zurückkehren*
3 *absorver – in Anspruch nehmen*
4 *manter – aufrechterhalten; behalten*
5 *invadir – einfallen; einmarschieren*

➲ Questões

1. Refire a data em que Macau deixou de estar sob administração portuguesa e Timor se libertou da ocupação indonésia.
2. Procure o significado do termo «referendo».

➲ Assinale no texto os sinónimos das palavras e expressões seguintes:

a) expressão	e) expedição
b) passagem	f) meios
c) distante	g) recentes
d) conquista	h) convincente

➲ Qual é o verbo correpondente a:

1. adquirir	a) morar habitualmente
2. partir	b) voltar
3. regressar	c) abranger
4. absorver	d) conseguir, obter
5. isolar	e) ir, abalar
6. residir	f) levar, proporcionar, conduzir
7. trazer	g) deixar só, separar
8. ocupar	h) consumir, concentrar-se

➲ Temas

1. Procure na Internet informações sobre Macau.
2. Sabe onde se localiza Timor Leste? Faça uma pequena apresentação sobre o país.

11. Os retornados

A independência das colónias portuguesas em África forçou[1] um milhão de portugueses a tomarem parte numa ponte aérea que os desembarcou[2] em Lisboa trazendo a amargura na bagagem e tendo de se adaptar a uma terra que, em muitos casos, não conheciam.

Quando em 1974/75 Portugal começou a «descolonização» das antigas colónias ultramarinas, os portugueses aí residentes foram obrigados a optar entre a «morte ou a fuga»! Foi assim que muitos vieram para a «sede da Pátria Lusa», e chamaram-lhes de «*retornados*»!

Esse termo[3] tinha na altura uma forte carga[4] «descriminatória e humilhante»!

E se é verdade que muitos desses portugueses retornaram a Portugal, muitos outros não retornaram! Retornar é voltar a..., regressar a ... e esses portugueses que tinham nascido e crescido nas colónias, acabaram por vir parar a Portugal e não retornar!

A vinda de tantas pessoas (entre 500 000 e 700 000) criou problemas graves para a sociedade portuguesa, que teve dificuldades em integrar um número tão grande de indivíduos e os retornados tiveram, em alguns casos, muitas dificuldades para conseguir casa ou emprego.

O processo de reintegração em alguns casos não foi fácil, mas aparentemente[5] aconteceu sem sobressaltos[6] de maior e, hoje, estas pessoas, à desconfiança inicial, hostilidade[7] com que foram recebidos, suceder-se-ia a aceitação, a convivência mútuas. A integração dos retornados portugueses tornou-se, escassos[8] anos após terem chegado, um caso surpreendente.

1 forçar a – zwingen zu
2 desembarcar – ausladen; an Land gehen
3 o termo – Ausdruck
4 a carga – Last
5 aparentemente – scheinbar
6 o sobressalto – Schreck
7 a hostilidade – Feindseligkeit
8 escasso – knapp

Tome nota!
Plano geral de evacuação dos portugueses, por via aérea, das colónias para Portugal, ficou conhecido como «ponte aérea» por se ter procurado tornar esse processo ininterrupto e abrangente (gratuito).

➲ Questões

1. Explique o significado de «retornados».
2. Identifique os maiores problemas causados pela vinda de tantas pessoas para Portugal.

➲ Temas

1. Procure mais informações sobre os «retornados» das ex-colónias.
2. Houve algum fenómeno idêntico no seu país?
3. Comente os termos «desalojados» e «refugiados».

12. Portugal na União Europeia

Portugal viveu boa parte do século XX «*de costas viradas para a Europa*». O líder[1] do «Estado Novo» nunca foi um grande entusiasta da construção europeia. Para Salazar, a então Comunidade Económica Europeia (CEE) e o movimento de integração europeia apareciam como mitos e movimentos de curta duração. Salazar insistia[2] em prosseguir com a sua política de «*orgulhosamente sós!*».

Foi preciso esperar pelo fim do regime fascista para que a aproximação[3] de Portugal à CEE se concretizasse em pleno.

O pedido de adesão[4] à CEE aconteceu em 28 de março de 1977. O processo negocial, que decorreu em simultâneo com o da Espanha, arrastou-se[5] durante 8 longos anos. Este processo permitiu[6] a Portugal receber ajudas financeiras importantes com vista à modernização económica do país. No dia 12 de junho de 1985 realizou-se a assinatura do Tratado de Adesão à Comunidade Económica Europeia, em cerimónia realizada em Lisboa, nos claustros do Mosteiro dos Jerónimos. Após décadas de afastamento, Portugal reencontrou-se finalmente com a Europa.

Os primeiros anos da integração de Portugal não foram fáceis nem tranquilos. Os primeiros dez anos da fase de euforia euro-otimista e a política do «*bom aluno*» que decorreram[7] sob o signo[8] dos governos de Cavaco Silva (1985–1995), mudaram por completo a face[9] de Portugal e dos portugueses. Os benefícios decorrentes da integração funcionaram como «alavanca[10] do desenvolvimento económico», o que permitiu a redução da taxa de inflação para níveis históricos e a melhoria das condições de vida dos portugueses. O aumento do investimento e das exportações gerou um período de crescimento económico, «*milagre económico português*» de finais dos anos 80, que aproximou Portugal dos níveis médios de desenvolvimento dos seus parceiros europeus.

Apesar de uma evolução positiva, Portugal continua a ser um dos Estados-membros da UE com maior atraso de desenvolvimento. Algumas razões deste atraso: a sua localização periférica em relação aos principais mercados europeus,

1 *o líder – Führer*
2 *insistir em – bestehen auf, beharren auf*
3 *a aproximação – Annäherung*
4 *a adesão – Beitritt*
5 *arrastar-se – ziehen*
6 *permitir – erlauben*
7 *decorrer – verlaufen*
8 *o signo – Zeichen*
9 *a face – Gesicht*
10 *alavanca – hier: Ursache; Grund*

11 *o equipamento – Ausrüstung*

os níveis relativamente baixos de qualificação profissional da população e da mão-de-obra, elevado nível de endividamento externo, pouco rigor na gestão da despesa pública, salários baixos e um défice de infra-estruturas e equipamentos[11].

Questões

1. Explique as frases: «*de costas viradas para a Europa*» e «*orgulhosamente sós*».
2. Indique a data em que Portugal aderiu à C.E.E..
3. Indique as fragilidades de Portugal no contexto da União Europeia.

Temas

1. A evolução demográfica de Portugal, nas últimas duas décadas. Envelhecimento da população.
2. Procure informações sobre a taxa de analfabetismo e de desemprego em Portugal e comente em grupo. Compare com outros países da UE.

13. A vida deles mudou, mas eles querem mais

Euroconvictos ou eurocépticos, todos nós nos sentimos, em primeiro lugar, portugueses.

O que significa ser europeu? A resposta não está na ponta da língua[1], mas parece que, para o bem e para o mal, uma conclusão é comum: não existe uma cidadania europeia, pois ainda somos muito nacionalistas. «*Ainda damos mais importância ao país do que à comunidade global*», diz Henrique Brito, grande defensor[2] de uma federação.

«*Sou português. Europeu, se calhar, não tanto*», diz António Cardoso. «*Estávamos um bocado encurralados[3]; hoje há mais intercâmbio de ideias, mais competitividade. A livre circulação ajudou a mudar algumas mentalidades*», reconhece.

«*As pessoas, circulando, apercebem-se de outras realidades e hoje há novas oportunidades de trabalho, de crescimento e de desenvolvimento*», considera Ana Costa.

Já para Igor Noll, «*Primeiro defendemos o nosso espaço privado. A Europa faz-me lembrar as famílias que se juntam no Natal, muitos beijinhos, mas andam o resto do ano sem se falarem*». Para Ana Figueiredo, portuguesa de Moçambique, «*A Europa é miscigenação. Para mim, viver na Europa, implica troca de culturas, de hábitos, de costumes.*»

Para Armindo Vieira, estar na Europa teve um lado bom. Com a quarta classe, fez dois cursos especializados de jardinagem e, aos 44 anos, arranjou[4] um emprego em Portimão.

Em tempo de crise, Marina Silva gostaria que a Europa lhe desse mais estabilidade e segurança no emprego. «*A vida ficou muito cara. Perdemos poder de compra. Devíamos regressar à nossa moeda e abandonar[5] as exigências da UE até conseguirmos restaurar[6] a nossa economia e podermos mais tarde voltar a entrar.*»

As vias de comunicação são apontadas por todos como exemplo do melhor que chegou com a adesão à União Europeia.

Texto adaptado e com cortes in Jornal Público

1 *estar na ponta da língua – etw. auf der Zunge liegen*
2 *o defensor – Fürsprecher; Verteidiger*
3 *encurralar – umzingeln*
4 *arranjar – hier: finden*
5 *abandonar – aufgeben; verlassen*
6 *restaurar – sanieren*

➲ Assinale com um X as afirmações verdadeiras (V) ou falsas (F).

a) Em Portugal, na generalidade, todos se sentem em primeiro lugar europeus.
b) Nem todos sabem muito bem o que significa ser europeu.
c) Em geral, os portugueses valorizam mais os problemas da comunidade europeia do que os do seu próprio país.

O António
a) considera-se mais europeu que português.
b) considera-se principalmente português, embora afirme que a UE foi muito positiva para o seu país.
c) considera-se principalmente português, pois tem uma visão bastante crítica em relação à UE.

O Igor considera que a relação entre os países da UE
a) é um pouco cínica e aparente.
b) é como uma relação entre uma grande família unida.
c) é uma relação genuína.

Na opinião da Marina,
a) Portugal devia abandonar definitivamente o grupo da UE.
b) a UE tem de ajudar mais Portugal a restaurar a economia.
c) Portugal devia sair temporariamente da UE para resolver os seus problemas económicos.

Os pontos mais positivos da adesão à UE referidos no texto são:
a) o poder de compra, a livre circulação e a melhoria das vias de comunicação.
b) a melhoria das vias de comunicação e a livre circulação.
c) a livre circulação e o maior poder de compra dos portugueses.

V Lusofonia

Angola

1. São Paulo da Assunção de Luanda

Quando eu nasci, Luanda ainda usava todo o seu belo e sonoro[1] nome cristão: São Paulo da Assunção de Luanda. Velha matrona mulata, orgulhava-se do parentesco[2] com cidades como Havana, Saint-Loius, em Casamance, ou São Sebastião do Rio de Janeiro. Foram os brasileiros, aliás, que vieram em seu socorro[3] quando, em 1641, os holandeses aproveitaram a distracção[4] ibérica para ocupar a Fortaleza de São Miguel. Vi a minha cidade tornar-se africana. Vi os orgulhosos prédios da baixa –que a burguesia colonial abandonou dias antes da independência– serem ocupados pelos deserdados[5] dos musseques. Vi-os (aos deserdados) criarem galinhas dentro das despensas[6], cabritos nos quartos, e a acenderem fogueiras no meio dos salões com as bibliotecas deixadas pelos colonos. Vi mais tarde esses mesmos deserdados a abandonarem os apartamentos em ruínas, a troco[7] de fortunas (alguns) ou de meia dúzia de tostões (outros), sendo substituídos pela novíssima burguesia urbana, ou por expatriados pagos a peso de ouro. Vi cair o belo Palácio de Dona Joaquina, a golpes de camartelo[8] para ser substituído por uma réplica em mau betão, e achei que era uma metáfora dos novos tempos – o velho sistema colonial e escravista a ser substituído por uma réplica ridícula em nefasto[9] calão dos musseques. Mais tarde (tarde de mais) compreendi que não havia ali metáfora alguma apenas um casarão[10] que caía. Muitos outros tombaram[11] a seguir, entre os quais o belíssimo mercado do Quinaxixe, desenhado por Vasco Vieira da Costa, um dos primeiros edifícios de traça modernista construído em África. No lugar dele levanta-se agora um fátuo[12] delírio de vidro[13] e betão. Os lucros do petróleo fizeram florescer altos edifícios de paredes espelhadas. A seguir, o preço do petróleo caiu (caiu desamparado, estalou-se) e todo aquele radiante

1 sonoro – klangvoll
2 o parentesco – Verwandtschaft
3 o socorro – Hilfe
4 a distracção – Ablenkung
5 deserdar – enterben
6 a despensa – Speisekammer
7 a troco de – für
8 o camartelo – Hammer
9 nefasto – unheilvoll
10 o casarão – großes Haus
11 tombar – stürzen
12 fátuo – albern; läppisch
13 o vidro – Glas

14 *a poeira – Staub*
15 *carapaça – harte Schale*
16 *o uivo – Geheul*

mundo novo entrou igualmente em colapso. Deixou de haver dinheiro para lavar as imensas vidraças, e estas cobriram-se de uma áspera camada de poeira[14] vermelha, de lama, e por fim de uma carapaça[15] capaz de resistir à mais forte pancada de chuva e totalmente impenetrável à luz. As bombas que levavam a água para os andares mais altos avariaram. Os geradores voltaram a ocupar os prédios.

Luanda corre a toda a velocidade em direcção ao Grande Desastre. Oito milhões de pessoas os uivos[16], aos choros e às gargalhadas. Uma festa. Uma tragédia. Tudo o que pode acontecer acontece aqui. O que não pode acontecer, acontece igualmente. Estamos no século XXI. Estamos lá mais atrás. Estamos mergulhados na luz. Estamos afundados no obscurantismo e na miséria. Somos incrivelmente ricos. Produzimos metade dos diamantes vendidos no mundo. Temos ouro, cobre, minerais raros, florestas por explorar e água que não acaba mais. Morremos de fome, de malária, de cólera, de diareia, de doença do sono, de vírus vindos do futuro, uns, e outros de um passado sem nome.

Um dia alguém pintou uma frase na parede do Aeroporto Internacional de Luanda: «Bem-vindo à Lua. Entre e deixe a razão lá fora».

In: Barroco Tropical, José Eduardo Agualusa

(Lua é o diminutivo carinhoso com que nós, os luandeses, nos referimos à nossa cidade. Acho um termo muito acertado. Luanda partilha com a Lua, a mesma aridez e agreste desolução, a mesma poeira sufocante. Todavia, como a Lua, vista de noite, e de longe, parece bela. Iluminada, seduz. Além isso a sua luz tem um estranho poder de transformar homens simples em lobos ferozes.)

Questões

1. Indique as causas que levaram os deserdados a abandonaram os apartamentos em ruínas.
2. Comente com os seus colegas o parágrafo «Luanda corre a toda a velocidade... e outros de um passado sem nome.

3. «Bem-vindo à Lua. Entre e deixe a razão lá fora» é para o autor um sinal. Explique o significado da expressão.

Tema

Faça uma apresentação sobre Angola: localização, clima, população, caraterísticas geográficas, religião, capital e cidades importantes, informações de carácter económico, gastronómico e tradições. Pesquise na internet e procure imagens.

2. José Eduardo Agualusa

Agualusa é natural de Huambo, Angola e nasceu em 1960. Estudou Silvicultura e Agronomia em Lisboa. Os seus livros estão traduzidos para uma dezena de idiomas. Também escreveu uma peça de teatro, «*Geração W*», para o Teatro Meridional, e outra, «*Chovem amores na Rua do Matador*», juntamente com Mia Couto, para a companhia Trigo Teatro ACERT.

Beneficiou[1] de três bolsas de criação literária: a primeira, concedida pelo Centro Nacional de Cultura em 1997, para escrever «*Nação Crioula*», a segunda em 2000, concedida pela Fundação Oriente, que lhe permitiu visitar Goa durante 3 meses e na instituição alemã Deutscher Akademischer Austauschdienst (DAAD). Graças a[2] esta bolsa viveu um ano em Berlim, e foi lá que escreveu «*O ano em que Zumbi tomou o Rio*».

Em 2006, lançou[3], juntamente com Conceição Lopes e Fátima Otero, a editora brasileira Língua Geral, dedicada exclusivamente a autores de língua portuguesa. Atualmente divide o seu tempo entre Angola, Portugal e Brasil. Assina uma crónica quinzenal na revista Pública e realiza para a RDP «A hora dos Cigarras», um programa de música e poesia Africana. É membro[4] da União dos Escritores Angolanos.

1 beneficiar de – begünstigt werden
2 graças a – dank
3 lançar – auf den Markt bringen
4 o membro – Mitglied

Temas

1. Escolha dois ou três escritores/poetas do seu país e fale da sua obra.
2. Escreva tópicos sobre dois ou três poetas/escritores angolanos.

Brasil

1. Pêro Vaz de Caminha e os índios nus

Há quem lhe chame metaforicamente a «certidão de nascimento[1]» do Brasil: é apenas uma carta escrita ao rei D. Manuel por Pêro Vaz de Caminha, incorporado na armada para a Índia que levantou âncora[2] do Tejo no dia 9 de março de 1500 e chegou a uma terra desconhecida (que o capitão-mor Pedro Álvares Cabral batizou de Vera Cruz) no dia 22 de abril.

A sua carta é simples, sóbria[3], extremamente viva e bem escrita: fala da terra, das águas e sobretudo das estranhissímas gentes, que este filho de um rico ourives[4] do Porto descreve com uma abertura de espírito, uma quase total ausência de preconceitos[5] que ainda hoje não são muito correntes[6]. Ele quer trazer os índios à cristandade, é certo (outra coisa não se poderia esperar); mas a tarefa[7] parece-lhe fácil, «..porque esta gente é boa e de boa simplicidade...»

Na carta de Caminha, destacam-se as passagens em que faz a descrição física dos índios; nota-se que ficou particularmente perturbado[8] pela respetiva nudez[9]:

quinta-feira, 23 de abril

«E o capitão mandou no batel[10], em terra, Nicolau Coelho, para ver aquele rio. (...) quando o batel chegou à boca do rio, eram ali 18 ou 20 homens, pardos[11], todos nus, sem nenhuma coisa que lhes cobrisse as suas vergonhas[12].»

« A feição deles é serem pardos, maneira d´avermelhados, de bons rostos e bons narizes, bem feitos. Andam nus, sem nenhuma cobertura, nem estimam nenhuma coisa cobrir nem mostrar suas vergonhas. E estão acerca disso com tanta inocência[13] como têm em mostrar o rosto[14].»

sábado, 25 de abril

«Ali andavam entre eles três ou quatro moças, bem moças e bem gentis[15], com cabelos muito pretos, compridos pelas espáduas[16]..»

domingo, 26 de abril

«Também andavam entre eles quatro ou cinco mulheres moças, assim nuas que não pareciam mal... E suas vergonhas tão nuas e com tanta inocência descobertas que não havia aí nenhuma vergonha.»

1 *certidão de nascimento – Geburtsurkunde*
2 *levantar âncora – den Anker lichten*
3 *sóbria – hier: zurückhaltend*
4 *o ourives – Goldschmied*
5 *o preconceito – Vorurteil*
6 *corrente – üblich; allgemein*
7 *a tarefa – Aufgabe*
8 *perturbado – verwirrt*
9 *a nudez – Nacktheit*
10 *o batel – Kahn; Boot*
11 *pardo – dunkelgrau*
12 *a vergonha – Scham*
13 *a inocência – Unschuld*
14 *o rosto – Gesicht*
15 *gentil – höflich*
16 *a espádua – Schulter*

sexta-feira, 1 de maio

«Entre todos estes que hoje vieram não veio mais do que uma mulher moça, a qual esteve sempre à missa, à qual deram um pano[17] com que se cobrisse e puseram-lho arredor[18] de si... Assim, Senhor, que a inocência desta gente é tal, que a d´Adão não seria mais quanta em vergonha.»

«Porém o melhor fruto[19], que nela se pode fazer, me parece que será salvar esta gente. E esta deve ser a principal semente[20] que Vossa Alteza em ela deve lançar[21].»

17 o pano – hier: Tuch
18 arredor – umher
19 o fruto – hier: Gewinn
20 a semente – Samen
21 lançar – hier: ausstreuen

➲ Questões

1. A carta de Pêro Vaz de Caminha ao rei D. Manuel é considerada a «certidão de nascimento» do Brasil. Comente.
2. Que nome se deu inicialmente ao país descoberto por Pedro Álvares Cabral?
3. Comente a última frase da carta de Pêro Vaz de Caminha.

Para saber mais!
Jaime Cortesão, «A Carta de Pêro Vaz de Caminha», Lisboa, Portugália Editora, 1967.

2. Caldeirão[1] de culturas

O Brasil é o país com a população mais multiracial e miscigenada do planeta. Todo o brasileiro tem alguma coisa de índio, de africano e de europeu. O Brasil é o espaço de diversas religiões, crenças, simbologias, culinárias, costumes, idiomas e tantas outras manifestações culturais. Tamanha[2] diversidade faz do Brasil um caldeirão onde os estilos se misturam, conferindo[3]-lhes caraterísticas culturais únicas.

Na grande extensão territorial brasileira, expressões como a música caipira, danças europeias, ritos da capoeira, cantos indígenas, batidas do maracatu, ritmos como o samba, choro, bossa nova e instrumentos como os tambores, a cuíca e o berimbau unem-se ao sotaque[4] típico de cada uma das suas regiões, reproduzindo, de uma maneira única e contagiante[5], a história do seu povo.

1 o caldeirão – großer Kessel
2 tamanha – so eine
3 conferir – verleihen; erteilen
4 o sotaque – Akzent
5 contagiar – anstecken

➲ Temas

1. Explique o significado da expressão «caldeirão de culturas».
2. Pesquise na internet influências africanas na cultura (culinária, música, religião) brasileira. Apresente-as e discuta as opiniões em grupo.
3. Comente as influências culturais dos povos que se estabeleceram no seu país. Como se manifestam?

➲ Verdadeiro ou falso?

1. O Brasil é formado por três grupos étnicos básicos. V / F
2. A cultura europeia foi introduzida pelos portugueses. V / F
3. Os negros foram trazidos como trabalhadores livres. V / F
4. A cultura africana foi trazida pelos escravos. V / F
5. A língua portuguesa é falada por todos os brasileiros. V / F

Sabia que!
O 15 de novembro é o dia da cultura nacional, no Brasil.

3. Querelas do Brasil

Escute «*Querelas do Brasil*», canção gravada por Elis Regina na década de 1970:

Querelas do Brasil

O Brazil não conhece o Brasil
O Brasil nunca foi ao Brazil
Tapi, Jabuti, alamandra, alialaúde
Piau, ururau, aquiataúde
Piau, carioca, moreca, meganha
Jobim akarare e jobim açu
Oh, oh, oh
Do Brasil, S.O.S. ao Brasil
Pererê, camará, gororô, olererê
Piriri, ratatá, karatê, olará
Cabuçu, cordovil, Caxambi, olerê
O Brazil não merece o Brasil
O Brazil tá matando o Brasil
Gereba, saci, caandra
Desmunhas, ariranha, aranha
Sertões, guimarães, bachianas, águas
Sertões, guimarães, bachianas, águas

E marionaíma, ariraribóia
Na aura das mãos do jobim açu

Oh, oh, oh

Gererê, sarará, cucuru, olerê
Ratatá, bafafá, sururu, olará

Tinhorão, urutu, sucuri
O Jobim, sabiá, bem-te-vi

Madureira, Olaria e Bang, Olará
Cascadura, Água Santa, Pari, Olerê
Ipanema e Nova Iguaçu, Olará
Do Brasil S.O.S. ao Brasil
Do Brasil S.O.S. ao Brasil
Do Brasil S.O.S. ao Brasil

Questões

1. Indique o significado do título «Querelas do Brasil».
2. Explique porque o autor usa Brasil com *s* e Brazil com *z*.
3. Explique esses versos relacionando-os com a questão cultural: *O Brazil não conhece o Brasil; O Brasil nunca foi ao Brazil.*
4. Pesquise no dicionário as palavras que não conhece e separe-as em grupos de acordo com a sua origem.

4. Brasil, Carnaval, Carnavais

Segundo alguns autores, a palavra Carnaval teria origem italiana, significando o adeus ao consumo da carne. O Carnaval é um último momento de alegria[1] e riso[2] antes de se mergulhar[3] na tristeza da abstinência da Quaresma que antecede[4] a Páscoa.

O Carnaval é, no Brasil, ao lado do futebol, a maior manifestação da cultura popular e é o mais mediático evento brasileiro e pode ser visto todos os anos em inúmeros países de todo o mundo, com as figuras quase nuas[5] no topo de impressionantes carros alegóricos.

Atualmente o Carnaval do Rio de Janeiro é considerado um dos mais importantes desfiles[6] no mundo. É um misto de diversão[7], festa, espetáculo, arte e folclore. Contudo, o mais popular é o de São Salvador, na Baía, no qual estão bem presentes as influências africanas. Escolas de samba desfilam no *Sambódromo* representando a identidade, a alegria e a espontaneidade do povo brasileiro.

O bom mesmo é lá estar. É suar[8] e dançar até ao esquecimento e dar o melhor de si. Totalmente nu ou totalmente fantasiado e irreconhecível. Não importa[9] como. O bom é poder em quatro dias e quatro noites espantar[10] todos os demónios e talvez assim ganhar energia para enfrentar[11] mais um ano de rotina chata[12], problemas enormes e trabalho duro… Se no mundo diário estamos todos limitados pelo dinheiro que se ganha (ou não se ganha...), pelas leis da sociedade, do mercado, da casa, da família, no carnaval e na fantasia temos a possibilidade do disfarce[13] e sentir uma incrível sensação de liberdade. Há a possibilidade de se transformar omnipotente[14] e ser tudo o que se tem vontade. É para isso que o Carnaval serve.

1 a alegria – Fröhlichkeit
2 o riso – Lachen
3 mergulhar – hier: versinken
4 anteceder – vorangehen
5 nu – nackt
6 o desfile – Umzug
7 a diversão – Vergnügen
8 suar – schwitzen
9 não importa – es ist egal
10 espantar – vertreiben
11 enfrentar – gegenübertreten
12 chata – fad, langweilig
13 o disfarce – Verkleidung
14 omnipotente – allmächtig

➲ Questões

1. Faça uma pesquisa sobre o Carnaval do Brasil. O Carnaval também se festeja no seu país, região, cidade? Como?
2. Comente a última frase do texto.

➲ Tema

Carnaval: um gasto insensato ou uma manifestação cultural?

5. O que é a Capoeira?

É dança? É jogo? É luta? É desporto? É arte-marcial? É terapia corporal? É cultura popular ou é folclore? É tudo isso ao mesmo tempo? Parece que sim, e é isso que a torna tão complexa, tão rica, tão surpreendente. É luta dissimulada[1], jogo de habilidade física, astúcia[2], beleza... e muita malícia[3]! A Capoeira é uma manifestação da cultura popular brasileira que reúne caraterísticas muito peculiares[4]:

1. É um misto de luta–jogo–dança;
2. O ritmo e as caraterísticas do jogo são regidos[5] pelo toque do berimbau[6], instrumento preponderante na orquestra de capoeira (que inclui também o pandeiro, o atabaque, além do agogô, o reco-reco, o adufe etc.)
3. Os cânticos (às vezes acompanhados de palmas[7]) também têm função importante na determinação do tipo de jogo.
4. É um excepcional sistema de auto-defesa e treino físico.

O espaço em que se pratica a capoeira é a roda, um círculo em torno do qual se sentam (ou apenas se agacham[8]) os praticantes. Junto à entrada da roda ficam os instrumentos, com o(s) berimbau(s) ao centro, comandando a roda. Todos os participantes devem saber tocar os instrumentos, de modo que possam revezar-se[9] na função, permitindo assim que todos tenham a sua vez de jogar. As palmas são responsabilidade daqueles que estão sentados assistindo, esperando a sua vez de jogar, acompanhando sempre o ritmo ditado pelo berimbau. Todos devem responder em coro aos versos cantados.

1 dissimular – vortäuschen
2 a astúcia – List; Verschlagenheit
3 a malícia – Bosheit
4 peculiares – besondere
5 reger – leiten; führen; dirigieren
6 berimbau – brasilianischer Musikbogen mit einer Seite
7 palmas – Händeklatschen
8 agachar-se – sich ducken
9 revezar-se – (einander) abwechseln

A Capoeira surgiu na África ou no Brasil?

Tem-se hoje a convicção de que a capoeira é, de facto, uma manifestação cultural genuinamente[10] brasileira, mas de raíz cultural africana. Tudo leva a crer que ela seja uma invenção dos escravos africanos no Brasil, utilizada como um instrumento importante da sua resistência cultural e física e desenvolvida pelos seus descendentes afro-brasileiros.

Até ao ano de 1930, a prática da capoeira foi proibida no Brasil, pois era vista como uma prática violenta e subversiva. A polícia recebia orientações para prender[11] os capoeiristas que praticavam esta luta. Em 1930, um importante capoeirista brasileiro, mestre Bimba, apresentou a luta para o então presidente Getúlio Vargas. O presidente gostou tanto desta arte que a transformou em desporto nacional brasileiro.

10 genuinamente – unverkennbar

11 prender – verhaften; festnehmen

Sabia que!
É comemorado a 3 de agosto o «Dia do Capoeirista».

Questões

1. Identifique o instrumento musical mais importante na orquestra da capoeira. Identifique outros instrumentos utilizados e apresente uma fotografia.
2. Pesquise os vários estilos de capoeira existentes e o significado da palavra «capoeira».
3. Procure informações sobre o mestre Bimba e apresente-o ao seu grupo.

6. Brasil Brasil, é o país do futebol

O futebol faz parte da vida de todos os brasileiros: homens, mulheres, crianças. Quem não gosta de assistir[1] a um jogo, sentir a emoção de um golo, gozar[2] o adversário[3] pela derrota. A paixão do povo brasileiro é o futebol e faz parte da sua história, da sua tradição e está no sangue brasileiro. Mas o que fez um jogo criado na Inglaterra tornar-se tão popular no Brasil? O futebol no Brasil é mais que um desporto, é um estilo de vida, uma diversão uma maneira de descontrair[4] e brincar. Tal como ocorreu na Inglaterra e noutros países, rapidamente o futebol transformou-se em manifestação de massa. O que era inicialmente uma prática

1 assistir – zuschauen

2 gozar – hier: verspotten

3 o adversário – Gegner

4 descontrair – entspannen

de ocupação[5] do tempo livre das elites tornou-se, no Brasil, um desporto de paixão popular.

O futebol influencia a vida da maioria das pessoas, sejam elas mulheres, homens ou até mesmo crianças e passou a ocupar[6] o quotidiano do brasileiro. São apaixonados[7] por futebol, e quando os brasileiros se tornam pais, querem passar essa paixão para os seus filhos. Antes mesmo de a criança nascer, os pais ou familiares já estão a imaginar como eles vão ficar com a camisola[8] do seu clube e com a da seleção brasileira.

O futebol no Brasil independentemente de classe social, raça ou qualquer outra diferença, durante uma partida da seleção brasileira, a emoção fica à flor da pele[9], o coração fica apertado e todos se sentem brasileiros e torcedores[10], com um único objetivo: vencer e levar o nome do Brasil a todas as pessoas do mundo. Outros países podem ver-se espelhados[11] na literatura que produzem, no cinema ou nas conquistas científicas e tecnológicas, o Brasil espelha-se no futebol. Ninguém é tão bom no futebol como o Brasil. Afinal, o mundo conhece o Brasil como o «País do Futebol», não é mesmo?

O «Rei» brasileiro

«Como se soletra[12] Pelé? D-E-U-S», escreveu o *Times* de Londres. «Se não tivesse nascido um homem, teria nascido uma bola», definiu um dos maiores colunistas brasileiros do futebol, Armando Nogueira. Pelé escreveu sentimento e emoção com a bola nos 1128 golos que marcou em 1363 jogos. Disputou[13] quatro Mundiais, em 14 jogos marcou 12 golos e levou a Taça[14] Jules Rimet para o Brasil em três campeonatos do mundo: Suécia em 1958, Chile em 1962, México em 1970.

O ex-engraxador[15] de Três Corações, Minas Gerais, entrou para o Passeio da Fama dos Estados Unidos em 1993; conseguiu com um jogo interromper uma guerra na Nigéria em 1967. Salvou muitos brasileiros da morte em terras estranhas quando gritavam o seu nome em vez de socorro: «Sou do Brasil, terra do Pelé». E, em 1961, ganhou[16] da imprensa francesa a alcunha[17] que o acompanha até hoje, «Rei».

Visão, 16 de Junho de 2005 (adaptado)

5 a ocupação – Beschäftigung
6 ocupar – einnehmen
7 apaixonado – verliebt; begeistert
8 a camisola – hier: Trikot
9 ter os nervos à flor da pele – die Nerven blankliegen haben
10 o torcedor (adepto) – Fan
11 espelhar – widerspiegeln
12 soletrar – buchstabieren
13 disputar – bestreiten (Turniere)
14 taça – Pokal
15 o engraxador – Schuhputzer
16 ganhar – hier: bekommen
17 a alcunha – Spitzname

Questões

1. Comente a frase «*a emoção fica à flor da pele, o coração fica apertado e todos se sentem brasileiros*».
2. Explique a importância do «desporto rei» no seu país.
3. Identifique outros jogadores famosos e as respetivas alcunhas.

7. Entrevista com dois brasileiros

Dois brasileiros baianos comentam as suas vidas em Berlin, os gostos e desgostos da vida na Alemanha, as saudades que têm do seu país.

Marcos Ramos Pinheiro e Élio Andrade dos Reis são professores da escola de capoeira «Grupo Iuna», ambos nascidos na capital da Bahia, Salvador. Gostam muito da Alemanha mas têm muitas saudades do Brasil. Descubra o que é que lhes faz mais falta e como são os alemães.

Qual foi a razão e quando vieram para a Alemanha?

Marcos: Eu vim para a Alemanha para ensinar e passar[1] a nossa cultura, arte, dança e luta chamada capoeira.

0 professor Saguim esteve aqui antes e montou[2] uma base da nossa escola «Grupo Iuna», mas depois foi para Itália. Eu cheguei à Alemanha no dia 26 de março de 2011. Para dar continuidade ao nosso trabalho de capoeira regional a nossa escola de capoeira «Grupo Iuna» tem núcleos[3] em diversos países da Europa: Alemanha, Bélgica, Holanda, Itália, Inglaterra, França, Espanha e também em Portugal.

Élio: Eu fui convidado pelo Marcos, mas cheguei aqui por conta própria[4] há um ano para o ajudar a treinar.

Conheciam algo sobre a Alemanha antes de aqui chegarem?

Marcos: Só o que vi na televisão, a vossa equipa de futebol e um pouco sobre a reunificação[5].

Vocês gostam do futebol alemão?

Élio: Humm ... Não é mau mas em comparação com o nosso parece muito tático, sem grande fantasia. (risos) O Brasil é o país do futebol. Nós «dançamos» com a bola.

Vocês sentem falta do Brasil? Vão regressar?

1 passar – hier: weitergeben
2 montar – aufbauen
3 o núcleo – Zentrum
4 por conta própria – auf eigene Faust
5 a reunificação – Wiedervereinigung

6 a namorada – (fest) Freundin
7 regressar – zurückkehren
8 amar – lieben
9 afinal de contas – schließlich; letztendlich
10 contagiar – anstecken
11 curioso/a – neugierig
12 absorver – aufnehmen
13 a miscigenação – kulturelle und ethnische Mischung

Marcos: Tenho muitas saudades do Brasil, claro. Vou lá em julho para ver a copa do mundo e depois volto para cá de novo. Pretendo voltar um dia para o Brasil, mas nunca se sabe.

Élio: Sabe! Falta a nossa cultura em todos os aspetos. É lógico, né. A mentalidade é um pouco diferente aqui, mas eu gosto da Alemanha. Estou construindo a vida aqui e Berlim é já a minha segunda casa. Tenho a escola de capoeira, bons amigos, namorada[6] alemã, muitos alunos e alunas. Só Deus é que sabe até quando eu vou ficar na Alemanha e quando vou regressar[7] de vez ao Brasil.

Podem descrever a Alemanha e o Brasil em algumas palavras?

Marcos: A Alemanha é um país grande, não tanto como o Brasil, bonito e com cidades importantes. As mulheres e o povo em geral é lindo. O Brasil – a minha pátria tem os seus problemas, mas eu amo[8]-a, mesmo muito. O povo tem talento para muitas coisas, povo sofrido, mas sempre cheio de energia. Costumo dizer: «Cada um por si e Deus por todos». Afinal de contas[9], não dizem que Deus é brasileiro?

Élio: O Brasil tem samba, tem alegria, ritmo que contagia[10], persistência, vontade de receber bem as pessoas. Será que existe tanto sol, tanto verão, mulher bonita num só país num só lugar? Na Alemanha as pessoas são curiosas[11], também com muita energia, rigor, pontualidade, organização e sabem absorver[12] rapidamente outras culturas. Os alemães são uma das nações mais miscigenadas da Europa e essa miscigenação[13] reflete-se na diversidade cultural, na culinária, no modo de falar etc., e essa miscigenação torna muito difícil dizer o que é «tipicamente alemão».

Tiveram alguma situação desagradavel só por serem estrangeiros?

Marcos: Há pessoas que discriminam as outras pela cor da pele, mas isso existe em todos os países inclusive no Brasil, e como não poderia deixar de ser aqui também existe uma pequena parte dessas pessoas, mas não falo de todo o povo alemão. Eu gosto muito dos alemães e tenho muitos bons amigos aqui.

Élio: Aqui existe racismo, mas bem pouco. Tive de me defender duas ou três vezes. Mas no Brasil a gente não conversa, pega[14] na pistola e acabou. Os alemães são desconfiados e tem um pouco de ciúmes[15] quanto aos estrangeiros. Muitas pessoas vêm os alemães como nacionalistas, mas eu não. Nunca encontrei gente com tanta energia como a de vocês. Eu também tenho muitos amigos aqui, e posso dizer que os alemães são amigos para toda a vida. Os alemães estão cada vez mais longe do clichê de «povo frio, sem calor humano».

Digam algo sobre a Bahia e a vossa cidade natal?

Marcos: Salvador é samba, futebol, praia e capoeira. 0 preconceito[16] de que os baianos são preguiçosos[17] –isso não é preguiça, é por causa dos costumes[18] – a gente vai trabalhar e curtir[19], trabalhar e curtir– todo o tempo sem descanso.

Élio: É sim um preconceito, não somos nada preguiçosos!

O que há para ver em Salvador?

Marcos: É uma cidade turística, tem praias bonitas, o Pelourinho, o centro turístico mais famoso, ou Flamengo, uma praia linda.

Para terminar, acham a lingua alemã difícil? Conseguiram aprender alguma coisa?

Élio: Eu consigo entender mais ou menos tudo, e aprendi a falar um pouco, mas é difícil.

Marcos: Aprendi algumas palavras, mas a vossa língua é complicada. Der, die, das.

14 pegar – nehmen; ergreifen

15 o ciúme – Eifersucht

16 o preconceito – Vorurteil

17 preguiçoso – faul; träge

18 o costume – Sitte

19 curtir – tierisch amüsieren

Questões

1. Comente a frase: «Cada um por si e Deus por todos».
2. Identifique a maior comunidade estrangeira residente no seu país.
3. O que os brasileiros pensam dos alemães?
4. Apresente os brasileiros que entrevistou.

Temas

1. Comparar/refletir sobre a auto-imagem dos brasileiros e alemães.
2. Pesquise na internet sobre: «O que o brasileiro pensa que é?»

Tem um Brasil que é próspero outro não muda,
Um Brasil que investe outro que suga,
Um de sunga outro de gravata,
Tem um que faz amor e tem o outro que mata,
Brasil do ouro, Brasil da prata,
Brasil do Balacouchê, da mulata,
Tem o Brasil que é lindo outro que fede,
Brasil que dá é igualzinho ao que pede,
Pede paz, saúde, trabalho e dinheiro,
Pede pelas crianças do país inteiro,
Tem um Brasil que soca outro que apanha,
Um Brasil que saca outro que chuta,
Perde e ganha, sobe e desce,
Vai à luta, bate bola porém não vai a escola,
Brasil de cobre, Brasil de lata,
É negro, é branco, é nissae é verde,
é índio peladão é mameluco, é cafuzo, é
confusão.

Brasis (Seu Jorge)

8. Jeitinho brasileiro

«**Jeitinho**», expressão brasileira para um modo de agir informal amplamente[1] aceite, que se vale[2] de improvisação, flexibilidade, criatividade, intuição[3], etc., diante de situações inesperadas, difíceis ou complexas, não baseado em regras, procedimentos[4] ou técnicas estipuladas previamente[5]. «*Dar um jeito*» ou «*dar um jeitinho*» significa encontrar alguma solução não ideal ou previsível.

Imaginem a cena: um homem há mais de um ano desempregado, casado, três filhos, a viver do dinheiro de faxinas[6] esporádicas da mulher, descobre que uma loja está a precisar de um motorista. Vai até à loja, conversa com o dono, que gosta muito dele. Existem mais 15 pessoas interessadas na vaga[7]. Depois de conversar com a esposa do dono da loja, ele consegue o emprego. Ele tem de estar na loja no dia seguinte às 8 horas com a carteira de trabalho, caso contrário, perde[8] a vaga.

Volta para casa feliz e contente com o emprego conquistado. Procura a carteira de trabalho e, para o seu desespero[9], percebe que a perdeu. Como precisa do documento impreterivelmente[10] no dia seguinte, vai à Junta do Trabalho para receber um novo. Ele sabe que a maioria dos órgãos governamentais do serviço público no Brasil, são lentos e com grandes burocracias.

Depois de duas horas e meia na fila[11], a funcionária atende-o finalmente, com um mau humor e informa que o documento somente ficará pronto dentro de um mês, já que esse é o proce-

1 *amplamente – breit*
2 *valer-se de – hier: sich bedienen*
3 *a intuição – Gespür*
4 *o procedimento – Vorgehen*
5 *previamente – vorher*
6 *a faxina – Hausputz*
7 *a vaga – freie Stelle*
8 *perder – verlieren*
9 *o desespero – Verzweiflung*
10 *impreterivelmente – unbedingt*
11 *a fila – Warteschlange*

dimento padrão[12] pelo qual todos, sem exceções, devem passar.

Ele fica desesperado[13] e conta toda a sua história, com rigor de detalhes, à funcionária. Ela para, pensa, repensa e discute, fala que não tem como...que é completamente impossível.

Mas, depois da persistência do nosso ex-desempregado, passa o caso dele à frente de todos os outros e consegue a carteira de trabalho em 45 minutos. Ele agradece e vai embora feliz. «Deu-se um jeitinho» para o ex-desempregado.

O «*jeitinho*» acontece todos os dias nos mais diferentes domínios, quer sejam públicos, quer sejam privados. O «*jeitinho*» é sempre uma forma «especial» de se resolver algum problema ou situação difícil ou proibida[14]; ou uma solução criativa para alguma emergência, seja sob a forma de burla[15] a alguma regra, seja sob a forma de conciliação[16], esperteza[17] ou habilidade.

12 o procedimento padrão – Vorgehensweise
13 desesperado – verzweifelt
14 proibida – verboten
15 a burla – Betrug
16 a conciliação – Versöhnung
17 a esperteza – Schlauheit

Tome nota!
A palavra jeito (die Art, die Angewohnheit, der Trick, der Kniff, der Dreh)
com jeito = com habilidade; com perfeição; com cuidado – mit Geschick
dar jeito = ter utilidade – nützlich sein
fazer jeito = convir – gerade recht kommen
fazer jeito a – jdm. einen Gefallen tun
não ter jeito = não estar como devia – nichts taugen
não ver jeito de – keine Möglichkeit sehen

Questões

1. No seu dia-a-dia utiliza o jeitinho?
2. Está numa fotocopiadora e quer tirar 50 fotocópias. Aparecem outras pessoas que só querem tirar uma ou duas fotocópias e pedem para passar à frente. Você dava um jeitinho?
3. «Jeito» ou «jeitinho» pode, às vezes, ser confundido ou significar suborno ou corrupção. O que pensa?

9. Vai uma caipirinha?

1 *refrescar – erfrischen; abkühlen*
2 *conquistar – erobern*
3 *arrepender-se – bereuen*
4 *alastrar-se – sich verbreiten*
5 *a preguiça – Trägheit*
6 *o remédio – Heilmittel*
7 *atenuar – vermindern*

A Caipirinha não é uma moda, é uma espécie de estado de alma. Uma forma de entrar no paraíso, sem tirar os pés da Terra. Pode-se beber durante o ano inteiro, mas é quando a temperatura sobe que a bebida verdadeiramente refresca[1] o corpo e a alma.

Feita a partir de aguardente de cana, a que se junta açúcar amarelo, lima e gelo, a caipirinha é hoje um produto globalizado, que conquistou[2] o mundo inteiro. Cartão-de-visita brasileiro, foi considerada pelo jornal norte-americano *The New York Times* como uma das melhores invenções do séc. XX. O melhor é mesmo experimentar. Vai ver que não se arrepende[3]!

Uma das prováveis origens da Caipirinha.

Quem teria sido o mago ou o alquimista que, em noite de lua cheia, sob inspiração de todos os deuses, habilmente misturou a cachaça, a lima, o açúcar amarelo e o gelo?

Em 1918 alastrou-se[4] no Brasil, em especial na cidade de São Paulo, a gripe espanhola, que, em sucessivas epidemias, pôs de cama um terço da população da cidade e matou uma boa parte da população pobre. Os seus sintomas eram dores em todo o corpo e uma preguiça[5] insuportável.

Um proprietário de uma casa de sanduíches e sumos, do centro da cidade, passa a anunciar um remédio[6] infalível, para a gripe. Não a curava, mas atenuava[7] os seus terríveis sintomas. Combinava a vitamina C e as calorias da lima com as propriedades analgésicas da cachaça. Esse remédio caipira, como se chamavam os remédios caseiros da época, logo passou a ser chamado de Caipirinha, diminuitivo que a língua portuguesa gosta tanto de usar. Moral da história. Foi-se a gripe, ficou a Caipirinha.

Vieram as modas e surgiu a Caipirosca, em que se substitui a cachaça pela vodca, menos agressiva, ou a Caipiríssima, em que o principal ingrediente é o rum.

Curiosidades!

Outros nomes para cachaça.

Nunca se viu uma bebida com tantos nomes. Podemos citar alguns: pinga, baronesa, caninha, danada, engasga-gato, homeopatia, imaculada, já-começa, lisa, meu consolo, remédio, teimosa, venenosa, paraty, branquinha, amansa corno, arrebenta peito.

➲ Questões

1. Identifique uma bebida importante para os portugueses / alemães.
2. Comente a frase «sem tirar os pés da Terra».
3. Explique o significado de caipira.
4. A caipirinha é a bebida nacional. Identifique o prato nacional brasileiro. Procure na internet a sua receita.

➲ Temas

1. Aprender a fazer caipirinha.
2. Tocar / ouvir / cantar a marcha carnavalesca: «Você pensa que cachaça é água».

Alguns provérbios sobre a preguiça.
A preguiça é a mãe de todos os vícios.
Para o preguiçoso, todos os dias são feriados.
Não há domingo sem missa, nem segunda-feira sem preguiça.

Se quer saber mais provérbios sobre a preguiça consulte o site:
http://www.sitequente.com/proverbios/preguica.html

Cabo Verde

1. Morna – Música Cabo-verdiana

A morna é um género musical e de dança de Cabo Verde. Tradicionalmente tocada com instrumentos acústicos, a morna reflete a realidade insular do povo de Cabo Verde, o romantismo intoxicante[1] dos seus trovadores e o amor à terra (ter de partir e querer ficar).

Nos últimos anos, a morna foi dada a conhecer internacionalmente por vários artistas, nomeadamente em França e nos Estados Unidos, sendo a mais famosa Cesária Évora (1941–2011). O timbre da voz desta «*diva dos pés descalços*» tem conquistado e alargado o público da morna, de Cabo Verde até ao Olympia, passando pelo Carnegie Hall, pelo Hollywood Bowl e pelo Canecão.

O fado, o lundum (ritmo nascido em Angola), a música argelina são tidos como os ritmos que deram origem a morna. Um casamento entre musicas da Europa e da África.

A morna é o género musical que mais identifica o povo cabo-verdiano. Trata-se verdadeiramente de um símbolo nacional, do mesmo modo que o tango é para a Argentina, a rumba para Cuba, o fado para Portugal, etc. Alguns géneros musicais de Cabo Verde podem ser mais ou menos apreciados pelos naturais conforme a idade do ouvinte, a época, a ilha de origem, o gosto pessoal, mas a morna é o único género que consegue ser largamente transversal a todos os grupos etários, cronologicamente, geograficamente, etc.

É também o único género que sempre gozou[2] de mais prestígio e de um carácter mais «nobre» em Cabo Verde.

Wikipedia, a enciclopédia livre.

1 *intoxicante – vergiftend, ansteckend*
2 *gozar – genießen*

Questões

1. Indique a forma como é conhecida a cantora Cesária Verde.
2. Explique a origem da morna.

Tema

Faça uma apresentação sobre uma ilha de Cabo Verde: localização, clima, população, caraterísticas geográficas, religião, capital e cidades importantes, informações de carácter económico, gastronómico e tradições. Pesquise na internet e procure imagens. Os seus colegas escolhem outra ilha. Troquem impressões.

2. «Storia, Storia ... »

Mayra Andrade é uma cantora caboverdiana nascida em Cuba, cresceu entre o Senegal, Angola, Alemanha e ainda Cabo Verde, mas vive em Paris desde 2003. Só com 25 anos de idade já tem dois álbuns e alguns prémios significativos. É reconhecida[1] como uma das vozes mais promissoras da música de Cabo Verde. Com o seu último álbum continua a sua esplendida série de sucessos. Por causa do sucesso do seu primeiro álbum que ultrapassou todas as expetativas, o público esperou um milagre[2] e isso finalmente aconteceu. 0 álbum «Storia, Storia ...» foi lançado na Europa em maio de 2009 e no Brasil em fevereiro de 2010. Embora ela seja frequentemente comparada a Cesária Évora «a raínha da morna», a sua origem cubana e vida em França influem[3] muito na sua criatividade, criando uma mistura de vários géneros musicais.

O seu novo álbum inclui canções maravilhosas como «Juana», «Palavra», «Turbulensa» e muito mais, mas nenhuma delas impressionou tanto como a íntima e linda canção ao «Morena, Menina Linda».

Por exemplo, a canção ao «Seu» esteve na sua cabeça quase três anos e admite[4] que quando finalmente conseguiu pôr as palavras no papel precisou só de três horas. Quando Ihe perguntaram como e que conseguiu fazer isso em só três horas, sorrindo, lembrou-se das palavras do seu mentor Paulinho Vieira que dizia sempre: «Quando uma canção é destinada para ti, ela vem a ti e não quer ir-se embora.»

1 reconhecer – anerkennen
2 o milagre – Wunder
3 influir – beeinflussen
4 admitir – zugeben

➲ Tema

Pesquise na internet sobre a canção «*Palavra*». Ouça-a e transcreva-a.
http://www.mayra-andrade.com/

Provérbio africano
«Sem uma mãe, qualquer lar é um deserto.»

Guiné-Bissau

1. Pequeno resumo da História da Guiné-Bissau

Um provérbio guineense: «Em viagem, só se sabe o dia de ir, mas não o de voltar.»

O primeiro contacto dos portugueses com a costa litoral da atual Guiné-Bissau deu-se em 1446 numa área exclusivamente habitada por populações animistas, atribuindo ao feiticeiro[1] da aldeia os poderes essenciais que regulam a vida quotidiana. Nessa altura o «Mandimansa» (Imperador mandinga) do Malí era quem exercia influência em grande parte da região do interior. Depois da queda[2] do império as províncias, particularmente a de Gabú, formaram reinos[3] independentes, que por sua vez, devido a guerras constantes se enfraqueceram[4] e desapareceram.

Em 1884-1886, dá-se a divisão da África pelas potências coloniais na célebre Conferência de Berlim. A Guiné-Bissau, agora com as suas fronteiras[5] traçadas, foi entregue a Portugal. Porém, as subsequentes tentativas de ocupação e colonização portuguesas não se fizeram sem resistência das populações locais. A última delas ocorreu em 1936 com a revolta dos bijagós de Canhabaque.

Vinte anos mais tarde (1956), o intelectual Amílcar Cabral, que estava no exílio em Conacri, e mais cinco correligionários[6] fundam o Partido Africano para a Independência da Guiné e Cabo Verde (P.A.I.G.C.). Em 1963, face à[7] intolerância de Portugal, o P.A.I.G.C. passa à ação armada com vista à[8] liquidação do colonialismo português.

A 24 de setembro de 1973 é proclamado unilateralmente o Estado da Guiné-Bissau que Portugal reconhecerá formalmente a 10 de setembro de 1974. Foi a primeira colónia na África a tornar-se independente. Desde então, o jovem Estado foi governado pelo P.A.I.G.C. até ao levantamento militar de 1998, que culminou[9] com a realização de eleições legislativas e presidenciais.

1 *o feiticeiro – Zauberer*
2 *a queda – Fall, Absturz*
3 *o reino – Königreich*
4 *enfraquecer-se – sich abschwächen*
5 *a fronteira – Grenze*
6 *o correligionário – Gleichgesinnte(r)*
7 *face a – angesichts*
8 *com vista a – mit der Absicht*
9 *culminar – den Höhepunkt erreichen*

2. Bilhete de Identidade da Guiné-Bissau

Localização:	África Ocidental, voltada para o Oceano Atlântico, entre o Senegal (N) e a Guiné Conakry (S).
Descrição:	O território é formado por uma parte continental e as 40 ilhas e ilheus o arquipélago dos Bijagós. Administrativamente a Guiné-Bissau está dividida em 8 regiões + Bissau.
Superfície:	36.125 km^2 (1.500 km^2 do Arq. dos Bijagós).
Principais Cidades:	Bissau (capital), Bafatá, Gabú, Cacheu, Canchungo, Buba e Catió.
Praias:	Varela (N), Cassumba (S) e as das ilhas do Arq. dos Bijagós.
Rios Principais:	Cacheu, Mansoa, Geba, Rio Grande de Buba, e Cacine.
Clima:	Tropical (húmido). Temperatura do ar, média anual: 24–27 graus C. Temperatura do mar, média anual: 23 graus C.
População:	1.234.555 habitantes (estimativa de julho de 1999): 52% mulheres e 48% homens. População urbana: 31%. População rural: 69%. A taxa de crescimento: 2,7%.

Grupos étnicos (os mais numerosos):	Brassa (Balanta) 27%, Fula 22%, Mandinga 12%, Mandjaco 11%, Pepel 10%.
Atividades Principais:	Agricultura, pesca, silvicultura, comércio e indústria de transformação.
Produção:	Cereais, coco, amendoín (mancarra), arroz, óleo de palma, madeira e cajú.
Principais exportações:	Cajú, camarão e peixe, madeira, algodão e amendoim.
Moeda:	Francos da África Ocidental (CFA).

➲ Temas

1. Pesquise na internet mais informações sobre a revolta dos bijagós e apresente-as em grupo.
2. Faça a biografia do intelectual Amílcar Cabral e apresente-a aos seus colegas.

3. Curiosidades

A partilha dos deveres[1] nos tribos indígenas:

Homens (por idades)

7–11	Crianças Cadene – Guarda do gado[2] e ajuda na caça[3].
12–17	Adolescentes Canhocam – Participação nas atividades produtivas. Subir às palmeiras, artesanato e iniciação às regras sociais (segredos das plantas). Guarda da aldeia.
18–27	Jovens Cabaro – Período de liberdade, festas, danças e conquistas amorosas. Algum trabalho regular (limpar os caminhos da aldeia e participar em todos os trabalhos que exigem boa condição física e capacidades), apoio às atividades agrícolas e à produção do óleo de palma.
28–35	Jovens adultos Camabi – Período depois da iniciação (fanado) dedicado aos trabalhos mais duros e à procura dos bens necessários para o pagamento aos mais velhos, aprendendo com estes os segredos da vida. Administram os palmares, as florestas e as cambuas.
36–55	Adultos Odõdo – Quando passam do estado de iniciado ao de iniciador. Tem plenos direitos no conselho dos mais velhos, servem de porta-voz[4] das resoluções deste conselho de decisão. Podem possuir casa e terras e tem direito a casar e a ter filhos.
Mais de 55	Homens idosos, homem grande Cabongha – Recebem ofertas dos mais jovens. Guardiões dos conhecimentos e das regras sócio-culturais tradicionais.

1 a partilha dos deveres – Teilung der Aufgaben
2 o gado – Vieh
3 a caça – Jagd
4 o/a porta-voz – Sprecher(in)

Mulheres (por idades)

7–11 Crianças Numpune – Trabalhos domésticos, transporte da água, apanha de pequenos moluscos e vigilância dos arrozais.

12–20 Adolescentes Campuni – Grupo etário responsável pelas cerimónias de defunto[5].
Fora da aldeia as mulheres comem, bebem e dançam juntas e aprendem as técnicas e saberes para viver na floresta.

21–50 Mulheres casadas; Ocanto – Mulheres com crianças para educar.

Mais de 50 Mulheres idosas – O conto depois da menopausa – Contam as cerimónias das mulheres.

5 *o defunto – Verstorbene(r)*

4. Gastronomia

A gastronomia guineense é um prazer para o paladar. Dominam sabores apimentados, especialmente por causa do limão e malagueta. O arroz é a base principal da alimentação dos guineenses, e quando cozinhado, é comummente designado por bianda, ao qual se adiciona o mafé, nome atribuído aos molhos e caldos, geralmente feitos com peixe, mariscos, galinha ou carne. O cachéu e o óleo de palma são as gorduras vegetais de eleição, utilizadas por todas as etnias da Guiné-Bissau.

Sabia que!

«Garandis fala kuma: joia ku bu kuji na kau di baju, na kau di baju ki ta bin pirdi» (os grandes/anciãos dizem que jóia que se ganha na festa, na festa se perde)

Um sábio provérbio guineense.

Bem-vindo em crioulo da Guiné-Bissau diz-se: *Bô bim drito*
Muito bom dia diz-se: *I non dimás*
Até logo é *N'ta Odjau*

Caldo de Mancarra

Ingredientes:

1 frango

1 cebola grande

1 limão

250 gr. de mancarra (amendoim)

3 tomates vermelhos

1 dl de água

Sal e piripi

Como fazer:

Limpa-se o frango e corta-se aos bocados às rodelas. Vai ao lume brando, com um pouco de água, para cozer (fica quase sem molho). À parte, pisa-se o amendoim num almofariz*, o mais fino possível. Misturam-se os tomates até fazer uma pasta. Deita-se então a água quente e mexe-se para desfazer bem. Passa-se por um passador* e adiciona-se o líquido ao frango. Ferve-se um pouco para apurar*. Ao retirar do lume, rega*-se com sumo de limão.

**o almofariz – Mörser // o passador – Sieb // apurar – abschmecken // regar – hier: anfeuchten*

5. O que fazer?
Proponho uma visita aos parques nacionais.

1 a tartaruga – Schildkröte

Pela beleza natural e o turismo desenvolvido recomenda-se o Arquipélago dos Bijagós que faz parte do património natural, histórico e cultural.

O Arquipélago dos Bijagós é composto por cerca de 94 ilhas paradisíacas que são ligadas por barcos e entre as quais se destacam as ilhas: Bubaque, Orango, Uno, Roxa que têm uma grande proximidade geográfica entre si. A ilha de Bubaque é famosa pelas grandes tartarugas[1] que enterram os seus ovos ao longo das praias. A riqueza natural do Arquipélago dos Bijagós vê-se também no facto de lá existirem dois parques nacionais: O parque nacional de Orango e o parque nacional Marinho de João Vieira e Poilão, que se situam no sul e sudeste do arquipélago. Na zona norte do arquipélago há ainda uma outra reserva, a Área Marinha Protegida Comunitária das ilhas Formosa,

Nago e Cheidã. As temperaturas são, em geral, bastante elevadas, mantendo uma média anual de 26 graus centígrados. A estação das chuvas acontece entre maio e novembro, sendo o seu apogeu em julho e agosto. A estação seca vai de dezembro a abril mantendo-se, mesmo assim, uma assaz[2] forte humidade atmosférica.

Para obter mais informações sobre os parques nacionais, aconselho a consulta do site: www.minturgb-gov.org

2 *assaz – ziemlich*

Tema

1. Segundo as informações que leu sobre a Guiné-Bissau, faça uma apresentação: localização, população, caraterísticas geográficas, economia, cultura, religião, capital e cidades importantes. Pode pesquisar na internet para obter mais informações de que necessita. Utilize também imagens do país.
2. Explique, por palavras suas, o provérbio guineense: «Em viagem, só se sabe o dia de ir, mas não o de voltar.»

6. Gumbé

A música da Guiné-Bissau é normalmente associada[1] à palavra «gumbé», estilo de música urbana. Melodia que acompanha os poemas dos *djidiu* nascida da fusão da música crioula «Badjo Di Sala» com a música nativa[2]. «Gumbé» constitui a primeira exportação musical do país.

Diz-se que a cabaça ou simplesmente «cabaz» foi um dos primeiros instrumentos musicais da Guiné-Bissau e é usado de uma forma extremamente rápida, produzindo sons que também provocam complexas danças, sejam elas tradicionais ou modernas.

O grande denominador[3] de estilo Gumbé são as canções, muitas delas cantadas em crioulo e revolvendo à volta de temas tais como a sociedade, as relações humanas e amorosas, a amizade, as controvérsias e muito recentemente outros temas, nomeadamente a Sida[4] e as questões políticas e da estabilidade do país.

A palavra «gumbé» é sempre usada genericamente, albergando[5] quase todos os estilos musicais da Guiné-Bissau. Todavia, o estilo «Gumbé» tem juntado mais de uma dezena de

1 *associada – verbunden*
2 *nativo/a – einheimisch*
3 *o denominador – Nenner*
4 *a Sida – Aids*
5 *albergar – beherbergen*

6 apropriar – anpassen; anwenden
7 a contribuição – Beitrag
8 hereditário – erblich; vererbbar
9 deslumbrante – atemberaubend
10 abraçar – hier: nehmen
11 ajustar – anpassen
12 adicionar – hinzufügen

géneros musicais – conhecidos como músicas folclóricas ou tradicionais. Alguns exemplos destes estilos são: Tina, Tinga, Brocxa, Kussundé (da etnia Balanta), Djambadon (Mandinga), e Kunderé (Bijagós). Muito embora alguns destes estilos sejam apropriados[6] para rituais, cerimónias tradicionais e fúnebres, a pouco e pouco eles estão sendo incorporados na música contemporânea de Gumbé.

Mas, o que significa a palavra Gumbé?

O Gumbé tem como base um tambor de mesmo nome (também chamado sikó, ou «tambor de água» pelos guineenses), cheio de água e sonorizado através de uma cabaça, reintroduzido na África por volta de 1800, quando um grupo de escravos foi libertado na Jamaica e transportado num barco até Serra Leoa.

Gumbé foi a «primeira música popular africana». É também a forma através da qual as várias etnias da Guiné-Bissau, inclusive as de tradição muçulmana (Mandinga, Fula etc), se cruzam culturalmente, sobretudo com a contribuição[7] dos *djális* ou *riots*, lavradores que se tornaram músicos hereditários[8].

Quase em extinção noutros países do Continente, o Gumbé, está muito presente na Guiné-Bissau e os sons deslumbrantes[9] que os instrumentos como o tambor de água criam «acordam» a alma de qualquer ser humano.

Independente desde 1973 (e reconhecida um ano mais tarde pela administração colonial portuguesa), Guiné-Bissau não tem sofrido influências musicais significantes de Portugal (fado), contrariamente aquilo que aconteceu em países como Brasil, Angola, Moçambique e Cabo Verde.

No entanto, a existência de Gumbé só veio à luz do dia depois de 1973, quando Ernesto Dabó produziu em Lisboa o tema «M´Ba Bolama».

Hoje, outros contributos para o enriquecimento da cultura e música Gumbé, devem-se à nova geração de cantores guineenses, que abraçando[10] o estilo original de Gumbé, vão-se ajustando[11] aos tempos modernos... e daí que muitos têm adicionado[12] o sabor do «rap» aos sons de Gumbé.

Questões

1. Indique a origem da palavra Gumbé.
2. Explique o sentido de «só veio à luz do dia». Identifique quem deu um grande impulso à música da Guiné-Bissau.

Temas

1. Pesquise na internet mais informações sobre Ernesto Dabó e apresente-as em grupo.
2. Procure na internet alguns poemas dos djidiu. Leia-os em voz alta e comente-os com os seus colegas.

Moçambique

1. Moçambique. Terra sonâmbula

Moçambique, situado no continente africano, foi uma antiga possessão[1] do império português ultramarino.

O início do domínio português poderá ser situado no séc. XVI, com o estabelecimento[2] de feitorias[3] em Sofala e em Moçambique, tendo sido Lourenço Marques o fundador da cidade que viria a ser a capital do Moçambique português em 1554.

A luta em prol da autonomia teve início em 1961, aquando da independência de Tanganica, época em que Portugal vivia em pleno regime ditatorial. Para o efeito foi instalada em território colonial português uma organização nacionalista: a FRELIMO (Frente de Libertação de Moçambique), que iniciou as operações de guerrilha (1964). Porém, a resistência portuguesa foi muito intensa, tentando pôr termo a esses movimentos pró-independentistas a todo o custo.

A mudança de regime em Portugal, com a Revolução do 25 de abril, precipitou[4] os acontecimentos e a independência foi, finalmente conseguida a 25 de junho de 1975.

O nome de Maputo veio a substituir o antigo nome da capital moçambicana e Samora Machel (1933–1986) foi proclamado Presidente da República.

1 a possessão – Besitztum
2 estabelecimento – Einrichtung
3 a feitoria – Handelsniederlassung
4 precipitar – überstürzen

➲ Temas

1. Faça uma apresentação sobre Moçambique: localização, clima, população, caraterísticas geográficas, religião, capital e cidades importantes, informações de carácter económico, gastronómico e tradições. Pesquise na internet e procure imagens.
2. Pesquise na internet e faça a biografia de Samora Machel e apresente-a aos seus colegas.
3. Faça uma biografia do escritor moçambicano Mia Couto, seu nome verdadeiro António Emílio Leite Couto. Escolha um dos seus romances e faça um pequeno resumo. Procure também outros escritores/poetas moçambicanos.

2. Macondes

Macondes, um grupo étnico bantu, que vive em tribos principalmente no nordeste de Moçambique e sudeste da Tanzania, é um povo africano indígena que ainda hoje mantem as suas tradições típicas.

Os macondes resistiram[1] sempre a serem conquistados por outros povos africanos, por árabes e por traficantes de escravos[2]. Não foram subjugados[3] pelo poder colonial até aos anos 20 do século XX (vinte). Sempre resistiram às tentativas de escravização e influências dos colonizadores.

Falam XiMaconde, mas também tem conhecimentos de inglês e português. São animistas, embora segundo o census do ano de 1997 sejam tratados como muçulmanos e cristãos. Calcula-se que na Tanzânia haja 1,140,000 habitantes e em Moçambique 233,358 – num total de uma população de 1,373,358 habitantes. Desenvolveram a sua cultura no planalto Mueda em Moçambique, onde se iniciou em 1964 a luta pela independência de Moçambique pela FRELIMO.

Nao têm um chefe comum, mas cada uma destes tribos tem o seu chefe próprio. No entanto, a sua sociedade é matriarcal – isso significa que todos os chefes são eleitos pela origem da sua mãe. Ao lado de outras crenças, os Macondes crêm que o seu povo surgiu do acto de um homem que esculpiu[4] uma mulher de madeira. Durante a noite, a mulher ganhou vida. Um pouco depois eles tiveram um bebé que nasceu morto, então a mulher propôs que fossem viver mais alto no planalto. Lá nasceu um outro bebé, e morreu um pouco depois. Por isso, a

1 resistir – Widerstand leisten
2 o traficante de escravos – Sklavenhändler
3 subjugar – unterwerfen
4 esculpir em madeira – schnitzen

mulher sugeriu que fossem viver num local ainda mais alto. Lá nasceu o terceiro bebé que por fim conseguiu sobreviver, pelo que o homem e a mulher decidiram ficar nesse planalto. Esse homem foi o primeiro Maconde. Essa lenda produziu o culto da mulher, que ainda hoje está bem presente.

Cada choupana[5] das povoações dos Macondes têm figurinhas de mulheres nuas, que deveriam proteger as pessoas que vivem lá dentro. Até os homens que viajam levam essas figurinhas consigo como proteção.

Na sociedade dos Macondes as tatuagens são de grande importância. As tatuagens que os Macondes fazem chamam-se 'dinembo' e exigem muito tempo para serem terminadas, pelo menos três ou mais sessões. É muito raro um homem tatuar uma mulher, ou uma mulher tatuar um homem. Normalmente, as tatuagens são feitas de maneira a cortar a pele; esses cortes são logo esfregados[6] com carbona que provem dos legumes. Dessa maneira obtem-se a cor de azul-escuro.

Os motivos mais frequentes são os crocodilos, as aranhas, as raízes, os lagartos e as palmeiras (as mulheres tatuam os últimos dois nas suas coxas para serem mais ferteis). As tatuagens deveriam impedir os espíritos maus de entrar no corpo humano através dos lugares mais fracos.

As esculturas dos Macondes têm uma grande importância. Na verdade, são o símbolo principal da sua cultura. É conhecido que os Macondes fazem essas esculturas já há três séculos. São praticamente o único povo na África oriental que faz esculturas realistas. Dantes, eram naturalistas e com significado, mas agora são mais abstratas.

Existem três estilos de esculturas: binadamu, ujamaa, ishetani. São feitas de somente um pedaço de madeira. Os tipos de madeira mais utilizados são mpingo e ebano moçambicano. As esculturas representam os espíritos dos seus ascendentes e a ligação com este mundo. Através dessas esculturas são transmitidas as crenças dos Macondes. A árvore da vida, estilo ujamaa, é o motivo mais conhecido da escultura maconde. Representa os homens sustentados uns nos outros, o que significa a ligação de todos os membros da sociedade, os mortos e os vivos.

5 *a choupana – Hütte*

6 *esfregar – reiben*

Presentemente, as esculturas em pau-preto dos Macondes são muito estimadas e admiradas mundialmente.

➲ Questões

1. Identifique os países onde vivem os macondes. Identifique as línguas que eles falam.
2. Onde se iniciou a luta pela independência de Moçambique?
3. Explique como surgiu o povo moçambicano. identifique as tatuagens que eles fazem e quais são os seus motivos.

➲ Tema

Pesquise na internet mais informações sobre as suas esculturas. Procure imagens e apresente-as ao seu grupo.

São Tomé e Princípe

1. Equador

1 *a abundância – Fülle*
2 *a roça – Landgut; Plantage*

«... E agora, vamos a S. Tomé e Príncipe. Como sabe, meu amigo, S. Tomé é a mais pequena das nossas colónias, só comparável a Timor. Produz só duas coisas, cacau em abundância[1] e um pouco de café. Mas tal basta para que seja auto-suficiente e até para que dê, ao Estado e aos agricultores, um rendimento não desprezível. Toda a agricultura se baseia na mão-de-obra que importamos de Angola sobretudo nas roças[2]: o grande problema de S. Tomé é a falta de braços. Mas a coisa funciona e parece que não funciona mal, como você saberá. O cacau é de excelente qualidade, o café também é ótimo – aliás, foi o que bebemos hoje ao almoço – e a produção é regularmente alta.

A coisa funciona tão bem, que nós somos uma ameaça às companhias inglesas que concorrem connosco no mercado do cacau e que têm as suas explorações na Nigéria, no Gabão e nas Antilhas Britânicas. Suponho que sabe tudo isto e que não lhe estou a dar nenhuma novidade?»

Equador, Miguel Sousa Tavares, Oficina do Livro 2003, págs 58–59.

➲ Questões

1. Explique, por palavras suas, a seguinte expressão «falta de braços».
2. Explique a ameaça aos ingleses.

Temas

1. Pesquise na internet informações sobre as roças de cacau em S. Tomé e Príncipe. Faça uma apresentação.
2. Leia o romance «Equador» de Miguel Sousa Tavares. Faça um resumo do livro e prepare uma apresentação.

2. O arquipélago de São Tomé e Princípe

São Tomé e Princípe é um estado insular localizado no golfo da Guiné, composto por duas ilhas principais: São Tomé e Princípe.

As ilhas de São Tomé e Princípe estiveram desabitadas[1] até 1470, quando os navegadores portugueses João de Santarém e Pedro Escobar as descobriram. Foi então, uma colónia de Portugal desde o século XV (quinze) até à sua independência em 1975. Santo António é a capital da ilha do Princípe, com uma área de 142 quilómetros quadrados e uma população estimada, no ano de 2010, de 6.400 habitantes. A principal atividade económica do país é a produção de cacau. O cacau de S. Tomé é, na opinião de muitos, o melhor do mundo. É um dos membros dos CPLP (Comunidade dos Países de Língua Portuguesa). Os habitantes ou naturais de São Tomé e Princípe são chamados de santomenses.

1 *desabitado – unbewohnt*

Tema

Faça uma apresentação sobre o arquipélago de São Tomé e Princípe: localização, clima, população, caraterísticas geográficas, religião, capital e cidades importantes, informações de carácter económico, gastronómico e tradições. Pesquise na internet e procure imagens.

3. Tchiloli

Desde o século XVI (dezasseis), uma peça de teatro[1], o Tchiloli, é encenada só por homens na ilha de São Tomé e Príncipe. O Tchiloli é uma mistura de teatro, dança e música que faz parte da herança[2] cultural santomense, mas que não teve a sua origem em S.Tomé.

Alguns elementos como a dança, a música e a coreografia foram incorporados na obra original pelos escravos na época colonial. É uma obra atribuída ao poeta português cego Balthasar Dias: «*A tragédia do marquês de Mântua e do Imperador Carlos Magno*». A peça foi introduzida em São Tomé e Príncipe no fim do século XVI (dezasseis) pelos portugueses que vieram implantar[3] a cultura de cana-de-açúcar.

Fala da história do filho do imperador francês, Carlos Magno, que matou o seu amigo, Marquês de Mantua, porque estava apaixonado pela sua mulher.

É uma história de justiça[4] porque no fim o imperador castiga[5] o seu próprio filho e mostra ao povo que é um rei justo e razoável.

Hoje existem vários grupos de teatro na ilha de São Tomé que interpretam o Tchiloli de maneiras diferentes.

Embora sendo uma peça de origem europeia, o Tchiloli é hoje património cultural sãotomense e faz parte do património cultural e material da UNESCO.

1 a peça de teatro – Theaterstück
2 a herança – Erbe
3 implantar – einpflanzen
4 a justiça – Gerechtigkeit
5 castigar – bestrafen

Temas

1. Pesquise na internet a origem provável da palavra «tchiloli».
2. Faça um resumo da obra «*A tragédia do marquês de Mântua e do Imperador Carlos Magno*». Recolha informações na internet.

Timor-Leste

1. História de Timor-Leste

Muitas pessoas sabem que o Brasil, Angola, Moçambique, Cabo Verde, São Tomé e Príncipe, Guiné Bissau foram colónias de Portugal, mas poucos sabem que Timor-Leste (República Democrática de Timor-Leste) também o foi.

Timor-Leste, também conhecido por Timor Lorosae, é um dos países mais jovens do mundo, e ocupa a parte oriental da ilha de Timor na Oceania entre a Austrália e a Indonésia. As únicas fronteiras terrestres que o país tem ligam-no à Indonésia. A sua capital é Dili, situada na costa norte. Apesar de ser habitado há muitos séculos, o país teve a sua independência em 1999, depois de ter estado sob domínio de outros países desde 1521, quando os portugueses, na procura de sândalo[1], colonizaram a ilha de Timor.

Mais tarde chegaram os holandeses que dominaram a metade ocidental da ilha. Só no século XX (vinte) a 4 de Dezembro de 1975, Portugal no processo da descolonização reconheceu Timor-Leste como país independente. Mas o povo timorense não teve muita sorte. O exército indonésio invadiu o país três dias depois da proclamação da independência. Essa invasão causou a divisão do povo nos pró e contra à Indonésia, e resultou na guerra entre os dois grupos. Em 1999, num referendo[2], os timorenses declararam querer libertar-se do governo indonésio, apesar da pressão em forma de violência antes do referendo pelos grupos militares indonésios. Milhares de timorenses fugiram do massacre no país, e até hoje há muitos refugiados[3] que ainda não regressaram às suas casas.

A ONU interveio no país devastado[4] e ficou durante anos em Timor-Leste para ajudar o exército na guerra contra a Indonésia e para melhorar as condições políticas e económicas do país.

Hoje Timor-Leste está muito carente[5]: metade da população está desempregada, 47% é iliterada, a economia não tem prosperidade, as cidades e aldeias estão destruidas. Na economia, a maior esperança coloca-se no turismo e na exploração de café, gás e petróleo, que foi descoberto recentemente. Timor-

1 o sândalo – Sandelholz

2 o referendo – Volksabstimmung

3 o refugiado – Flüchtling

4 devastado – verwüstet

5 carente – bedürftig

Leste é um destino turístico muito interessante. A beleza natural é uma das maiores vantagens de Timor Leste e por isso o território é ideal para o ecoturismo. O Parque Nacional de Nino Konis é uma área bem protegida e considerada uma das últimas zonas baixas de florestas tropicais húmidas. A ilha é montanhosa, atrativo para os alpinistas[6], com o pico mais alto, Foho Tatamailau com 2963 metros de altitude.

Neste pequeno país de só um milhão de habitantes, muitas vezes confrontado com inundações[7] e terramotos, existe uma grande heterogeneidade étnico-cultural. Essa diversidade é causada pelas influências dos povoadores que trouxeram a sua cultura e modos de vida. A mistura da cultura portuguesa, culturas indígenas melanésias e a tradição católica resultou em mais de 17 línguas faladas, entre as quais o português e o tétum. A língua mais falada é o tétum. Um país tão pequeno e pobre mas rico em beleza e herança histórica.

6 *o alpinista – Bergsteiger*

7 *a inundação – Überschwemmung*

Temas

1. Faça uma apresentação sobre o Timor-Leste: localização, clima, população, caraterísticas geográficas, religião, capital e cidades importantes, informações de carácter económico, gastronómico e tradições. Pesquise na internet e procure imagens.
2. Pesquise na internet informações sobre José Alexandre Gusmão, mais conhecido por Xana Gusmão, Ramos Horta e o bispo Ximenes Belo e apresente-os em grupo.
3. Leia o conto infantil de Sophia de Mello Breyner «O Anjo de Timor». Texto disponível com tradução para tétum em:
   http://www.freewebs.com/jpesperanca/O Anjo de Timor_ICamoes.pdf

2. O Tebe. Música

Na música de Timor-Leste é possivel ouvir elementos distintamente autóctones, mas também influências das outras culturas musicais. A música e a dança interligam-se nos géneros tradicionais timorenses e os géneros mais importantes são: tebe, tebedal, dansa e cansaun. O tebe (palavra em tétum que literalmente significa dançar) é um género tradicionalmente executado em todas as casas de Timor-Leste ao anoitecer, em festas de carácter animista, durante a época das colheitas ou na abertura de uma casa sagrada (lulik). É uma dança em roda ou em meia-lua, composta por uma ou mais melodias, com variações e sem acompanhamento instrumental, executada por elementos femininos e masculinos.

Após 1975, a música timorense passou a estar fortemente associada ao movimento de independência. Por exemplo, a banda «Dili All Stars» lançou uma música que se tornou hino na luta pelo referendo sobre a independência em 1999, enquanto que as Nações Unidas comissionaram uma música chamada «Hakotu Ba» (por Lahane) apelando ao recenseamento da população para poderem votar no referendo.

➲ Temas

1. Pesquise na internet géneros tradicionais de música e dança timorense. Apresente-os em grupo.
2. Ouça a música «Ai Timor» do cantor Luís Represas http://letras.mus.br/luis-represas/250334/ e transcreva-a.
   Faça a interpretação da letra.

VI Emigração e Imigração

1. Portugueses são 15 milhões

1 a eleição – *Wahl*
2 provocar – *verursachen*
3 enriquecer – *reich werden*
4 a fuga – *Flucht*
5 solteira – *hier: Single*

Um terço da população portuguesa não vive no país, espalha-se pelo mundo. Atualmente temos cinco milhões de emigrantes, 58% dos quais escolheram a América como continente de eleição[1]. Hoje, são mais de um milhão os portugueses que elegeram a terra do Tio Sam para viver. O Brasil, o Canadá e a Venezuela completam as preferências lusitanas no continente de Colombo. A emigração portuguesa começou no século XV (quinze) com a expansão maritima. África primeiro, Índia e Brasil depois, provocaram[2] em Portugal uma verdadeira tragédia demográfica, deixando o país sem gente para trabalhar.

As causas que levaram e continuam a levar tantos portugueses a fixarem-se fora do país são de origens económicas: o desejo de enriquecer[3] ou, pelo menos, de melhorar as condições de vida. Também houve causas políticas: fuga[4] a perseguições políticas durante o *Estado Novo* e tentativa de evitar a participação na guerra colonial (1961–1974). Durante o Estado Novo assistiu-se a um grande êxodo: entre 1958 e 1974 saíram do país um milhão e meio de portugueses. Destino: França, Alemanha, Reino Unido, Suíça, África do Sul. Mas se o século XX (vinte) carateriza-se pela emigração pobre, de mão-de-obra não qualificada, o século XXI (vinte e um) traz novas perspetivas. Em 2001 emigraram 20 mil portugueses e uma grande percentagem destes é jovem, solteira[5] e prefere países da Europa. Procuram lá fora o que não encontram aqui: a continuação dos estudos em pós-graduações e mestrados ou o emprego ao nível da sua licenciatura. Mais de 70% são emigrantes temporários.

Os portugueses no mundo e o mundo em Portugal

No final do século XIX (dezanove), o Brasil era o principal destino. Entre 1886 e 1950, 1.246.000 portugueses chegaram ao Brasil. Hoje, são os brasileiros a maior comunidade imigrante em Portugal.

Os portugueses não saíram por vocação[6] mas por acidentes da história. A saída não se deve a «uma caterística geral comum a todos os portugueses», mas a questões económicas e ao passado colonial. Desde 1900 que um terço do crescimento demográfico português foi absorvido pela emigração.

A consequência direta foi um decréscimo acentuado no crescimento demográfico. O país conseguiu atrasar essa quebra[7] com a chegada de África de portugueses residentes nas ex-colónias, a partir de 1975. Mas não só houve uma «imigração Africana lusófona», entre 1980 e 1990, essa intensificou-se com o aumento das obras-públicas[8] e construção civil. Tratouse de uma imigração pouco qualificada.

Na década de 90 aconteceu um verdadeiro «*boom*» de imigrantes: muitos imigrantes chegaram dos países da Europa de Leste para trabalhar, sobretudo na construção civil. Hoje, um em cada cinco imigrantes em Portugal tem a pele e os olhos claros, o cabelo loiro[9] e um canudo[10] no bolso.

Embora ainda a milhas de distância dos nascidos no PALOP e no Brasil, os imigrantes de Leste são, hoje, quase um quinto do total dos estrangeiros a trabalhar legalmente no país. A maioria são ucranianos, mas também há eslovenos, albaneses ou croatas.

Contudo Portugal não poderia hoje viver sem o contributo[11] da imigração.

Vários setores de atividade poderiam ficar «semi-paralisados», como a construção civil, os serviços pessoais e domésticos, a restauração, hotelaria e comércio, mas também o emprego altamente qualificado como os quadros estrangeiros em empresas multinacionais.

Atualmente há uma nova emigração mais virada para o espaço europeu e mais qualificada. Além dos países europeus, Angola foi o destino escolhido por mais de 47 mil portugueses, no início do século XXI.

6 *a vocação – Berufung*

7 *a quebra – Bruch*

8 *as obras-públicas – öffentliche Bauarbeiten*

9 *o cabelo loiro – blondes Haar*

10 *o canudo – hier: Hochschulabschluss*

11 *o contributo – Beitrag*

Questões

1. Distinga «emigrante» de «imigrante».
2. Conhece um/uma português/portuguesa na sua cidade? Fale sobre ele/ela.
3. Já alguma vez sentiu dificuldades de adaptação a uma outra cultura?
4. Refira o período em que a emigração portuguesa atingiu os seus valores mais altos.

Tema

Descreva o fenómeno migratório do seu país.

2. Por uma melhor qualidade de vida

Cada vez mais, muitos estrangeiros procuram Portugal para viver. Uns querem passar aqui a reforma[1]. São atraídos pelo sol, pelas praias, pela doçura do clima, e procuram o país para fugirem ao rigor dos invernos do norte da Europa.

Adoram a comida portuguesa. Vivem em zonas de praia ou perto de Lisboa. Alguns nem conhecem portugueses, outros estão perfeitamente integrados e participam na vida da comunidade.

Segundo o *The Portuguese News*, um jornal de língua inglesa publicado em Portugal, há cerca de 250 mil imigrantes de luxo[2] a residir em Portugal

Outros mais jovens empreendedores, vêm uma oportunidade em nichos de mercado que decidiram explorar. Não é tanto pelas condições económicas que querem ficar, mas por uma melhor qualidade de vida.

Henri, belga, 30 anos, decidiu abrir uma loja de flores no Porto. «Não é uma florista convencional, à portuguesa. É mais um conceito. Aqui vendemos não só flores, mas também a decoração, o tipo de arranjo mais adequado a cada ocasião.»Henri não tem mãos a medir com o sucesso do seu empreendimento[3]. O seu espaço é um mundo feérico[4] de cores e perfume, e ele está a pensar em expandir o negócio. «Gosto de viver em Portugal. Sinto uma liberdade sem constrangimentos. Sinto-me mais criativo! As pessoas aqui no Norte são sensacionais!»

Maiko, japonesa, 28 anos. «Vim estudar português na Universidade de Lisboa e resolvi ficar durante dois anos para ver

1 a reforma – Ruhestand
2 o luxo – Luxus
3 o empreendimento – Unternehmung
4 feérico – wundersam; fantastisch

se me adaptava. No ínicio havia algumas coisas dificeis de compreender. Por exemplo, os beijinhos com que os portugueses se cumprimentam. Falam muito alto, mas são simpáticos e ajudam muito.

Não é muito agradável quando me perguntam se eu sou chinesa. Não sabem distinguir chineses de japoneses!»

Maiko abriu uma escola de sushi e recebe muitas encomendas[5] para festas. O negócio vai de vento em popa e, por isso, não tem problemas de dinheiro. Prefere a vida em Portugal à vida no Japão. «Aqui tenho menos stresse, menos obrigações. Vivo mais à vontade. No Japão é tudo mais formal.

Estou muito feliz porque tenho uma casa grande e muitos amigos. Quanto mais conheço a cultura portuguesa, mais fácil é adaptação. Agora, adoro viver aqui.»

5 a encomenda – Bestellung

Questões

1. Indique o significado das seguintes expressões: «não ter mãos a medir» e «o negócio vai de vento em popa».
2. Refira quatro principais razões que levam muitos estrangeiros a vir viver em Portugal.
3. Refira, do texto, duas expressões que mostrem o sucesso dos imigrantes.
4. Como vê os portugueses?

Temas

1. Gosta do seu país? Escreva um texto apresentando aspetos do que gosta e do que não gosta.
2. Procure na internet informações sobre as comunidades de estrangeiros a residir em Portugal.

3. Comunidade chinesa tem mais de 5000 lojas em Portugal

1 *medir-se – messen*
2 *o estabelecimento – Geschäft*
3 *o armazém – Lagerraum*
4 *apostar – setzen*

O impacto da comunidade chinesa em Portugal pode medir-se[1] pelo número de estabelecimentos[2]: cerca de 300 restaurantes, quase 500 armazéns[3] de produtos chineses e entre 4.000 e 5.000 lojas, segundo contas do presidente da Liga dos Chineses em Portugal.

De norte a sul, de este a oeste, são mais de 20.000 cidadãos de nacionalidade e de ascendência chinesa, que vivem, trabalham e se divertem em Portugal. Ao certo ninguém sabe exatamente quantos são os chineses residentes em Portugal. A comunidade é cada vez maior e são poucos os que, um dia, ainda esperam regressar. A maior concentração de chineses em Portugal encontra-se em Lisboa.

«A maioria tem lojas, os restaurantes e os armazéns[3] passaram a ser secundários. Começaram pelos restaurantes nas décadas de 1970 e 1980, mas agora apostam[4] nas lojas, porque o investimento é menor e o negócio mais rentável», explicou Y Ping Chow à Lusa. As lojas são muito procuradas por venderem produtos a preços mais acessíveis. «Não há praticamente aldeia em Portugal que não tenha uma loja chinesa».

Em 1979, quando Portugal estabeleceu relações diplomáticas com a República Popular da China, «havia apenas algumas centenas de chineses no país, praticamente todos com passaporte de Taiwan», disse.

A partir de 1990, «registou-se um aumento significativo com a ajuda da regularização extraordinária da lei de imigração portuguesa».

Segundo dados do Serviço de Estrangeiros e Fronteiras (SEF), o número de pessoas de nacionalidade chinesa a residir em Portugal quase quadruplicou em 1999, ano da transferência de Macau para a China. Macau foi colonizada e administrada por Portugal durante mais de 400 anos e é considerada, como a última colónia europeia na China.

Expressão idiomática!
fazer um negócio da China – ein gutes Geschäft machen

Questões

1. Indique as nacionalidades estrangeiras mais representadas no seu país.
2. Indique algumas das iniciativas que visam promover a sua integração.

4. Racismo

Apesar do racismo emergir[1] de uma forma muito subtil, é óbvio que a sociedade portuguesa não está livre deste problema. O racismo está presente na sociedade portuguesa e manifesta-se, essencialmente, no acesso[2] à habitação que é, comummente, negado às pessoas de minorias étnicas e aos estrangeiros.

Em Portugal, a comunidade cigana é, certamente, a mais discriminada. Para além do difícil acesso à habitação, o mercado de trabalho está fora do seu alcance[3]. Existem casos de racismo explícito direcionados a uma comunidade específica, como foi o caso dos chineses, em relação aos seus negócios (por exemplo, as lojas de comércio chinês e os restaurantes).

O racismo está presente no mercado de trabalho e, apesar de existirem instrumentos legais que poderiam reverter esta situação, os imigrantes e minorias étnicas reconhecem a discriminação em relação aos cidadãos locais (salários mais baixos em relação aos cidadãos nacionais, condições de trabalho difíceis e abaixo das suas qualificações, em muitos casos).

No que diz respeito à cobertura da imprensa, é possível identificarem-se, em jornais de grande circulação, títulos que são, muitas vezes, provocadores, facilitadores de ódio[4] em relação às minorias. Observa-se, com preocupação, o aumento de manifestações[5] promovidas por simpatizantes da extrema-direita.

A existência de uma significativa comunidade de imigrantes ilegais e a ausência de direitos inerentes[6] a este estatuto legal impede[7] a cidadania e a participação plena dos imigrantes na sociedade portuguesa.

1 *emergir – hervortreten*
2 *o acesso – Zugang*
3 *alcance – Reichweite*
4 *o ódio – Hass*
5 *a manifestação – Demonstration*
6 *inerente – verbunden*
7 *impedir – verhindern*

Comunidade Cigana é a mais discriminada em Portugal

8 a perda – Verlust
9 encorajar – ermutigen

A comunidade cigana é a comunidade mais discriminada em Portugal. Neste país, existem cerca de 40 000 cidadãos de etnia cigana. Esta comunidade tem um acesso extremamente limitado à habitação, ao mercado de trabalho, à educação, a estudos superiores e está completamente excluída da sociedade portuguesa. Enfrenta dificuldades na relação com a população em geral e autoridades. Medidas para lidar com este problema, tais como, políticas de inclusão social, educação para a vida e integração laboral, são essenciais.

Igualmente, a comunidade chinesa tem vivido algumas situações de preconceito. O resultado de uma investigação do Departamento de Saúde Pública, que se centrou nas lojas e restaurantes chineses, reduziu o número de clientes nos restaurantes, consequentemente, grandes perdas[8] para o seu negócio e um aumento da discriminação.

Os imigrantes mais pobres estão, também, mais sujeitos a situações de discriminação. Por exemplo, duas grandes companhias de electrodomésticos e de pizzas recusam-se a entregar os seus produtos em zonas maioritariamente habitadas por estrangeiros. É essencial atuar contra estas situações e expô-las com o objetivo de encorajar[9] o tratamento igual entre pessoas. Muitas destas situações acabam por empurrar estas populações, voluntária ou involuntariamente, para autênticos guetos.

Questões

1. Explique os conceitos de «racismo escondido» e «racismo declarado».
2. Indique as minorias a que se refere o texto. Em que sentido é que são discriminados? Que consequências geram estas situações discriminatórias?
3. O que pensa sobre os ciganos? Procure na internet informações sobre a comunidade cigana na Alemanha: origem, modo de vida, costumes, direitos, etc. e apresenta na aula.
4. Apresente a sua opinião sobre o facto de as minorias não se quererem integrar, quer ciganos, quer chineses. Querem manter os seus usos e costumes?

➲ Temas

1. Racismo, xenofobia e direitos humanos.
2. Os novos racismos num mundo em mudança.

Notícias como por exemplo:

«Uma Equipa de Intervenção Rápida (EIR) da esquadra da PSP do Bairro da Bela Vista em Setúbal, constituída por seis agentes, estava em missão de patrulha na noite de passagem de ano quando reparou numa cena de pancadaria[10] entre quatro africanos. Os agentes avançaram de imediato para pacificar a situação. Mas, em vez disso, os polícias foram recebidos com mais agressões.»

«Os bombeiros de Campo Maior e de Ponte de Sôr, no distrito de Portalegre, foram esta semana vítimas de agressão durante o desempenho das suas funções. Foram dois episódios distintos, ocorridos em terras alentejanas, que obrigaram três bombeiros a receber assistência médica. Em Campo Maior, os bombeiros locais envolveram-se numa rixa no bar do quartel com quatro indivíduos de etnia cigana. Em Ponte de Sôr, os bombeiros foram igualmente agredidos enquanto socorriam um indivíduo que acabara de ser espancado.»

10 a pancadaria – Schlägerei

➲ Questões

1. Notícias como estas geram estereótipos e imagens negativas. Indique-as.
2. Qual é a sua opinião sobre este tipo de notícias? Fomenta a atos e atitudes de discriminação e racismo?

Sugestão!
Leia o livro de Antonio Tabucchi «A cabeça perdida de Damasceno Monteiro» – «Der verschwundene Kopf des Damasceno Monteiro». Apresente-o em grupo.

VII Os Meios de Comunicação

1. Web – Milhares de revoluções

1 folhear – durchblättern
2 por a par – gleichstellen
3 desaparecer – verschwinden
4 sequer – nicht einmal
5 fornecer – liefern; versorgen

Como era antes?

Nada mudou tanto os vinte anos que se seguiram como esta coisa, que permitiu que toda a gente que tivesse um computador ligado a uma linha telefónica folheasse[1] a informação armazenada em milhões de bases de dados e contactasse centenas de milhões de pessoas no mundo. E tudo com mais facilidade do que quando programávamos os nossos gravadores de vídeo para gravar um programa de televisão nos anos 90.

A Web não fez uma revolução. Fez muitas revoluções. E não há muitos paralelos na História em termos de impacto – podemos pô-la a par[2] do computador, da televisão, do telefone e do automóvel, para ficarmos pela era industrial.

Consegue identificar uma área que não se tenha tornado irreconhecível nos últimos vinte anos devido à Web? Lembra-se de como eram os jornais ou as televisões antes da Web? Como é que os estudantes faziam os seus trabalhos? Como é que se faziam negócios? Como é que se procurava informação? Como é que se organizavam as férias, se compravam livros, se sabia o que se passava no mundo, se contactavam os amigos, se fazia a guerra, se aprendia línguas, se fazia medicina, se dava aulas...? Muitos negócios desapareceram[3] e outros vivem ainda o trauma da reestruturação. Paralelamente, negócios que ninguém tinha sequer[4] imaginado em 1990 explodiram – com uma empresa de pesquisas gratuitas na Web, com uma empresa de leilões on-line como a Ebay, com a economia a crescer com base em empresas que fornecem[5] serviços grátis.

As coisas que falam

Agora, este mundo de palavras, de documentos, de imagens, de trocas ainda sentimentais entre humanos, começa a ser invadido pelo tsunami dos dados das coisas. A Internet das Coisas é «*the next big thing*». O que é a Internet das Coisas? Um mundo onde todas as coisas falam com todas as coisas. Onde cada objeto está dotado[6] do seu dispositivo identificador, é capaz de dizer qual é o seu eu, a sua história, a sua localização, de identificar os seus vizinhos, de dizer de onde vem e para onde vai.

Pesadelo?

Sim, mas não é um sonho. As lojas têm coisas destas nos seus produtos para evitar[7] que você as roube, que fazem soar[8] um alarme quando ultrapassam a porta. Todos os fabricantes de seja o que for usam estes dispositivos, chamados RFID, identificadores de radio-frequência. São ótimos para a gestão de stocks, para aumentar a eficácia do trânsito de produtos. Um contentor carregado de peças de roupa passa por um detector e aparece no monitor o tipo, modelo, número, cor e dimensão de cada artigo que lá está dentro.

Conhecimento para quê?

Quem vai controlar esta massa de dados que se acumula? O ciberespaço já sabe muito sobre nós e amanhã vai saber tudo. Mas nem todos saberão ler essa informação. Uns sim, outros não. Há enormes desigualdades na distribuição deste saber.

Quem decidirá o que é lícito[9] fazer com essa informação e o que não é? Quem conseguirá saber que a informação existe e onde está? Apenas alguns. Paradoxalmente, nesta sociedade onde todos aceitam que «saber é poder», a Web facilitou a difusão do saber, mas não melhorou a distribuição do poder.

Há uns anos, ainda podíamos sonhar que a sociedade do conhecimento seria um mundo de criadores, de pessoas sábias, onde todos teriam possibilidade de desenvolver as suas capacidades e gostos intelectuais, um mundo de bem-estar e ócio[10] criativo, um mundo de cultura e de inteligência. E de liberdade, claro.

O futuro mundo das coisas inteligentes, onde a saúde será inteligente, as casas serão inteligentes, as ruas e os carros também, sem esquecer o supermercado e a escola e o emprego, é um mundo de controlo. Controlo no sentido técnico do termo, mas que rapidamente pode deslizar para o sentido politico. Pensávamos que a Sociedade do Conhecimento era aquela em que teríamos a possibilidade de saber tudo sobre o mundo. Afinal, parece mais provável que ela vá ser a sociedade em que o mundo sabe tudo sobre nós.

Texto adaptado e com cortes: José Vitor Malheiros, Público 6 de Março 2010

6 *dotar – ausstatten*

7 *evitar – verhindern*

8 *soar – klingen; läuten*

9 *lícito – erlaubt; zulässig*

10 *o ócio – Muße*

➲ Após a leitura do texto assinale com um X as afirmações vedadeiras

1. A comunicação social era inexistente antes da explosão da Web.
2. As mudanças provocadas pela Web assemelham-se às originadas pela invenção do carro, do telefone, da televisão e do computador.
3. Todos os negócios passam pela oferta gratuita dos serviços.
4. Os negócios sofreram alterações: uns deixaram de existir, outros adotaram as tecnologias e outros foram criados pela própria Web.

O título «As coisas que falam» justifica-se por:

1. os objetos terem um dispositivo audio que permite saber a sua proveniência;
2. os objetos apresentarem uma gravação do utilizador;
3. as coisas conterem dados que tornam possível saber a história, a localização e o seu percurso.

Os identificadores de radio-frequência permitem:

1. gerir melhor os produtos armazenados;
2. tornar mais rentável o tempo de venda;
3. agilizar a transação de produtos.

Quem vai controlar esta massa de dados que se acumula? [...] Uns sim, outros não. Há enormes desigualdades na distribuição deste saber. [...]
Quem decidirá o que é lícito fazer com essa informação e o que não é? Quem conseguirá saber que a informação existe e onde está? Apenas alguns. Paradoxalmente, nesta sociedade onde todos aceitam que «saber é poder», a Web facilitou a difusão do saber, mas não melhorou a distribuição do poder.
Há uns anos, ainda podíamos sonhar que a sociedade do conhecimento seria um mundo de criadores, de pessoas sábias, onde todos teriam possibilidade de desenvolver as suas capacidades e gostos intelectuais, um mundo de bem-estar e ócio criativo, um mundo de cultura e de inteligência. E de liberdade, claro. [...]
Pensávamos que a Sociedade do Conhecimento era aquela em que teríamos a possibilidade de saber tudo sobre o mundo. Afinal, parece mais provável que ela vá ser a sociedade em que o mundo sabe tudo sobre nós.

Depois de leres este texto assinala no texto os sinónimos das palavras e expressões seguintes:

1. informações
2. conhecimento
3. legal
4. agilizou
5. divulgação
6. competências
7. lazer
8. oportunidade
9. possível

Procure o significado de:

1. high-tech	a) portátil
2. e-book	b) senha de acesso
3. note-book	c) alta tecnologia
4. password	d) trabalhador independente
5. head-phones	e) conhecimento
6. freelancer	f) classificação
7. ranking	g) livro eletrónico
8. know-how	h) auscultadores

Tema

Está de acordo com o autor do texto? Fundamente a sua opinião.

2. A Era Digital

Cada época tem tido uma forma própria de comunicar: os sons de tambor[1], o fogo, os sinais com panos ou bandeiras, o bilhetinho, o telefone, o telégrafo, o fax, o telefone fixo-móvel e agora a Internet e os telemóveis (TLMs).

O século XXI não foge à regra[2] de qualquer outra época. As necessidades de comunicação têm sido muitas, o ritmo de vida é muito rápido, e o Homem continua a inventar[3] sempre o material que faz avançar[4] os seus sonhos e sempre aperfeiçoando[5] e indo mais além, de descoberta em descoberta. E assim o *homo sapiens* está a converter-se em *homo digitalis* com a introdução, na vida diária, dos computadores, da Internet e dos telemóveis.

Estamos na Era da Comunicação e da Informação. Hoje comunica-se mais em menos tempo e por um preço cada vez mais reduzido. Por isso estes meios democratizaram-se... até pudemos ver, há tempos, num anúncio a uma marca de telemóveis, um pastor[6] a atender o telemóvel – «tô xim...»

Pela Internet comunica-se sem barreiras de tempo ou espaço, por *e-mail*, ou em programas de conversação em tempo real, para trabalho ou para distração[7].

Nos TLMs a função das mensagens escritas foi um grande avanço[8] e de possibilidades ilimitadas. Tem vantagens: não se perde tempo a falar, manda-se do lugar e à hora que dá mais jeito[9]. Na vida citadina é necessário avisar[10] a família, ou no local de trabalho, que se está atrasado ou que é impossível comparecer[11], ou qualquer outra mensagem.

E que dizer das mensagens (msgs) para os amigos(as) e namorados(as)?!

Nesse campo a criatividade animou-se[12] de sentimentos, romantismo e esperanças e é ver as combinações que se fizeram e podem fazer utilizando todos os sinais do teclado. O êxito das msgs entre os jovens tem sido tão grande que já chamam a esta geração a geração das teclas, ou «a geração do polegar[13]».

Cada vez as mensagens são mais curtas e ilustradas com mais carinhas (*smileys* & *emoticons*) para serem tão expressivas quanto o sentimento e o desejo que as anima.

E é divertido mandar e receber mensagens.

1 o tambor – Trommler
2 não foge à regra – nicht von der Regel abweichen
3 inventar – erfinden
4 avançar – voranbringen
5 aperfeiçoar – vervollkommnen; verbessern
6 o pastor – Hirt
7 a distração – Ablenkung
8 o avanço – Fortschritt
9 dar jeito – nützlich sein
10 avisar – benachrichtigen
11 comparecer – erscheinen
12 animar-se – anregen; ermuntern
13 polegar – Daumen

Questões

1. Explique as razões pelas quais a percentagem de utilizadores das novas tecnologias é tão alta.
2. O que se entende pela «geração do polegar»?
3. Você acha que a era digital transformou por completo o mundo da fotografia e da música?
4. Comente a última frase do texto.

3. A influência dos meios de comunicação mais usados em Portugal

Você já parou para pensar em como os meios de comunicação influenciam as nossas vidas? Vivemos num mundo cuja globalização atingiu tal ponto que são poucas as comunidades que não tem acesso[1] a algum meio de comunicação. O momento atual tem sido chamado de «Era das comunicações», já que o avanço tecnológico e o crescimento do acesso aos meios de comunicação trouxeram inúmeras implicações[2] para o ser social.

Um dos meios mais influenciadores é a TV. Em Portugal, a TV é o meio de comunicação social mais acessível, mais presente, assumindo[3] um importante papel na vida quotidiana. Primeiro nos cafés, associações[4] e outros locais públicos, depois em casa, os portugueses assistem às emissões regulares de televisão a preto e branco desde 1957 e a cores desde 1980. Mesmo controlada pela censura do Estado Novo, a RTP constituiu, até ao 25 de abril de 1974, a principal fonte de informação de uma população que tinha mais de 40% de analfabetos. Hoje, a TV é um meio de comunicação com grande impacto na população e é consumida, diariamente, por milhões de telespetadores. Ela é tão atuante[5] na vida familiar que tem sido considerada um membro permanente. O futebol, as telenovelas brasileiras e portuguesas, concursos e *reality-shows* são as preferências dos portugueses quando se sentam à frente do televisor. Entre as funções da televisão, conta-se a produção do chamado «ruído de fundo[6]». O aparelho de TV mantem-se ligado, horas e horas, independentemente de estar alguém a assistir aos programas.

1 o acesso – Zugang
2 as implicações – Verwicklungen
3 assumir – übernehmen
4 a associação – Verein
5 atuante – tätig; wirksam
6 o ruído de fundo – Hintergrundgeräusch

7 *o entretenimento – Unterhaltung*
8 *a telinha – hier: Bildschirm*
9 *predisposto a – anfällig für*

Hoje sabemos que a TV representa o principal entretenimento[7] para as massas. Vivemos a «Era do homem telespetador» e a «telinha[8]» representa um precioso espaço nas vidas do homem do século XXI (vinte um). Sabemos também que a TV influencia comportamentos, cria e impõe hábitos de necessidade de consumo, serve de «terapia coletiva», cria modismos linguísticos e é o único entretenimento para milhares de pessoas em todo o mundo.

Torna-se necessário que as pessoas sejam críticas e não se deixem influenciar por tudo aquilo que veem. Têm de reconhecer a importância dos meios de comunicação como parte da sua evolução pessoal, entretanto não podem estar sempre predispostos[9] a eles. Devem possuir a sua própria autonomia, a sua própria identidade.

Questões

1. Indique porque grande percentagem de portugueses se «sentem perdidos» sem a televisão.
2. Costuma ver televisão? Em que momentos? Que tipo de programas vê?
3. Apresente a sua opinião sobre a importância da televisão. Indique as diferenças entre a televisão em Portugal e a do seu país.
4. Os filmes estrangeiros em Portugal têm legendas. E no seu país?
5. Comente o conteúdo do último parágrafo.

Atividade escrita

1. Você é jornalista. Escreva um artigo sobre os meios de comunicação no seu país.
2. Lembra-se do último filme que viu? Faça um resumo da história e apresente-a ao seu grupo.

4. A Imprensa em Portugal

A Gazeta de Lisboa nasceu em 1641. Este foi o primeiro jornal português, a ser publicado com alguma regularidade.

Contudo, a verdadeira implementação[1] na imprensa portuguesa, só se dá no século XIX. Foi impulsionada pela revolução liberal de 1820, que veio anular[2] a censura e a pressão exercida pelo Estado.

Mais tarde, ainda em pleno regime monárquico, surgem jornais como o Diário de Notícias, Jornal de Notícias, estes dois ainda existentes e o Comércio do Porto.

Após, este breve período de liberdade de imprensa, em 1926, com o golpe de estado militar que pôs fim à primeira república, foi restituída[3] a censura. As opiniões eram censuradas a lápis azul.

Durante o período ditatorial, houve uma enorme repressão da imprensa em Portugal. Tudo o que saía nos jornais era controlado pelos censores. Isto, a juntar[4] com o extremo analfabetismo da população e o elevado preço das publicações, levou a uma enorme dificuldade da implementação da imprensa em Portugal. Tarefa[5] ainda mais dificultada, devido ao aparecimento da televisão nos anos sessenta. A imprensa só voltaria a ser livre pós 25 de abril de 1974.

Assim, só a partir do 25 de abril de 1974, através de políticas de escolarização da população, com o regresso[6] da liberdade de expressão e com uma abertura de mercado, é que foi possível um maior desenvolvimento da imprensa.

Contudo, estas políticas só se refletiram mais eficazmente[7] no mercado, a partir da década de oitenta, devido a várias desarmonias ao nível das tendências ideológico-políticas e a nacionalização massificada dos media (tendência que só foi revertida nesta década).

Assim, verifica-se uma nova revolução na política aplicada à imprensa. Com as privatizações na imprensa surge um aumento significativo dos títulos no mercado. Os jornais especializados começam a expandir-se. Surgem[8] os títulos mais informativos, consolida-se o estilo popular-sensacionalista, as revistas dedicadas[9] ao público feminino e jovem e as publicações temáticas especializadas.

1 *a implementação – Einführung*
2 *anular – aufheben*
3 *restituir – wieder einsetzen*
4 *juntar – hinzufügen*
5 *a tarefa – Aufgabe*
6 *o regresso – Wiederkehr*
7 *eficazmente – wirksam*
8 *surgir – erscheinen*
9 *dedicar – widmen*

10 díspar – verschiedenartig

11 abrangente – umfassend

12 verificar-se – sich herausstellen

Estas publicações eram acessíveis, tinham uma linguagem simples e refletiam sobre assuntos que estavam dentro dos interesses da população. O facto dos portugueses terem interesses tão vastos e tão díspares[10] revela um maior índice cultural e uma escolarização mais abrangente[11]. Alguns estudos revelam que as revistas popular-sensacionalistas e os jornais desportivos são as publicações mais consumidas pelos portugueses. O facto de serem tipos de publicações tão diferentes revela dois tipos de público em Portugal: um virado para o sensacionalismo, com uma instrução mediana, ligado às classes médias; o outro virado para a informação isenta, ligado às classes mais altas.

Os hábitos de leitura dos portugueses estão a alterar-se, e isto verifica-se[12] no número e variedade dos títulos atualmente existentes no mercado nacional, e no aumento exponencial que em geral todos os tipos de publicações sofreram ao longo das últimas décadas. A aposta no iPad é o mais recente exemplo.

Questões

1. Indique gostos e preferências dos setores da imprensa sensacionalista.
2. Costuma ler jornais / revistas? Imprensa generalista ou especializada? Que tipo de artigos prefere?
3. Na sua opinião, o que levará as pessoas a trocarem a leitura de jornais e revistas tradicionais por publicações online? Quais são as vantagens e desvantagens?
4. Em sua opinião, é a sua fonte de informação mais confiável? A que meio recorre quando quer realmente tirar uma dúvida? Esse meio é um jornal impresso ou vai diretamente à Internet?

Tema

Conhece algumas publicações portuguesas? Quais? Procure na internet títulos de jornais diários, semanários, jornais desportivos e revistas portuguesas. Escolha uma das publicações e, depois, apresente-a aos seus colegas.

5. Efeitos culturais da globalização

«Nós vivemos na era da globalização, tudo converge[1], os limites vão desaparecendo». Quem não ouviu uma destas expressões nos últimos 20 anos? A globalização é a palavra chave do nosso tempo, tornou-se o nome do mundo. Mais do que um conceito, uma ideia, tornou-se um nome amplo, o chapéu de chuva sob o qual abarcamos[2] tudo.

Apesar de ser geralmente apresentado como um conceito sobretudo económico, o fenómeno da globalização vai muito além[3] desta dimensão, incluindo também a aproximação e mesmo integração global ao nível cultural, social e político, formando aquilo a quem vem sendo chamado por aldeia global.

Para o escritor inglês Martin Page, no seu livro «*A Primeira Aldeia Global*», os portugueses terão sido os grandes impulsionadores deste caminho para um mundo global. Na verdade, a globalização foi iniciada no séc. XIV com os descobrimentos portugueses, período em que as trocas comerciais adquiriram[4] uma dimensão mundial e os portugueses com as suas viagens, deram a conhecer novos mundos, novas culturas. Mas viria a ser com o desenvolvimento dos meios de transportes e das modernas tecnologias de informação e de comunicação que o mundo se tornaria uma pequena aldeia, onde todos podem falar com todos e onde as notícias circulam a uma velocidade assustadora[5].

1 *convergir – zusammenlaufen*
2 *abarcar – erfassen; einschließen*
3 *além – über hinaus*
4 *adquirir – hier: gewinnen*
5 *assustadora – erschreckend*

Questões

1. Explique, por palavras suas, a seguinte expressão: «tornou-se um nome amplo, o chapéu de chuva sob o qual abarcamos tudo».
2. Indique as vantagens e desvantagens de vivermos num mundo global.
3. Explique os efeitos culturais da globalização.

6. Internet

1 a rede social – soziales Netzwerk
2 o valor superior – höherer Wert
3 o acesso – Zugang
4 revelar – zeigen
5 a adesão – Beitritt
6 a penetração – Eindringen
7 gasto – verbraucht
8 a autopromoção – Selbstverwirklichung; Selbstvermarktung

Redes sociais[1] chegam a 96% da população «online» em Portugal

Portugal está acima da media mundial, que se fica pelos 82%.

Cerca de 96% da população «online» portuguesa é utilizadora das redes sociais, um valor superior[2] à média mundial que se fica pelos 82%. Os dados são da ComScore, consultora internacional, a que o Diário Económico teve acesso[3]. Dados da mesma consultora revelam que os portugueses passam um minuto a navegar nas redes sociais por cada quatro minutos passados na Internet.

Estes números revelam[4] que a adesão[5] dos portugueses às redes sociais está a crescer, com o desenvolvimento do «social networking, lugar virtual onde nos juntamos e começamos a socializar. De todas as redes sociais, o Facebook é o mais popular, com uma penetração[6] de 85% entre a comunidade dos cibernautas. Um valor que também se situa acima da média mundial, que é de 55%. Em Portugal, nove em cada dez minutos passados numa rede social são gastos[7] na rede criada por Mark Zuckerberg em 2004. Rede de contactos pessoais, mas também é utilizado por políticos, estrelas da música e outras celebridades, com vista à autopromoção[8]. Já o Twitter criado em 2006 não conseguiu conquistar tantos portugueses, ficando-se por apenas 8% da cidadãos.»

Diário Económico 13/03/12 online (adaptado)

Estes são os espaços na internet onde hoje se juntam mais pessoas em todo o mundo:

www.facebook.com
www.twitter.com
www.hi5.com
www.myspace.com

➲ Questões

1. Costuma utilizar alguma destas redes sociais? Qual ou quais? Com que objetivos?
2. Pense no que estas redes sociais têm de positivo ou de negativo e escreva alguns tópicos. Justifique as suas opiniões.
3. Tem um perfil seu em alguma rede social? Porque (não) tem? Que informações põe? Quais informações suas são só para os seus amigos e quais para todas as pessoas?
4. Até que ponto é que um empregador poderá ‹visitar› o perfil de um candidato a um emprego para conhecer mais informação sobre a sua personalidade? Qual é a sua opinião?

Eu gosto do meu computador porque os meus amigos vivem lá

7. Geração Y – A Geração das Redes Sociais

1 *além de – darüber hinaus*
2 *lançar – starten*
3 *provinda – kommend*
4 *benefícios – Begünstigungen*
5 *a percepção – Wahrnehmung*
6 *corresponder às expetativas – die Erwartungen erfüllen*
7 *o intuito – Absicht; Zweck*
8 *compartilhar – teilen*

A Geração Y procura nas redes sociais espaços que vão além do[1] «apenas socializar».

Atualmente, diversos estudos e pesquisas são lançados[2] para entender melhor o comportamento da geração provinda[3] da evolução tecnológica. A Geração Y é considerada uma geração totalmente fora do contexto das demais gerações anteriores, dotada de valores e comportamentos interligados nas suas vidas em redes sociais.

A crescente evolução da tecnologia tornou esta geração mais dinâmica com toda a informação que é transmitida diariamente. Para este público, a TV e o rádio não fazem muito sentido, pois os jovens da Geração Y desejam absorver tudo aquilo de interesse próprio. Com toda a tecnologia avançada, os jovens utilizam estes recursos para benefícios[4] próprios, fazendo com que toda a Comunicação, que um dia era apenas um receptor e transmissor, se tornasse dinâmica e democrática, onde todos têm espaços para expor as suas ideias e percepções[5]. Com isto, os formatos dessas tecnologias são adaptados diariamente para corresponder às expetativas[6] desta crescente geração, e com isto abrindo novos caminhos e horizontes.

Para as gerações anteriores, é como se esta geração fosse de outro planeta, tanto por conta dos seus ideais como pelas suas personalidades fortes. Os jovens desta geração gostam de dar ideias, fazer comentários com as suas bases de conhecimento e querem ser ouvidos, não necessariamente sempre compreendidos, mas que sejam envolvidos.

Para ajudar nestas questões, as redes sociais exercem um papel fundamental em dar espaço para as suas ideias. Diversos nichos são formados nestes ambientes, no intuito[7] de transmitir informações em diversos tipos de meios de comunicação, oferecendo interação como entretenimento. O Facebook, de facto, é a rede social destes jovens, permitindo que os mesmos compartilhem[8] as suas informações. Assim como o Facebook, o Twitter também oferece uma excelente via de expressão, mesmo com poucos caracteres, onde jovens compartilham informações e, com isto, revelam a cada dia os assuntos mais discutidos, através do *Trending Topics*. E assim, outras redes sociais, nos seus respectivos formatos, tornam tudo mais fácil para esta geração. Com todo este espaço, esta geração comporta-se de forma colaborativa, procurando sempre novidades e ajudando-se sempre uns aos outros.

Temas

1. Dê a sua opinião sobre esta geração.
2. Que influências têm as redes sociais de positivo ou de negativo na vida dos jovens e da sociedade em geral? Justifique as suas opiniões.

Um novo tipo de ídolo

A par dos cantores, das vedetas[9] de TV e dos desportistas famosos –também adorados[10] pela geração X– surgiu na «época Y», uma nova figura de referência: o disc-jockey (DJ). Até então, era alguém que se limitava a pôr música, nas discotecas, mas agora ele é o artista, que mistura e reinventa sonoridades. Não põe discos a tocar, dá concertos. E as multidões[11] seguem-no.

Vasco, 23 anos, T-shirt do País Basco, vai mexendo o corpo, no meio das pessoas que dançam junto do DJ, no bar Purex, no Bairro Alto, em Lisboa. A sua vida está invariavelmente[12] ligada à música. Quase todas as noites, vai ouvir alguém pôr discos e todos os dias experimenta novos sons na cave[13] da vivenda dos pais, nos Olivais. Quando o convidam, também atua em bares lisboetas. Adepto do electro-hardcore, diz-se um «verdadeiro clubber», daqueles que não se convencem[14] com espaços amplos e luminosos. Gosta de frequentar clubes – locais fechados, pouco iluminados e com um bom DJ. À porta, é cumprimentado por toda a gente. Falam de tudo um pouco mas as férias é tema obrigatório. «Quem me dera[15] estar em Paris ou em Roterdão», exclama Vasco. A razão é óbvia: «É onde estão os melhores DJs.

In Visão nr. 481–23 de maio 2002

9 *a vedeta – Star*
10 *adorar – bewundern; verehren*
11 *a multidão – Menschenmenge*
12 *invariavelmente – unveränderlich*
13 *a cave – Keller*
14 *convencer – überzeugen*
15 *quem me dera – wäre ich doch*

8. A internet e o amor virtual

Todo mundo tem uma história de amor pela internet para contar. Mas não conta; tem vergonha[1]. É coisa de nerd: ficar de pijama, madrugada fora[2], com a pupila dilatada[3], em frente ao computador – a teclar. Enfim, é uma loucura. Mas os riscos são mínimos e, por isso, não há quem não tenha tentado[4]. [Ah, só uma tentadinha, vai...]

Independentemente dos envolvidos[5] tomarem coragem e se confessarem[6], ninguém assume nada, todos estão protegidos por pseudônimos – como é praxe[7] na própria internet, aliás.

É, perfeitamente normal que cidadãos esmagados[8] pela rotina, pelas pressões, pelas obrigações, pelo cansaço procurem evadir-se[9] de alguma forma. O sexo é apenas mais uma entre as tantas possibilidades. Cada um procura o nicho[10] que mais lhe convém e descarrega[11] nele as suas frustrações e as suas fantasias diárias. As mulheres, é comprovado, escolhem as telenovelas e os programas reality show. Os homens, em geral, descarregam no desporto.

Há o casal[12] de meia-idade, marcado por separações ou pela viuvez precoce[13] que, por insistência dos filhos (internautas), acaba por se registar em sites. Essas pessoas têm, para com os novos meios de comunicação, atitudes extremamente conservadoras: abandonam-na logo. Sentem-se mais seguras quando telefonam ou quando se comunicam de outras formas, «menos impessoais». Claro que essa categoria não procura satisfação momentânea, mas sim ligações duradouras[14].

Há também os adolescentes, que praticamente nasceram ligados. Para eles, igualmente, a internet é ferramenta[15]: uma maneira de expulsar[16] a timidez e a insegurança típicas da idade. Entregam-se a ela num misto de excitação e curiosidade, não descarregando ali as suas perturbações[17] e os seus fracassos (como os adultos), mas apenas desenvolvendo a auto-estima e a auto-afirmação, duma forma nova e rara. Claro, há os problemas evidentes do excesso do uso e da fuga em que a internet pode transformar-se, quando os jovens preferem refugiar-se nela em vez de enfrentar[18] a dura realidade.

1 *a vergonha – Scham*
2 *fora – hinaus*
3 *dilatado – ausgedehnt; geweitet*
4 *tentar – versuchen; ausprobieren*
5 *envolvido – beteiligt*
6 *confessar – eingestehen; zugeben*
7 *a praxe – Praxis*
8 *esmagar – erdrücken*
9 *evadir-se – entfliehen*
10 *o nicho – Nische*
11 *descarregar – ausladen; abreagieren*
12 *o casal – Ehepaar*
13 *a viuvez precoce – vorzeitiger Witwenstand*
14 *duradoura – dauerhaft*
15 *a ferramenta – Werkzeug*
16 *expulsar – vertreiben*
17 *a perturbação – Störung*
18 *enfrentar – sich stellen; konfrontieren*

Tirando os de meia-idade e os adolescentes ocasionais, sobram aqueles tipos para quem o sexo é uma aventura e uma válvula de escape[19]. Compõem uma «classe média»; a mesma que não teve computador na infância, mas que também não se irritou com as tecnologias de agora (até porque tem de usá-las no trabalho). Atravessou e experimentou as duas eras do relacionamento humano, a antiga e a nova. A antiga: dos bailes, dos portões de escola, nos primeiros contatos físicos com o sexo oposto. E a nova: dos chats por idade, dos sites de classificados, das webcams e dos e-mails como se fossem cartas. A internet não é um mal em si. É um instrumento como qualquer outro. Antes o amor era: olhares, sinais, aproximações, palavras, toques[20] e encontrões[21]. Agora, com a internet inverte o roteiro, onde se colocam as palavras em primeiro lugar.

O facto é que, as pessoas vão continuar a lançar-se em[22] blind dates, com o primeiro desconhecido simpático. Vão continuar a entregar-se com sofrimento[23] nos primeiros encontros. E vão continuar a errar, a arrepender-se[24] e – quem sabe –, com sorte, acertando, porque é inevitavelmente a lógica do sexo e do amor. Se, de repente, contamos com uma «porta», que se abre da nossa casa (ou do nosso posto de trabalho), na qual podemos anonimamente penetrar[25] (sem riscos), encontrando um monte de gente[26] interessante (ou nem tanto), porque vamos negar essa possibilidade?

19 a válvula de escape – hier: Ventil
20 o toque – Berührung
21 o encontrão – Zusammenprall
22 lançar-se em – sich stürzen in
23 o sofrimento – Leiden
24 arrepender-se – bereuen
25 penetrar – eindringen
26 o monte de gente – Menschenmassen

Questões

1. Explique o significado da seguinte expressão «é coisa nerd».
2. É de opinião que com a internet, o convívio e a troca de opiniões entre amigos deslocaram-se do espaço físico para o virtual?

Temas

1. Tome nota de algumas ideias e fale:
   a) do amor platónico ao amor virtual
   b) da infidelidade virtual
2. Apresente a sua opinião sobre este tipo de contactos para encontrar um/uma parceiro/a.

9. O melhor amigo do homem

1 o bolso – Tasche
2 o aparelho – Gerät
3 palma da mão – Handfläche
4 a proeza – Heldentat
5 o embaraço – Verlegenheit
6 cumprir – ausführen
7 o cabelo grisalho – grauhaarig
8 não foge à regra – nicht von der Regel abweichen
9 alheia – fremd
10 pedir licença – um Erlaubnis bitten
11 a boca – Mund
12 invadir – hier: erobern
13 o interlocutor – Gesprächspartner
14 o botão – hier: Taste

O que mudou nas malas e nos bolsos[1] dos portugueses durante a última década?

A presença constante de um pequeno aparelho[2], mais pequeno que a palma da mão[3], autor de grandes proezas[4] e culpado de muitos embaraços[5].

«Tá bem, tá bem. Tenho aqui outra chamada. Tchau». «Tou? Onde estão?...Sim, estou aqui. Não querem vir cá ter?...Ok... Então vá, até já. Beijinho grande.» Quem sai do centro comercial parece cumprir[6] um ritual: um pé na rua e a mão já procura o telemóvel (bras.: celular) dentro da mala ou do bolso. Uma mulher de cabelo grisalho[7] e saia e casaco azuis não foge à regra[8]. «Vim só aqui deixar o Pedro e vou já para **aí**», diz para um minúsculo portátil.

Ninguém naquela porta conhece o «**aí**», mas todos ficaram a saber como se chama o marido e que ela se vai embora. Nos últimos minutos, ouviram fragmentos de conversas que não lhes pertencem e, por momentos, habitaram vidas alheias[9] que entraram nas suas sem pedir licença[10]. Vidas que se cruzam nas ruas na boca[11] dos portugueses que têm telemóvel.

Parece que os portugueses pouco mais fazem do que falar ao telemóvel. Hoje comunica-se em todas as circunstâncias. Com o telemóvel há uma espécie de ligação ao quotidiano do outro que anteriormente não existia. Chegar a casa à noite e perguntar «Como foi o teu dia?» começa a ser raro. Atualmente, utiliza-se o portátil a toda a hora, em qualquer lugar. E as conversas que antes se tinham em privado invadiram[12] as ruas. O telemóvel dá uma agilidade e uma mobilidade ao nosso quotidiano muito maior. Daí a tendência que temos para começar as conversas perguntando: «Onde estás?». Temos necessidade de saber em que lugar do mundo está o nosso interlocutor[13].

Apesar de existir um botão[14], o telemóvel quase nunca se desliga. Está-se sempre à espera que aconteça algo de extrema importância e urgência. E espera-se que o outro esteja constantemente disponível. «O que aconteceu? Passaste a manhã desligado!». Nos restaurantes, no cinema, na igreja ou mesmo em casa, acabou-se o descanso. Há sempre um toque de telemóvel inoportuno. E se antes se limitava ao «trim», agora pode ser a banda sonora[15] de um filme ou o hino de um clube de futebol.

Longe vão os tempos em que era o cão[16] (bras.: cachorro) o melhor amigo do homem. O telemóvel portátil é o fiel[17] companheiro e confidente: sabe o nome e o contacto dos amigos, conhece planos registados na agenda, são despertadores, leitores de música, computadores pessoais e guardam os momentos mais memoráveis em fotografias e vídeos e transportam segredos guardados em forma de *sms* (muitas vezes codificados numa nova linguagem baseada em abreviaturas[18] e sons de vocábulos).

Será que não podíamos viver sem eles? Poder podíamos. Mas não era a mesma coisa.

15 a banda sonora – Titelmusik
16 o cão – Hund
17 fiel – treu
18 a abreviatura – Abkürzung

Questões

1. Considera-se dependente do seu telemóvel? Desliga ou silencia o telemóvel em eventos públicos? Ou quando vai dormir?
2. Fica em pânico se a bateria acaba?
3. Para si, quais seriam as regras de boa educação para a utilização do telemóvel?
4. Comente a última frase do texto.

Temas

1. O telemóvel – O aparelho que mudou o mundo.
2. Um dia sem telemóvel. Imagine!

Expressão idiomática:
Ser fiel a alguém como um cão – «jdm. (so) treu wie ein Hund sein»

Abbildungsverzeichnis

Wikipedia: Seiten 19, 30, 47, 60, 74, 75, 77, 220

Joaquim Peito: Seiten 18, 20, 84, 86, 88

David Höltgen: Titelbild, Seiten 131, 139

Gabriela Cifuentes: Seite 241

Internet:
Seite 14: http://3.bp.blogspot.com
Seite 26: http://i0.ig.com/infograficos/
Seite 34: Erasmus
Seite 37: http://www.mejorescolegios.es
Seite 43: http://vitrine-virtual.com
Seite 46: http://www.culturapa.com
Seite 54: http://1.bp.blogspot.com
Seite 61: http://www.musica.sapo.pt
Seite 80: http://www.comounlibroabierto.wordpress.com
Seite 97: http://fotos.laverdad.es/200908/
Seite 121: zero1albertofaixa
Seite 126: http://blog.voluntariosonline.org.br/ser-voluntario/
Seite 158: http://2.bp.blogspot.com
Seite 161: http://www.e-clique.com
Seite 171: http://4.bp.blogspot.com
Seite 174: http://entretenimento.r7.com/blogs/bemvindo-sequeira/